**서울대 석학이
알려주는
자녀교육법**

수학

서울대 석학이 알려주는
자녀교육법
수학

초판 1쇄 발행 2024년 1월 30일

지은이 이경화

펴낸곳 서울대학교출판문화원
주소 08826 서울 관악구 관악로 1
도서주문 02-889-4424, 02-880-7995
홈페이지 www.snupress.com
페이스북 @snupress1947
인스타그램 @snupress
이메일 snubook@snu.ac.kr
출판등록 제15-3호

ISBN 978-89-521-3398-4 04370
      978-89-521-3396-0 (세트)

ⓒ 이경화, 2024

이 책은 저작권법에 의해서 보호를 받는 저작물이므로
무단 전재와 복제를 금합니다.

서울대 석학이 알려주는 자녀교육법

수학

이경화 지음

서울대학교출판문화원

발간사

부모에게 자녀교육은 가장 큰 관심사입니다. 부모는 자녀들이 공부를 잘해서 원하는 직업을 갖고 행복하게 살길 원합니다. 문제는 대부분의 부모가 자녀교육에서는 초보자라는 것입니다. 관련 교육을 받은 적도 없고, 자녀가 많은 경우도 흔치 않기에 시행착오를 통해 배우기도 어렵습니다. 그래서 자신이 공부한 경험에 비추어 보거나, 주변 사람의 조언을 듣거나, 학원 면담을 받아 가면서 아이들을 키웁니다.

다행히도 아이들의 교육과 성장에 대한 연구 결과가 많이 쌓여 있고, 그것을 연구하고 가르치는 교수님들이 계십니다. 이런 전문 지식을 활용하여 젊은 부모들이 자녀들을 잘 키우는 데 도움을 주고자 이 시리즈를 기획했습니다. 부모들이 많은 관심을 가진 여덟 가지 주제를 선정하고 그 분야에서 가장 전문성이 높은 서울대학교 교수님들과 함께 강의 동영상을 제작하고 책을 출간하게 되었습니다.

이 시리즈를 출간하는 과정에서 많은 분들이 도움을 주셨습니다. 교육과 연구로 매우 바쁘신 중에도 시리즈의 기획 취지에 공감하여 작업에 동참해 주신 여덟 분의 교수님께 진심으로 감사드립니다. 부모들과 학생들의 주요 관심사항을 심층 조사해서 독자들께 도움을 줄 만한 내용으로 책을 집필하는 데 큰 도움을 준 NHN에듀의 김상철 부대표님을 비롯한 임직원들께 감사드립니다. 또한 신속한 출간을 위해 열정을 쏟아 주신 출판문화원 곽진희 실장님과 선생님들께도 깊이 감사드립니다.

이 시리즈에 참여해 주신 이경화 교수님께서 '부모는 자녀들의 감독이 아닌 팬이 되라'고 하신 말씀을 기억합니다. 이번 시리즈가 부모님들이 아이들의 팬이 되어 친밀한 관계를 유지하는 동시에 아이들을 훌륭한 인물로 키우는 데 큰 도움을 줄 것이라 믿습니다.

서울대학교출판문화원 대표이사 / 원장
이경묵

머리말

수학을 좋아했고, 수학을 가르치고 배우는 일을 좋아했다. 지금은 수학을 어떻게 가르치고 배워야 하는지를 연구하며 지낸다. 그 과정에서 수학, 교육학, 심리학, 사회학, 인문학, 자연과학, 뇌과학, 역사, 인류학, 철학 등 수학교육 현상을 이해하는 데 도움이 되는 인접 분야의 연구 동향도 두루 공부해 왔다. 연구하면 할수록 수학을 가르치고 배우는 방법은 다양함에도 그중 일부에만 의존해 왔으며, 자녀의 수학공부와 성장 과정에 내해서는 제대로 이해하지 못했음을 알게 된다. 학창 시절에 지금 알고 있는 수학학습 방법을 알았더라면, 교사 시절에 지금 알고 있는 수학 교수 전략을 알았더라면, 자녀를 양육할 때 지금 알고 있는 아동 심리와 발달 과정을 알았더라면 어땠을지 생각하곤 한다.

수학을 공부하는 일, 수학을 가르치는 일, 자녀를 양육하는 일, 수학을 가르치고 배우는 방법을 연구하는 일 모두 어렵다. 때로는 성공했고 때로는 실패했다. 때로는 성공한 줄 알았지만 실패했고 또 실

패한 줄 알았지만 성공했다. 소박했던 경험이나 복잡했던 연구에서 성공과 실패를 살펴보니 나누고자 하는 바가 제법 있다. 특히 수학공부를 하는 자녀가 있다면, 늦지 않게 알고 실천하면 좋을 내용이다. 자녀의 앞날을 염려하고 준비하는 부모의 마음을 너무나 잘 알기에, 필자가 경험하고 연구하며 얻은 소박한 지혜를 나누고자 이 책을 썼다.

 그간 운이 좋게도 상당수의 학생, 교사, 부모와 연락이 닿아 각양각색의 수학공부, 수학 수업, 자녀 양육 사례를 직간접적으로 수집할 수 있었다. 그 사례 중 일부를 분석하여 논문으로 발표하기도 했으나 상당 부분은 분석되지 않은 채 남아 있었다. 이 책을 쓰면서 그 자료를 다시 살펴보고 필요한 경우 각색하여 소개했다. 사례 속에서 특정 인물을 식별할 수 있는 정보는 삭제하거나 유사한 내용으로 바꾸어 제시했다. 부족한 필자를 믿고 기꺼이 연구에 참여하여 소중한 자료를 제공해 준 학생, 교사, 부모에게 고개 숙여 감사드린다. 소중한 자료 덕분에 많은 점에서 부족한 필자가 30년 이상 수학교육에 종사하며 아주 작게나마 수학교육의 이론과 실제를 발전시킬 수 있었다. 또한 이 책에서 혼자만의 경험과 생각을 침소봉대하거나, 지극히 이론적인 지침 또는 임시방편에 가까운 경험담만을 전달하는 실수를 줄이는 데도 도움이 되었다.

    이 책은 열여섯 개의 장으로 이루어져 있다. 수학교육의 흐름을 알아보는 것에서 시작하여 수학을 공부할 때 가져야 하는 마음가짐을 제시하는 것으로 끝이 난다. 중간에는 수학교육의 흐름이 학생의 수학 역량을 기르는 방향으로 변화한 배경과 구체적인 변화 내용, 2년에 걸쳐 추적 관찰한 두 아이의 수학 역량 검진 과정과 결과, 해석 내용을 제시한다. 부모가 자녀의 수학 역량 변화에 어떤 방식으로 영향을 미치는지에 대해서도 두 아이의 부모 사례를 바탕으로 살펴본다. 이성만이 아닌 시각, 청각, 촉각 등 다양한 감각을 활용하여 수학을 가르치고 배우는 법, 수학과 수학공부에 호기심을 자극하는 법, 변화와 모호성 그리고 발견이 얽힌 형태로 수학을 체험하면서 공부하는 법, 오류를 바로잡아 사소하지만 기발한 아이디어를 수학적 개념과 원리, 성질로 발전시키는 법, 수학공부 과정에서 사고력과 연산 능력을 함께 기르는 법도 논의한다. 또한 수학과의 평가 동향을 파악하여 자녀의 수학공부를 점검하거나 계획하고, 서술형 평가의 주요 감점 요인이 되는 수학적 표현의 의미와 특징을 이해하고 활용하는 방안에 대해서도 알아본다. 인공지능 시대에 새롭게 논의되는 수학학습의 목표, 내용, 방법을 확인하고 유치원에서 초등학교, 초등학교에서 중학교, 중학교에서 고등학교로 전환되는 시점의 수학학습 전략도 제안한다. 그동안 받아 온 수학공부에 대한 질문을 본문 곳곳에서 다루려 노력했다. 본문에서 답하기 어려운 질문은 따로 떼어 이야기하고자 한다.

수학과 수학공부는 어렵지만 도전할 만한 가치가 있다. 이 책에서 그 이유를 다양한 사례와 연구 결과를 들어 제시한다. 부모로 사는 일도 어렵지만 도전할 가치가 있다. 이 책에서는 그 이유를 제시하지 못하지만, 부모의 책임을 진심으로 수행하는 데 조금이나마 도움이 될 생각과 전략을 제안한다. 특히 불안과 공포 담론이나 마케팅에 휘둘리지 않고, 자녀와 함께 도전하고 적응하며 회복하고 성장하려는 부모에게 수학공부의 의미와 원리, 근거 있는 의사 결정의 사례와 자녀의 수학공부를 지원하는 방안을 제안한다.

비법은 없고, 만병통치약도 없다. 자녀교육과 수학공부는 우리네 인생과 마찬가지로 골똘히 생각하고, 시도하고, 실패해도 다시 도전하고, 기다릴 때 비로소 가끔 성공하는 것이다. 어려운 일을 쉬운 것처럼 말하면 실질적으로 도움이 되지 않음을 무수히 경험했다. 비법이 가지는 한계를 너무나 잘 알기에 다소 어렵더라도 관련 연구 결과를 과감하게 소개하면서 깊게 들어가는 부분도 꽤 있다. 어떻게 해야 수학을 배울 수 있는지, 어떤 이유로 수학공부에 실패하는지, 실패를 어떻게 극복하는지를 부모가 깊이 이해하면 어디로 튈지 모르는 자녀에게 적절한 시기에 필요한 도움을 줄 수 있다고 생각하기 때문이다. 너무 어렵게 느껴지는 부분이 나오면 우선 건너뛰고 다음으로 넘어가도 좋다. 관심 있는 주제에 따라 일부분을 발췌하여 읽어도 좋다. 예를 들어, 전환기 수학학습 내용만 골라 읽어도 된다.

자녀가 어려운 일을 피하지 않고 도전하길 바란다면 수학공부로 그렇게 할 수 있는 용기와 역량을 길러주길 바란다. 자녀가 어려운 일에 용기 있게 도전하는 장대한 과정에 감탄, 사랑, 이해, 응원으로 함께하는 부모의 역할과 지혜를 이 책에서 발견하면 좋겠다.

2024년 1월
이경화

차례

발간사   4
머리말   6

1장 수학교육의 흐름
삶을 대하듯이 수학을 대하도록   17
수학공부에 대한 고정 관념   20
수학에 대한 고정 관념 버리기   23
수학교육의 흐름 알기   27

2장 수학 역량 제대로 알기
교육과정에 따른 다섯 가지 수학 역량   33
문제해결 역량   35
추론 역량   41
의사소통 역량   46
연결 역량과 정보처리 역량   50

3장 수학 역량 검진하기

구구단의 필요성을 아는 아이로 기르기 52
처방이 아닌 조언을 위해 55
가르치려고 하면 가르칠 수 없다 58
쉽게 학습되지만 극복하기 어려운 불안과 공포 60
수학 역량 검진과 추가 검진 63
수학 역량 검진의 세 단계 71

4장 도형이와 계산이

도형이의 사례 74
계산이의 사례 83
두 아이의 수학 역량 검진 결과 89

5장 자기 주도성은 왜 중요할까

1년 후 수학 역량의 변화 94
도형이의 수학 역량 향상 요인 96
계산이의 수학 역량 약화 요인 100
정체성과 자기 주도성 103
수학에 대한 흥미 변화 파악하기 106
자기 주도성은 수학학습을 지속하는 힘 111

6장 몸과 마음이 함께하는 수학

수학과 수학공부에 대한 호기심 114
배우의 패러독스 118
감각을 활용하는 수학학습 124

7장 변화, 모호성, 발견

변화와 모호성을 다루는 학문	131
변화와 모호성에서 수학 발견하기	138
내적 동기로 수학 공부하기	144
우연과 필연 구분하기	145
변화와 모호성에 대한 감수성 기르기	150

8장 생산적으로 착각하기

감각과 도형 학습	153
착각으로부터 수학으로	159
꼬리에 꼬리를 무는 수학공부	163
착각의 생산성과 생산적인 착각	168
착각의 생산성을 높이는 법	170

9장 사고력과 연산 능력

수학의 이미지	176
수학은 사고력의 산물이자 선물	180
사고력 수학과 수학적 사고력	183
수학적 사고력과 상상력	186
수학적 사고력과 연산 능력	190
수학적 사고력과 연산 능력의 균형과 조화	196

10장 평가 동향 파악하기

K-수학교육의 현황과 과정 중심 평가　　　198
수학에서의 과정과 기능　　　204
수학 서술형 평가의 주요 감점 요인　　　206

11장 수학적 표현과 친해지기

왜 수학은 학년이 올라갈수록 어려워질까　　　212
수학적 표현의 가치와 중요성 인식하기　　　216
다양한 수학적 표현 활용하기　　　221

12장 인공지능 시대의 수학학습

미래 세대의 삶과 수학학습　　　227
문화 지체와 수학학습의 격차　　　229
디지털 환경에서의 수학학습 사례　　　232
수학학습을 위한 인공지능 활용　　　237

13장 유치원과 초등학교 전환기 수학학습

유아의 수학 재능　　　243
유아의 수학 곤란　　　245
다양성 고려의 의미와 중요성　　　248
수학에 대한 호기심과 자신감 함양의 중요성　　　252

14장 초등학교와 중학교 전환기 수학학습

초등학교 수학과 중학교 수학	257
수와 연산 영역의 특징	260
변화와 관계 영역의 특징	262
도형과 측정 영역의 특징	266
자료와 가능성 영역의 특징	269
초등학교에서 중학교로의 성공적인 전환	271

15장 중학교와 고등학교 전환기 수학학습

중학교 수학과 고등학교 수학	274
중학교 수학학습의 과정과 결과	276
고등학교 수학의 이해	282

16장 메타인지와 메타정의 기반 수학학습

메타인지와 메타정의의 의미와 중요성	286
자기 주도성, 메타인지, 메타정의의 삼중주	290

수학, 무엇이든 물어보세요	294
참고문헌	311

1장

수학교육의 흐름

부모가 배운 수학과 자녀가 배우는 수학은 같기도 다르기도 하다. 학교 수학은 끊임없이 변화하고 한편으로는 유지되며 오늘날의 모습에 이르렀다. 이때 수학교육에서 중점적으로 추구하는 바를 수학교육의 흐름이라고 한다. 이 장에서는 현재 수학교육의 흐름을 알아보고, 자녀교육의 대체적인 방향을 생각해 본다.

삶을 대하듯이 수학을 대하도록

아는 것과 가르치는 것은 별개다. 자녀교육의 최대 난점도 바로 여기서 발생한다. 부모가 되어 삶에 대해 알게 된 것과 깨달은 바를 자녀에게 어떻게 가르쳐 주어야 할지, 가르칠 수는 있는지 고민스러울 때가 많다. 가수 양희은이 부른 「엄마가 딸에게」라는 노래에 이런 심정이 잘 담겨 있다.

난 삶에 대해 아직도 잘 모르기에 너에게 해줄 말이 없지만

네가 좀 더 행복해지기를 원하는 마음에

내 가슴속을 뒤져 할 말을 찾지

공부해라 아냐 그건 너무 교과서야

성실해라 나도 그러지 못했잖아

사랑해라 아냐 그건 너무 어려워

너의 삶을 살아라

(중략)

공부해라 그게 중요한 건 나도 알아

성실해라 나도 애쓰고 있잖아요

사랑해라 더는 상처받고 싶지 않아

나의 삶을 살게 해줘

공부하고, 성실하게 노력하고, 사랑하라고 말하면서도 마음속으로는 공부하라는 말이 너무 교과서적이고, 자신도 성실하지 못했으며, 사랑하는 일은 매우 어렵다고 생각하는 엄마의 모습은 얼마나 아름다운가. 수학공부의 선배로서 부모가 자녀에게 할 수 있는 진심 어린 조언도 이와 비슷할 것이다.

수학을 공부하고, 성실하게 노력하고, 수학을 사랑하라고 말할 때도 마음속으로는 자신 역시 수학을 꾸준히 공부하지 못했고 수학을 사랑하기 어렵다고 생각하는 부모가 많을 것이다. 수학은 삶과 매

우 비슷하다. 만만한 일이 하나 없고 성실하게 노력해야 간신히 기본을 갖출 수 있으며, 사랑하기는 어렵고 상처받기는 쉽다. 부모는 이것을 누구보다 잘 알기에 자녀가 수학공부를 어려워하거나 포기하려 할 때 그 마음을 이해하고 같이 헤쳐 나가려고 노력할 것이다. 자신을 돌아보며 진심을 담아 꺼내 놓는 부모의 조언에는 언제나 마법처럼 신비로운 힘이 있다.

우리가 살아가면서 삶에 대해 잘 모르듯이 공부하면서 수학을 잘 모르는 것도 어찌 보면 당연하다. 그러니 자녀가 행복하기를 진정으로 바란다면 삶을 대하듯이 수학을 대하도록 이끌어야 한다. 어렵고 힘들다고 쉽게 포기하는 대신 지치면 회복하여 다시 도전하는 것을 당연하게 여기도록 해야 한다. 삶과 수학에서 길을 잃는 경험은 길을 찾고자 하거나 길을 잠시라도 찾았을 때 가능한 것이지, 길을 찾으려는 마음이 없다면 길을 잃을 수도 없다. 길을 찾으려 하지 않는 것이 문제지 길을 잃는 것은 지극히 자연스러운 일임을 강조하고 또 강조해야 한다.

필자는 지난 수십 년 동안 수학교육 연구자로서 다양한 수준과 성향의 아이들, 교사들, 부모들을 직간접적으로 만났다. 저마다의 사정과 성향, 지향을 가진 수학교육 참여자들은 수학을 공부하는 과정이 순탄하지 않으며 무수히 넘어져도 다시 일어서려는 의지가 있어야 이런저런 어려움을 극복할 수 있음을 분명히 보여 주었다. 앞으로 이들이 들려준 이야기를 여러 상황과 사례에 담아 나누면서, 삶을 대하듯이 수학을 대하며 공부하는 일의 의미와 방법에 대해 알아보고자 한다.

수학공부에 대한 고정 관념

19세기 교실에서 20세기 교사가 21세기 학생을 가르친다는 말이 있다. 요즘 부모는 어느 세기에서 왔을까? 19세기는 아닐 것 같다. 그러나 21세기 자녀를 훈육하는 데 어려움을 겪는 부모가 많은 것을 보면 21세기에서 온 것도 아닌 듯하다. 세대 차이가 나는 자녀 앞에 수학을 놓고 좋은 부모가 되기 위해 노력할 때 제일 먼저 해야 할 일은 수학공부에 대한 고정 관념을 없애는 것이다. 몇 세기에서 왔건 수학공부에 고정 관념이 있으면 좋은 공부 멘토가 되기 어렵다.

수학공부에 대한 첫 번째 고정 관념은 수학을 계산의 동의어로 보거나 계산이 수학의 핵심이라고 생각하는 것이다. 이 생각에 사로잡혀 수학학습에서 계산 속도와 정확도를 지나치게 강조하는 부모를 정말 많이 보았다. 이제 컴퓨터나 계산기보다 더 빠르고 정확하게 계산할 수 있는 사람은 없을 텐데 왜 아직도 이런 일이 벌어지고 있을까? 아마도 시험에서 좋은 성적을 내려면 계산 속도와 정확도를 높이는 것이 효과적이라고 생각해서 그런 것 같다. 하지만 시험 점수가 수학 실력을 대변하지도 않거니와 계산 속도와 정확도로 높은 점수를 얻을 수 있는 수학 시험은 제한적이다. 이제 계산은 컴퓨터 프로그래밍이나 계산기를 활용하고, 풀이의 과정과 결과에 오류가 있는지 확인하는 능력을 길러야 하는 시대다.

수학은 암기 과목이라는 고정 관념도 널리 퍼져 있다. 학생들은 대부분 시험 때문에 수학을 공부하면서 정의, 성질, 공식, 법칙 등을 외운다. 그런데 수학의 정의, 성질, 공식, 법칙을 충분히 이해하지 않고 시험에 나오는 형태를 단순히 외우기만 하면 시험이 끝난 뒤 얼마 지나지 않아 공부한 내용을 잊는다는 것을 우리 모두 알고 있다.

필자의 고등학교 시절 한 친구는 문제 유형과 유형별 풀이 전략을 노트 세 권에 정리하여 외웠다. 나중에 알고 보니 그 노트에 있는 문제들 중 절반 이상이 시험에 나왔지만, 막상 시험을 보는 순간에는 그 문제가 하나도 나오지 않은 것으로 느꼈다고 한다. 시험에 나온 문제 유형이 노트와 아주 조금씩 달랐는데 외운 유형의 풀이 전략을 수정하여 적용하지 못했기 때문이다. 결국 친구는 노트를 정리하여 외우는 방식이 효과를 발휘하는 다른 과목의 공부에 더 많은 시간을 투자하는 것으로 공부 전략을 바꾸었다. 지금도 같은 경험을 하고 공부 전략을 수정하는 학생들이 있을 것이다. 충분한 이해와 적절한 암기의 결합은 수학공부를 돕지만, 이해를 생략하고 암기에 의존하는 방식은 결국 수학공부를 지속하기 어렵게 한다.

수학공부에 대한 세 번째 고정 관념은 '수학 머리'가 있어야 수학을 배울 수 있다는 것이다. 수학 머리는 일상생활에서 사용하는 표현이라 의미가 명확하지 않지만, 대체로는 타고난 수학적 능력, 곧 수학 재능을 가리킨다. 그러므로 수학 머리가 있어야 수학을 배울 수 있다는 말은 선천적으로 수학을 배우는 능력을 타고난 사람만 수학 공부를 할 수 있다는 뜻으로 해석된다. 주변의 한 수학자와 식사 자리에서 이 말을 하니, 자신은 수학 머리가 없는데 수학 가슴은 있다고 재치 있게 말하면서 타고난 수학 재능을 갖춘 사람은 수학자 중에서도 극소수일 것이라고 말했다.

강연에서 만난 학생 중에도 "엄마가 저는 수학 머리가 없어서 수학공부가 이렇게 힘든 거라고 하셨어요."라고 말하는 경우가 많았다. 그때마다 유치원부터 고등학교까지 수학을 배울 때 수학 재능이 필수적이라는 연구는 본 적이 없다고 말했다. 빠르게 수학을 배우고 창의적인 사고력을 보여 과학 고등학교나 영재 학교에 입학하고 수학 경시대회에서 두각을 나타내는 학생 중 일부는 수학적 재능을 타고났을 수 있다. 그러나 그 경우도 꾸준한 관심과 노력 덕분이라고 보는 편이 적절하다. 관련 연구 결과를 근거로 해도 같은 결론에 도달한다. 타고난 재능보다는 수학을 좋아하고 공부하려는 마음가짐, 끈기 있게 수학을 공부하는 태도가 더 중요하다.

수학은 한번 놓치면 따라갈 수 없다는 것이 또 다른 고정 관념이다. 수학은 구성 요소 사이의 연결이 체계적으로 이루어져 있어서 공부도 체계적으로 하도록 설계되어 있다. 그 체계의 완결성 덕분에 한번 놓치면 따라갈 수 없다는 생각이 널리 퍼져 있는 듯하다.

그런데 수학을 공부하면서 어떻게 한 번도 놓치지 않을 수가 있을까? 수학공부는 무수히 놓치고 다시 잡는 것이라고 해도 과언이 아니다. 놓치지 않았다고 생각했는데 나중에 상위 개념을 공부하면서 이전 개념을 이해하지 못했음을 깨닫는 경우도 허다하다. 완결된 체계를 이루고 있는 것처럼 보이는 학교 수학은 사실 나선형 구조이며 불완전한 학습을 반복적으로 보완하도록 설계되어 있다. 놓치는 것을 두려워하지 말고 언제든 보완할 수 있다고 생각하면서 수학을 공부하는 자세가 필요하다.

수학에 대한 고정 관념 버리기

단단하게 굳어진 고정 관념을 버리려면 상당한 노력을 기울여야 한다. 관점을 전환하려 의식적으로 노력해야만 고정 관념을 버릴 수 있다. 수학에 대한 고정 관념에서 벗어나기 위한 의식적인 노력을 몇 가지 제안한다.

우선 시대의 변화를 의식적으로 확인하며 고정 관념을 새로운 시대에 비추어 재해석하려고 노력할 필요가 있다. 내 생각이 현재의 흐름과 맞지 않는 낡은 것일 수 있음을 의식하면 다른 관점에 주의를 기울이게 된다. 계산이 수학공부에서 차지하는 비중이 크다는 고정 관념이 과연 합리적인지 시대의 변화를 나타내는 몇 가지 키워드와 연결하여 생각해 보자. 이를테면, 디지털 대전환 시대에 계산 속도와 정확성은 인간의 능력보다는 디지털 기기의 성능을 평가할 때 더 적합한 기준이라고 생각해 볼 수 있다. 그렇다면 수학을 공부할 때도 과거와 달리 계산 자체가 아니라 디지털 기기를 활용하는 환경에서 필요한 계산 방법을 찾고 도구를 활용하여 문제를 해결하는 방법에 초점을 두어야 한다는 추론이 가능하다. 새로운 시대에 맞는 새로운 수학공부의 목표가 생기는 것이다. 이렇게 의식적으로 노력하여 수학에 대한 고정 관념을 버리면 수학공부에 대한 새로운 관점을 세울 수 있다.

다음 전략은 기존에 이유 없이 했던 생각이나 행동을 의식적으로 반대로 해보는 것이다. 좋은 예는 아니지만 필자의 경험을 나누자면, 몇 년 전부터 집에서 식사할 때는 오른손 대신 왼손을 사용하려고 애썼다. 잠시 시간이 나서 산책할 때는 뒤로 걸었고, 강의도 거꾸로 수업(사전에 영상으로 주요 개념과 이론을 학습한 후 수업 시간에는 토론과 과제 수행을 기반으로 학습하도록 하는 수업) 방식에 따라 진행했다. 이렇게 당연하게 했던 일들을 반대로 하면서 미처 인지하지 못했던 고정 관념이나 안 좋은 습관을 개선할 수 있었다. 왼손 식사는 늘 시간에 쫓겨 급하게 먹던 습관을 고쳐 주었고, 뒤로 걷기는 직업병이었던 목과 허리 통증을 줄여 주었다. 거꾸로 수업은 학생들의 생각과 현재 공부 상황을 파악하여 더 나은 학습 기회를 제공하는 데 도움을 주었다.

고정 관념은 우리의 무의식에 자리하고 있어서 인지하지 않아도 행동과 판단에 큰 영향을 미친다. 의식적으로 고정 관념과 반대되는 생각이나 행동을 할 때 고정 관념에서 벗어날 가능성이 생긴다. 이것을 '언두잉Undoing' 또는 '언러닝Unlearning'이라고 한다. 늘 하던 일을 반대로 하는 것은 그래도 쉽지만, 새로 배우는 일에서 자신도 모르게 하는 행동과 판단을 반대로 하는 것은 상당히 도전적이다. 예를 들어 탁구나 골프를 처음 배울 때는 자신도 모르게 자꾸 손목 힘으로 공을 치게 되는데, 그것만 하지 않아도 훨씬 잘할 수 있다고 한다.

수학을 공부할 때도 기존에 일상적으로 하던 것을 반대로 하거나, 자신도 모르게 하던 것을 반대로 하는 것이 기대 이상으로 효과적일 때가 있다. 해야 할 것을 하는 것 못지않게, 하지 말아야 할 것은 하지 않는 것도 수학을 더 잘 배울 수 있도록 돕는다. 수학을 공부하는 학생이면 대체로 언두잉 또는 언러닝 할 것이 있지만, 개인의 수학 성취 수준과 공부 습관에 따라 언두잉 또는 언러닝의 내용과 강도가 다르다. 필자가 어느 날부터 왼손으로 식사했던 것은 오른손잡이였기 때문이며, 왼손으로 식사해서 필자가 얻었던 효과를 누구나 얻을 수는 없는 것과 비슷하다.

4장에서 초등학교 6학년 학생과 중학교 1학년 학생의 수학 성취 수준과 공부 방법을 살펴볼 예정인데, 두 학생이 언두잉 또는 언러닝 할 측면은 상당히 다르다. 이는 수학에 대해 두 학생의 부모가 가지고 있는 고정 관념에서 비롯된 면이 있다. 수학에 대한 부모의 고정 관념은 자녀의 수학공부에 큰 영향을 미친다. 수학에 어떤 고정 관념을 가지고 있고 그중 어떤 것을 언두잉 또는 언러닝 해야 할지 생각해 보길 권한다.

수학공부 과정에서 계산 속도와 정확도가 중요하다는 고정 관념을 가지고 있다면 반대로 생각해 보길 바란다. 계산 속도와 정확도의 반대편에 있는 것은 계산 원리, 계산의 가치, 계산에 대한 흥미 등이다. 자녀의 계산 실수를 심각하게 여기지 말고 계산 원리를 생각하지 않는 태도를 고민해 보자. 구구단을 외우지 못하는 것보다 구구단의 가치를 느끼지 못함을 염려할 수도 있다.

우리말에는 어느 구름에 비가 들었는지 모른다는 속담이 있다. 아이들이 수학을 공부할 때도 어느 영역의 가능성과 잠재력이 드러날지 모르니 미리 단정하지 말고 다양한 기회를 제공해야 한다. 아이의 관심, 흥미, 의지, 능력이 보이는 영역을 발견하려면, 수학과 수학공부의 다양한 측면에 대해 부모 자신부터 언두잉 또는 언러닝을 시도하고 자녀도 나름대로 언두잉 또는 언러닝을 시도하도록 하면 좋다. 새로운 시대에 비추어 볼 때 수학에 대한 고정 관념이 얼마나 부조리한지 자녀와 함께 이야기하여 극복한다면, 불안과 공포, 혼란과 좌절에 사로잡히지 않고 새로운 시대에 필요한 수학을 적합한 방법으로 공부할 수 있다.

수학교육의 흐름 알기

수학과 수학공부에 대한 고정 관념을 확인하고 극복해야 하는 이유는, 그 과정에서 수학교육의 흐름을 파악하여 지혜롭게 대처할 수 있기 때문이다. 새로운 시대가 요구하는 인재상에 따라 수학교육의 목표, 내용, 방법도 달라지고 있다. 과거에는 약간씩 형태를 바꾼 연습문제로 정확하게 계산하는 절차를 학습하도록 했다면, 지금은 연습문제를 줄이고 계산 원리를 추론하거나 프로젝트 과제로 실생활 문제를 해결하면서 컴퓨터로 계산하도록 한다. 예전에는 수학적 개념의 정의, 법칙, 공식, 성질을 그대로 암기하여 단답형으로 쓰도록 했다면, 요즘은 수학적 개념을 다르게 정의하는 아이디어나 법칙이 성립하지 않는 예를 찾도록 하고 있다. 지금은 창의적으로 탐구 과정을 설계하거나 독창적인 표현 방법을 만들어 소통하고 설득하는 활동, 세상에 퍼져 있는 정보와 자료를 찾아 공유하고 점검하는 활동 등 과거에는 강조하지 않았던 수학공부 방법이 중요해진 시대다. 부모는 이와 같은 수학교육의 흐름이 만들어진 이유를 알고 자녀가 새로운 흐름에 부합하는 방식으로 수학을 공부할 수 있도록 해야 한다.

  수학교육의 흐름에 대한 정보는 더 이상 전문 연구자들의 전유물이 아니다. 교육과정 개정 관련 보도, 정책 발표, 대국민 의견 조사, 토론회, 칼럼과 논문 등에서 수학교육 참여자들이 함께 고민하여 합의에 이른 정보가 다양한 온오프라인 공간에 공유되고 있다. 이로부터 수학교육의 흐름을 세세하게 파악하지는 못하더라도 주로 등장하는 단어, 어구, 문장을 포착해서 무엇을 해야 하고, 무엇은 하지 말아야 하는지 알 수 있다. 필자는 학부모들을 만났을 때 자녀교육을 위해 얼마나 치열하게 공부하는지 확인하고 놀란 적이 많은데, 수학과 교육과정 개정에 대해 수학 교사보다 더 전문적으로 분석하여 질문하는 학부모도 있었다. 이 책에서 수학을 가르치고 배우는 원리를 소개하고자 하는 것도, 필자가 예상했던 것보다 훨씬 더 깊이 있게 수학교육을 고민하고 공부하면서 자녀교육에 헌신하는 부모들을 만났기 때문이다.

　수학과 교육과정은 현재에 이르기까지 총 11회에 걸쳐 개정이 이루어졌다. 평균적으로 약 7년마다 교육과정을 개선하려고 노력했음을 알 수 있다. 우리나라는 국가에서 교육과정 개정을 주도하는데, 교육부의 위임을 받은 총론 연구진이 전 교과를 아우르는 개정 방향을 제시하고 각론에서 그것을 구현하는 방식을 따른다. 현재 수학교육의 흐름을 알려면 2022 개정 수학과 교육과정을 참고하면 되지만, 이 흐름이 언제부터 어떤 형태로 교육과정에 반영되었는지 알려면 수학과 교육과정에 있었던 핵심적인 변화를 살펴볼 필요가 있다.

　해방 이후 6·25전쟁 등 격동의 시기를 거치면서 우리나라의 모든 분야에서 국가 재건이 최선의 목표이자 과업이 되었다. 이를 위해 교육과정에서도 국가 재건에 필요한 산업 인력을 기르고자 했다. 이에 1973년 제3차 개정 수학과 교육과정까지는 수학의 기본 개념과

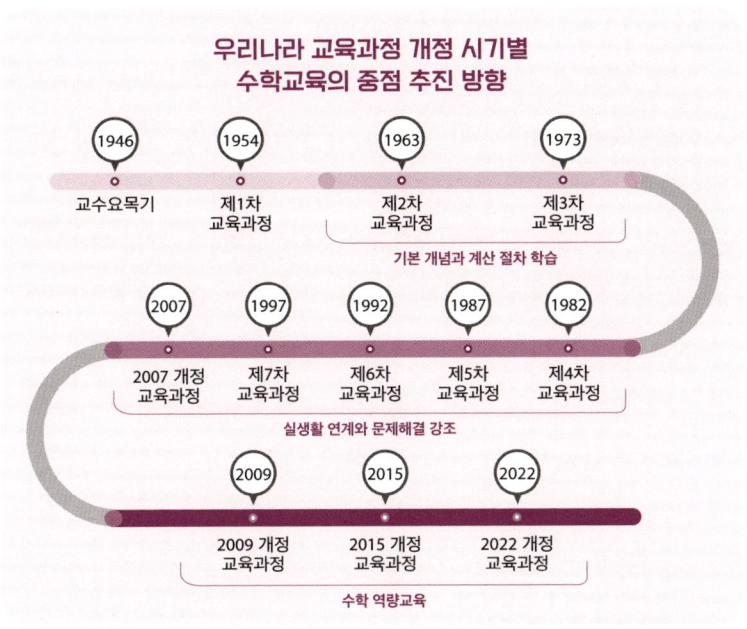

계산 절차의 학습을 중점적으로 다뤘다. 총론에서는 수학을 국어와 더불어 향후 학습과 사고의 기본이 되는 과목이라고 별도로 명시했다. 이 시기에는 기본 개념과 계산 절차 학습의 주요 방법으로 '반복 연습'이 활용되었다. 그 배경에는 1950년대 일본에서 시작하여 전 세계로 퍼져 나간 '구몬 수학(당시 우리나라에서는 '공문 수학'으로 부름)'이라는 학습지가 있다. 이것은 고등학교 수학 교사였던 구몬 도루公文公가 창안한 반복 학습 프로그램으로, 아직도 일본과 우리나라를 포함하여 많은 국가에서 널리 활용되고 있다. 반복 연습으로 수학을 공부하는 방식이 이 시기에 만들어져서 지금까지 쓰이는 것이다.

이후 2007 개정 교육과정까지는 수학교육의 흐름이 실생활 연계와 문제해결 교육을 강조하는 방향으로 바뀌었다. 실생활 또는 타 교과, 금융과 보험, 건축 등 다양한 직업 분야를 수학 문제의 맥락으로 활용하려는 시도도 이때부터 이루어졌다. 그림 그리기, 식 세우기, 거꾸로 생각하기 등 문제해결 전략을 강조하는 것도 본격화되었다. 수학교육을 통해 다양한 산업 분야를 발전시키려 했지만 정작 학생들이 학교에서 배운 수학을 다른 분야나 실생활에 활용하지 못한다는 점을 심각하게 비판하면서 만들어진 흐름이다.

2009 개정 시기부터는 수학교육의 흐름이 문제해결, 추론, 의사소통으로 이루어진 수학적 과정을 강조하는 것으로 바뀌었고, 2015 개정 시기에는 전면적으로 '수학 역량교육'을 추구하게 되었다. 수학 역량교육은 우리나라만이 아니라 세계 대부분의 국가에서 추구하는 수학교육 흐름이다. 이 흐름을 타야 장차 자녀가 세계를 무대로 활동하더라도 잘 적응할 수 있다.

2022년에 공표한 교육과정은 수학 역량교육의 흐름을 더 공고히 따르면서 문제해결 역량, 추론 역량, 의사소통 역량, 연결 역량, 정보처리 역량을 핵심 수학 역량으로 제시했다. 단편적인 지식이나 계산 절차의 교육은 역량교육의 극히 일부이며 그 비중은 과거에 비해 현저하게 줄었다. 암기와 수학 역량교육 간의 관련성은 거의 보이지 않는다. 다양한 맥락에서 복합적이고 개방적인 성격의 탐구 문제를 강조하는 것도 확인할 수 있다. 학습 결손이 있는 학생들도 창의적으로 아이디어를 내고 정보를 수집·분석하며 협력적 의사소통에 참여하도록 한다는 점 역시 눈에 띈다.

이전에는 수학공부가 싫어서 학창 시절로 되돌아가고 싶지 않다는 사람들을 꽤 많이 만났다. 그런데 최근에는 직업 생활, 경제 생활, 노후 설계 등에 수학적인 감각이 의외로 많이 필요하여 "학교 다닐 때 수학을 더 공부해 둘걸." 하며 후회한다는 사람들도 많다. 심지어 왜 학교에서 수학적인 감각을 길러 주지 않았느냐는 항변도 들었다.

임기응변하거나 변화를 따라가는 능력은 실제로 점차 중요해지고 있다. 직업 하나를 정해 평생 같은 일을 하며 살아가기보다는 자의 반 타의 반 여러 직업을 택하거나, 한 직업 내에서도 맡아야 할 역할과 책임이 계속 달라지는 경우가 많기 때문이다. 수학적인 감각을 갖추고 있으면 이와 같은 상황에서 유리한 위치에 설 수 있다. 첨단 기술 기반의 사회를 살아가 자녀가 더 많은 기회를 얻을 수 있도록 하려면 수학적인 감각을 갖추도록 도와야 한다.

이에 우리나라는 고등학교부터 문과와 이과를 구분하던 방식을 폐지하고 문·이과 통합 교육을 추구하고 있다. 통역과 번역 프로그램, 요리 로봇, 인공지능 기반의 교육 플랫폼, 청소 로봇, 수술 로봇, 인명 구조 로봇, 건설 기계, 학습 챗봇, 생성형 인공지능, 4차 산업혁명 등 기술 도입의 속도가 상상을 초월하는 시대는 이미 우리 앞에 펼쳐지고 있다. 수학 역량과 수학적인 감각을 키우는 교육은 시대의 변화에 맞추어 점진적으로 구축된 흐름이다. 자녀가 이 흐름에 잘 올라타 멀리 내다보며 삶을 개척하도록 돕는 것이 중요하다. 앞으로 그 방안에 대해 차근차근 이야기해 보려 한다.

2장 수학 역량 제대로 알기

수학 역량교육에서는 계산 능력, 암기력, 정해진 풀이법을 적용하는 능력보다 문제해결 역량, 추론 역량, 의사소통 역량, 연결 역량, 정보처리 역량 함양을 강조한다. 이 장에서는 수학 역량 및 수학 역량교육의 의미와 필요성에 대해 알아본다.

교육과정에 따른 다섯 가지 수학 역량

수학은 무엇으로 이루어져 있을까? 개념, 기호, 그래프, 식, 정리, 증명 등 다양하다. 수학공부는 단순히 이러한 수학의 구성 요소들을 공부하는 것일까? 수학자와 수학교육자는 다르게 말한다. 구체적으로 보면 앞서 말한 구성 요소들은 수학의 결과인데, 그 결과에 이르는 과정을 같이 공부해야 한다는 것이다. 우리나라, 일본, 싱가포르, 미국, 영국, 핀란드 등 많은 나라의 수학과 교육과정은 수학의 결과 못

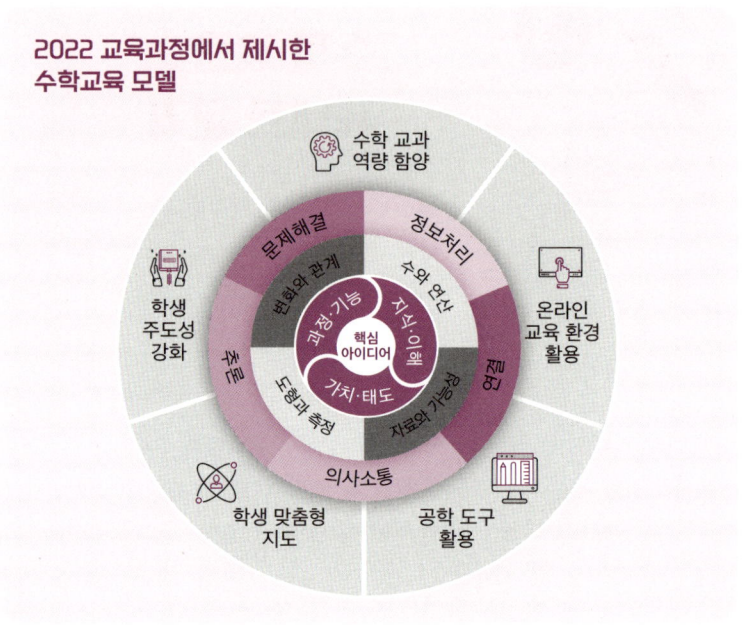

지않게 수학의 과정을 학습하는 것을 강조한다. 수학 지식이 아니라 수학 역량의 함양을 수학교육의 목표로 제시하는 이유는 위의 그림과 같은 맥락에서 이해할 수 있다. 2022 개정 수학과 교육과정에서 강조하는 수학 역량은 문제해결 역량, 추론 역량, 의사소통 역량, 연결 역량, 정보처리 역량이다. 위 그림은 이 다섯 가지 수학 역량을 함양하는 데 필요한 핵심 내용과 교수·학습 방법을 제시한다. 이로부터 현재 우리나라 수학교육의 흐름과 중점 목표, 방법을 알 수 있다.

문제해결 역량

문제해결 역량이란 무엇일까? 문제를 많이 풀면 길러지는 능력을 뜻하는 것일까? 필자가 학부모를 대상으로 강연을 하면 가끔 받는 질문이 있다. "우리나라에서는 너무 많은 문제를 풀도록 강제하며 아이들을 문제 풀이 기계로 기르고 있는데, 문제해결 역량을 수학교육의 목표로 삼고 있기 때문인가요?"라는 질문이다.

많은 문제를 풀도록 강제할 때는 주로 '연습용' 문제를 제시한다. 유치원부터 고등학교를 졸업할 때까지 연습용 수학 문제를 얼마나 풀까? 한번은 강의 시간에 학생들이 계산해 보더니 고등학교 졸업까지 작게 잡아도 1인당 5만 문제를 풀게 된다고 말하면서 놀라워했다.

1인당 5만 문제를 풀고 고등학교를 졸업하면 수학 역량을 얼마나 갖추게 될까? 5만 문제를 풀면서 알게 모르게 쌓인 수학에 대한 감정은 무엇일까? 5만 문제 중 수학적인 의미와 구조를 탐구할 기회를 주는 문제는 몇 개나 될까? 대학생들이 경험에 비추어 추정한 바에 의하면 단순 계산 연습을 위한 문제가 대부분이고, 수학적인 의미와 구조를 탐구하면서 해결했던 문제는 10% 전후에 그친다. 단순 계산을 연습하는 문제를 많이 풀다 보면 깊이 생각하지 않고 문제를 푸는 습관이 생긴다. 문제를 풀고 난 후에도 새롭게 배운 수학적 의미, 성질, 원리를 찾거나 깊이 고민하지 않는다. 그러니 5만 개의 연습 문제를 풀면서 배운 수학은 미미하다. 이 방법은 기계가 수학을 공부하는 데 적합하다. 하지만 기계는 인간이 5만 문제를 푸는 시간에 훨씬 더 많은 문제를 풀고 더 많은 수학을 배운다.

5만 문제를 풀면서 수학을 공부하는 우리의 문화에서는 '문제 풀이'라는 표현을 '어느 정도 정해진 형태의 문제를 이미 알고 있는 해법으로 푸는 활동'이라는 뜻으로 사용한다. 연습의 목적은 속도와 정확도를 높이는 것이다. 교육과정이나 연구에서 수학교육의 바람직한 형태로 제시하는 '문제해결'의 의미는 이와 다르다. 여기서 문제해결은 실생활을 포함한 다양한 문제 상황에서 감추어진 문제를 발견하고, 해법을 고민하며, 여러 번의 시행착오를 거쳐 구한 답을 주어진 상황에 비추어 그 의미를 파악하는 것, 나아가 해결 과정을 되돌아보며 성찰하고 개선하는 활동을 뜻한다.

문제 풀이가 누군가 만들어 놓은 게임을 플레이하는 수준의 활동이라면, 문제해결은 새로운 규칙을 찾아 게임을 바꾸는 수준의 활동이다. '게임 플레이어'가 아니라 '게임 체인저'가 되는 것이다. 세상을 바꾸는 사람은 게임 플레이어가 아니라 게임 체인저다. 자녀가 적극적으로 삶을 개척하고 세상을 움직이는 사람이 되기를 원한다면 문제 풀이가 아니라 문제해결을 경험하도록 해야 한다. 이에 수학만이 아니라 다른 과목에서도 비슷한 의미로 문제해결 역량의 함양을 추구하고 있다.

수학은 생각하는 힘을 기르는 과목 중 하나인데, 아이러니하게

도 문제 풀이만 되풀이하면서 유형별 풀이 방법을 암기하는 과목으로 전락했다. 문제해결 역량을 기르면 자연스레 수학 고유의 사고력과 창의력도 길러져 게임 체인저보다 한 단계 위의 '게임 개발자'가 될 수 있다. 수학에서 게임 개발자는 단지 문제를 해결하는 새로운 방법이나 규칙을 찾는 사람이 아니라 스스로 문제를 찾거나 만드는 사람을 뜻한다. 모든 분야에서 가장 중요한 일이 바로 문제를 찾거나 만들어 해결하는 것이다. 자녀가 다른 사람이 제시한 문제를 이미 알려진 방법으로 풀이하는 수준에 머물기를 바라는가? 혹은 새로운 규칙, 알려지지 않은 방법으로 전 세계 사람들이 주목할 만한 문제를 찾거나 만들어 해결하기를 바라는가? 분야를 막론하고 상황을 정교하게 파악하여 문제를 찾거나 만들어 해결하는 능력을 갖추면 리더가 될 수 있다. 자녀가 문제 풀이를 하고 있는지, 문제해결을 하고 있는지 살펴보고 필요하다면 방향을 전환할 수 있도록 도와주길 바란다.

우리나라 학생들은 팀스TIMSS, Trends in International Mathematics and Science Study와 피사PISA, Programme for International Student Assessment 등 국제 성취도 평가의 비교 연구에서는 수학 성취도가 매우 높은 반면 수학에 대한 흥미와 자신감은 상대적으로 낮다. 실패에 대한 두려움은 높은 편이고, 삶의 의미나 긍정적인 감정은 낮은 편이다. 그 원인 중 하나로 연습용 문제 풀이에 의존하는 수학공부가 꼽힌다. 그러나 문제 풀이를 연습하지 않고도 제한된 시간에 문제를 풀어낼 수 있는 학생이 얼마나 될까? 얼마나 많은 문제를 풀어야 연습 효과가 있을까?

몇 해 전 이스라엘의 한 수학교육학자가 우리나라 학부모들에게 문제해결 역량의 중요성을 설명하는 세미나가 있었다. 필자는 통역을 담당했다. 세미나 후 질의응답 시간에 아니나 다를까 "우리나라 학생들은 문제 풀이에 지쳐서 수학을 싫어하는데 이스라엘은 어떤가요?" 하는 질문이 나왔다. 영어로는 문제 풀이와 문제해결 모두 problem solving이어서 이것을 어떻게 통역해야 할지 난감했다. 우리나라 학생들이 문제 풀이에 지치는 이유는 과도한 사교육 또는 시험 중심의 공부 방식 때문이다. 이전에는 이 주제로 이야기하다 보면 우리나라 수학교육의 어두운 면이 지나치게 드러나서 적당히 얼버무리곤 했다. 그런데 그때는 세미나의 분위기가 매우 진지해서 망설이다가 과연 이스라엘 수학교육학자가 어떻게 답할지 궁금하여, 한국에서는 지나친 문제해결 교육이 수학을 싫어하게 되는 원인인데 이스라엘에서는 그런 경우가 없는지 질문한다고 통역했다.

이 학자는 이스라엘 학부모들이 문제해결 교육의 필요성에는 대부분 공감하며, 문제해결 교육으로 인해 수학을 싫어하게 된다고 염려하지는 않는다고 답했다. 이스라엘 학생들은 토론에 익숙하고 반박과 비평을 좋아하기 때문에 문제해결 교육도 토론 학습과 연계하여 이루어진다고 소개했다. 함께 문제를 이해하고, 해법을 찾는 과정에서 학생들이 수학을 좋아하게 될 가능성이 더 높아진다는 설명도 추가했다. 끝으로 자녀가 수학을 싫어하는 원인은 문제해결 교육이 실패해서지 문제해결 교육이 잘 이루어지면 수학을 좋아하게 된다고 설명했다.

결국 한국에서 이루어지는 문제 풀이와 수학교육 연구에서 말하는 문제해결의 의미 차이를 설명한 후에야 이스라엘에서는 과도한 양의 문제를 반복하여 푸는 방식으로 수학을 공부하는 학생이 극히 드물다고 했다. 이스라엘 수학교육학자는 이스라엘과 우리나라가 교육에 관심이 많은 것은 비슷한데 문제해결 교육에서는 너무 큰 차이가 있다며 의아해했다. 당시에 질문했던 학부모처럼 필자도 당황하여 무언가 상황을 달리 설명하려 애썼으나 결국 이 문제는 사회문화적 배경에 따른 차이로 마무리되었다.

여러 해가 지난 뒤 다시 생각해 보아도 고등학교 졸업까지 5만 문제를 푸는 것은 수학을 공부하는 좋지 않은 방법이다. 문제 풀이의 양은 줄이고 질을 높이는 방향으로 수학공부 방법과 분위기를 개선해야 한다. 앞서 언급한 대학생들의 조사에 따르면, 어떤 학습지에서는 '4 더하기 9'를 30회 이상 연습하도록 한다. 덧셈을 빠르고 정확하게 하도록 반복 연습을 시킨다는 의도는 이해할 수 있지만, 이런 문제를 많이 풀수록 수학에 대한 호기심은 떨어지고 수학 문제를 이해하는 데 시간을 들이지 않는 습관이 생길 것이다.

학생들이 질 높은 문제해결 경험을 하도록 하려면, 문제를 보자마자 풀기보다 문제 자체를 이해하는 데 시간과 노력을 투자하도록 해야 한다. 실제로 수학에 타고난 재능이 있는 학생은 오랜 시간 깊이 사고하여 문제를 해결하려는 경향을 보인다. 수학적으로 우수한 학생은 특별한 행동을 하지 않고 그저 골똘히 문제를 들여다보면서 이해하고자 노력한다. 문제를 제대로 이해하지도 않은 채 이런저런 방법을 시도하는 학생은 대부분 수학 성취도가 낮거나 천천히 수학을 배운다.

이와 같은 배경을 고려하면 문제해결 역량의 첫 번째 하위 요소는 '문제의 이해'임을 알 수 있다. 자녀가 문제를 잘 이해하려고 노력하는 것은 아주 좋은 징조다. 왜 문제를 빠르게 풀지 않느냐고 채근하기보다 좋은 습관이라고 칭찬하길 바란다. 하나의 문제를 잘 이해하면 지겹도록 많은 문제를 풀지 않고도 문제해결 역량을 기를 수 있다.

문제해결 역량의 다른 하위 요소로 '문제해결 과정에 대한 성찰 또는 회고'가 있다. 문제를 해결하면 끝이라고 생각하지 말고 꼼꼼히 되돌아봐야 한다. 바둑을 복기하듯이 문제해결 과정을 꼼꼼히 되돌아보고 훌륭한 부분, 개선이 필요한 부분, 일반화 가능성 등을 따져 볼 필요가 있다. 그래야 문제 푸는 양을 줄여도 문제에 대한 이해 능력과 해법을 찾는 능력을 갖출 수 있다. 문제해결에 실패했더라도 그 과정을 되돌아보고 세밀하게 분석하여 실패 원인과 효과적인 전략을 찾아야 한다. 앞서 수학이 삶과 비슷하다고 말했는데, 문제해결 과정에 대한 성찰 또는 회고를 통해서만 배울 수 있는 매우 중요한 교훈이 있다는 점에서도 그러하다.

자녀가 충분한 시간을 들여 문제를 이해하는 습관, 문제를 해결한 후 그 과정을 성찰하고 회고하는 습관을 들이도록 안내하자. 그러면 문제해결 역량을 기르기 쉽고, 결국 수학을 제대로 공부하는 데 도움이 된다. 얼마나 많은 문제를 풀어야 하는가? 가급적 적은 양의 문제를 제공하되 다양한 가능성을 열어 놓고 질 높은 탐구가 이루어지도록 돕는 것이 좋다. 가급적 적은 양은 어느 정도일까? 개인에 따라 다르지만 5만 문제보다는 훨씬 적을 것이다.

추론 역량

다음으로 추론 역량에 대해 살펴보자. 수학을 공부하면 사고력을 기를 수 있다는 말이 있다. 이때 사고력의 상당 부분을 추론 역량이 차지한다. 국어, 사회, 과학과 마찬가지로 수학에서도 수학 고유의 추론이 사용된다. 일반적으로 추론이라고 하면 모종의 근거에 비추어 판단하는 과정을 가리키는데, 분야마다 주로 인정하는 근거와 판단 과정이 있다. 예를 들어, 어느 소설에서 주인공이 갑작스럽게 사라졌다고 할 때 휴대폰 메시지와 일기, 다른 사람에게 했던 말을 근거로 그가 간 장소를 찾아내는 것도 추론의 일종이다. 민주주의에서 전제로 하는 원칙을 제시하고 다양한 권리와 책임을 논의할 때도 합당한 근거에 비추어 판단하는 추론을 사용한다. 천체 현상을 관측한 자료를 근거로 운동 법칙을 발견하고 이것이 다른 경우에도 성립하는지 점검할 때도 추론을 활용한다. 수학을 공부할 때는 앞서 다른 분야에서 사용한 추론을 이용하기도 하고, 수학적인 근거를 찾아 판단하는 고유의 추론을 사용하기도 한다.

수학에서 사용하는 근거에는 정의, 공리, 공준, 정리 등이 있다. 이 근거들을 필요한 순간에 적절한 방법으로 활용하여 새롭게 판단하면 또 다른 의미를 생성할 수 있다. 문제는 이것이 매우 추상적이고 압축된 의미를 담고 있어서 언제 무엇의 근거가 되는지, 어떻게 이 근거에 기반하여 판단하는지 파악하기가 어렵다는 점이다.

추상적이고 압축된 의미를 담은 근거를 바탕으로 새로운 판단을 하고, 추상적이고 압축된 또 다른 의미를 생성하는 과정의 긴장감과 아름다움을 느낀 적이 있는가? 과거에는 이를 상위 1%의 학생들만 느꼈을 것이다. 수학 역량을 기르고자 하는 새로운 수학교육의 흐름에서는 이 긴장감과 아름다움을 느끼면서 공부해야 수학을 수학답게 배울 수 있다고 본다. 자녀가 수학적 추론의 의미를 알고 나름의 수준에서 시도하며, 추상적이고 압축된 의미를 담은 근거를 바탕으로 다시 추상적이고 압축된 새로운 의미를 생성하는 기쁨을 느끼도록 도와야 한다.

예를 들어, 초등학교 4학년인 A와 B가 다음과 같이 6이 홀수인지 짝수인지 추론하고 있다고 해보자. 여기서 A와 B는 서로 다른 주장을 한다.

A: 6은 2씩 묶으면 3이 나오니까 홀수야.

B: 아니지. 6을 3씩 묶으면 2가 나오니까 짝수지.

초등학교 2학년 수학에서는 숫자를 2씩 묶어 보는 활동을 바탕으로 짝수와 홀수를 다룬다. A는 이것을 기억하여 6을 2씩 묶으면 3이 나오므로 홀수라고 생각했다. B는 초등학교 2학년 때 배운 방법과 달리 3씩 묶어 보고 짝수라고 했다. 자녀가 A나 B와 같이 생각한다면 어떻게 하겠는가? 0은 2씩 묶을 수 없고, 3씩 묶을 수도 없어서 짝수인지 홀수인지 판정할 수 없다고 주장하면 또 어떻게 하겠는가?

A와 B 모두 "-니까"라고 '수학적 근거'를 명시한 점은 매우 훌륭하다. 그런데 수학적으로 건전한 추론을 하려면 건전한 수학적 근거를 제시해야 한다. A의 "2씩 묶으면 3이 나오니까"라는 근거는 짝수의 올바른 의미를 기준으로 제시되지 않았다. 2씩 묶고 남는지, 남지 않는지를 봐야 하는데, 묶어서 구한 몫이 3으로 홀수여서 홀수라고 판단했다.

이 학생의 추론은 미국의 저명한 수학교육 연구자 볼D. Ball이 진행한 수학 수업에서 관찰된 것이다. 이 수업에서는 매우 흥미로운 토론을 통해 2, 6, 10, 14…와 같이 2씩 묶어서 구한 몫이 홀수인 수를 찾아냈고, 추론한 학생의 이름인 션을 따서 '션의 수'라고 불렀다. 이후 수업에서는 션의 수끼리 더하면 다시 션의 수가 되는지, 일의 자리가 션의 수인 두 자릿수는 션의 수인지 등 다양한 추론이 일어났다.

세계적인 수학교육의 흐름은 볼의 수업처럼 학생들이 스스로 수학적 근거를 제시하면서 수학적으로 판단하고, 이 과정에서 새로운 수학적 의미와 대상을 발견하는 방식으로 추론 역량교육이 이루어져야 함을 강조한다. 많은 국가의 수학교육은 깊이 있는 생각을 강조하며, 근거를 기반으로 수학적인 아이디어 표현하기, 그럴 법한 생각에서 출발하여 이를 타당화하기 등 다양한 전략을 개발하여 활용한다. 정의와 성질을 그대로 외우도록 하면서 추론의 기회를 허용하지 않는 방식은 지양한다. 스스로 생각하는 힘을 사용하지 않고 정의와 성질을 외워 학습하는 것은 수학을 수학답게 공부하는 것이 아니기 때문이다.

추론은 작은 아이디어를 연결하여 새로운 관점을 만드는 도구다. 이제 막 수학을 배우기 시작한 어린 아동도 수학적 추론을 할 수 있다. 1에 1을 더하여 2를 구하는 것은 계산한 것이지 추론한 것이 아니다. 그러나 1에 1을 더한 결과가 1보다 크다는 생각을 했다면 그 학생은 추론을 한 것이다. 마찬가지로 1에 3을 더하여 4를 제시하는 것은 계산이다. 1에 3을 더하면 1보다 크다는 성질이 유지된다고 보는 것은 추론이다.

앞서 제시한 추론에서는 아무 생각 없이 덧셈을 하는 대신 덧셈으로 얻은 결과와 주어진 수에 일어난 변화를 연결했다. 배운 덧셈 절차를 연습하는 대신 결과와 결과, 결과에 담긴 생각과 생각을 연결한 것이다. 이러한 추론을 통해서만 새로운 의미와 절차, 생각을 도출할 수 있다.

　추론이 타당한지 검증하는 과정에서 수학, 철학, 과학 등 많은 학문 분야가 발달했다. 아이가 수학공부를 할 때도 소박하게나마 추론을 하고 그것이 타당한지 검증할 수 있다면 수학 역량을 키울 기회가 될 것이다. 주어진 수에 무언가를 더하면 항상 주어진 수보다 큰 수를 얻을 수 있다는 추론은 타당한가? 구체적인 사례로 보편적인 규칙을 구성해 보는 귀납 추론을 사용하여, 1에 1을 더하고, 2를 더하고, 3을 더하면 주어진 수보다 큰 수를 얻을 수 있으니 참이라고 주장했다고 하자. 이러한 추론의 타당성은 반례를 하나만 찾아도 반박할 수 있다. 즉 1에 0을 더한 결과는 1보다 크지 않으므로 타당하지 않은 추론이라고 말하면 된다.

　고등학생과 대학생들도 종종 귀납 추론에 의존한 주장을 한다. 수학자 러셀B. Russell은 귀납 추론의 약점을 칠면조 이야기에 담아 설명했다. 어느 농장에 귀납 추론 능력을 갖춘 칠면조가 있었다. 친절한 농장 주인은 매일 아침 아홉 시에 맛있는 먹이를 주었다. 어제, 오늘, 비 오는 날, 눈 오는 날 모두 아침 아홉 시에 먹이를 주었다. 그러자 칠면조는 규칙을 발견했다. 아침 아홉 시면 먹이를 받을 수 있다는 규칙 말이다. 그러나 이 규칙은 틀렸다. 성탄절 이브에 칠면조는 희생되었고, 더 이상 아침 아홉 시에 먹이를 먹을 수 없게 되었기 때문이다. 이처럼 반례를 찾아 잘못된 주장이나 추론 결과에 반박하는 능력은 오늘날처럼 검증되지 않은 정보가 넘쳐나는 시대에 꼭 필요한 추론 역량이다.

학교 수학에서는 학생들이 쉽고 직관적으로 사용할 수 있는 귀납 추론으로 성질을 찾고, 연역 추론으로 검증하도록 한다. 연역 추론은 이미 검증된 법칙을 근거로 다른 판단을 유도하는 방법이다. 이를테면, 연역 추론에서는 교환법칙을 적용하여 새로운 성질을 도출할 수 있다. 비슷한 구조를 이용한 유추도 추론의 한 종류다. 예를 들어 삼각형에서는 세 내각의 크기를 합하면 항상 180도다. 비슷한 구조를 고려하면 사각형에서도 네 내각의 크기를 합한 결과가 일정함을 추론할 수 있다. 수학에서의 사고력은 이렇게 꼬리에 꼬리를 무는 타당한 생각의 고리를 찾거나 구성하는 추론 역량과 관련된다.

의사소통 역량

다음으로 생각해 볼 수학 역량은 의사소통이다. 요즘은 일상생활에서도 다양한 양식의 의사소통에 의존하며, 대면은 물론이고 비대면 환경에서 얼마나 효과적으로 의사소통하는지에 따라 사회적 위상과 인간관계, 성취 수준이 달라지기도 한다. 이는 수학공부에도 비슷하게 적용된다. 수학적 의사소통 역량은 시대적 배경에 힘입어 점점 더 중요해지고 있다. 수학을 공부할 때도, 공부한 수학을 사용할 때도 그렇다.

그런데 일상적인 의사소통과 수학적 의사소통에는 상당한 차이가 있다. 수학적 의사소통은 수학적 표현 도구를 사용한 소통으로, 수학 용어, 기호, 개념 정의, 수학의 언어적 표현, 시각적 표현, 행동적 표현 등을 적절하게 활용한 의견의 표현과 공유를 뜻한다. 이때 수학적 표현 방법에 따라 담을 수 있는 의미의 범위와 특성이 달라지므로 상황에 적절한 표현 방법을 선택할 줄 알아야 한다.

개인에 따라 선호하는 표현 방법이 있을 수도 있다. 예를 들어, 같은 문제를 한 학생은 그림으로 그려서 푸는 것을 선호하고, 다른 학생은 식을 세워서 풀려고 한다. 어떤 표현 방법으로든 수학적으로 가치 있는 생각을 공유하고 협력하여 탐구한다면, 맥락에 맞는 도구를 사용하여 다른 사람과 소통하기 적합하게 표현한다면, 모두 수학적 의사소통으로 간주한다.

수학적 의사소통은 서로 다른 생각을 비교하거나 종합하여 합리적인 결론을 도출하는 데 중요한 역할을 한다. 수학적 의사소통 역량을 기르려면 다양한 의견이 나올 수 있는 문제 상황을 활용할 필요가 있다. 예를 들어 동전을 100회 던졌는데 모두 앞면이 나왔다고 하자. 그러면 동전을 101번째 던졌을 때는 어떤 결과가 나오겠는가? 관련된 수학적 개념을 생각하면서 다음과 같이 다양한 방식으로 의견을 제시할 수 있다.

동전은 과거를 기억하지 못하므로 앞면과 뒷면이 나올 가능성은 여전히 반반이야.

계속 앞면이 나왔으니 이제 뒷면이 나올 때가 되었다고 생각해.

연달아 앞면이 나온 것으로 보아 동전이 특수하게 만들어졌거나 다른 특별한 이유가 있을 거야. 그러니 또 앞면이 나올 가능성이 높아.

    위의 학생들이 자신의 생각을 수학적 개념인 '가능성'과 연결하여 그럴 법한 의견을 제시하는 모습은 얼마나 대견한가. 아무 말 없이 교사가 제시하는 설명을 듣고 모방하며 공부하는 모습과는 큰 차이가 있음을 확인하면 좋겠다. 여러 가지 가능성을 학습자 스스로 다양하게 표현해 보고 친구들과 나누어야 수학을 제대로 배울 수 있다. 자녀가 발표, 토론, 협력 프로젝트, 실험 등 다양한 의사소통 형식을 두루 사용하면서 즐겁게 수학을 공부하도록 마음가짐과 환경을 갖추어 주길 바란다. 지금은 밝고 긍정적인 태도로 수학적 의사소통에 참여하는 아이가 수학을 잘하는 시대다.

    자녀가 혼자 머릿속으로만 생각하는 습관이 있다면 몸으로, 일상 언어로, 그림으로, 식으로, 음악으로, 기호로 표현하여 공유하도록 해보자. 상황에 따라 효과적인 표현 방법이 다르고, 누구와 어떤 의도로 소통하는지에 따라서도 수학적 표현 방법을 달리할 필요가 있음을 알려 주자. 수학은 예술과도 비슷한 면이 있어서, 한 번에 좋은 표현을 찾기보다는 화가가 스케치로 그림을 시작하듯이 개략적으로 표현하는 단계에서 시작해 점차 정교하게 다듬는 단계를 거쳐 우아하고 군더더기 없는 표현으로 완성됨을 깨달을 것이다.

수학은 나름의 문법을 갖춘 언어 체계이므로 아이가 용어, 기호, 식, 그래프 등 다양한 표현에 익숙해질 때까지 시간이 필요하다. 수학적 의사소통의 도구에 익숙해진 후에도, 자신의 생각을 적절한 표현에 근거하여 소통하기 좋은 형태로 다듬을 때까지는 또 상당한 시간과 노력이 요구된다.

자녀와 수학 관련 난상 토론을 해보는 것도 좋은 전략이다. 예를 들어 사다리꼴과 마름모는 둘 다 물건 이름과 관련되는데, 왜 하나는 '꼴'을, 다른 하나는 '모'를 이용하여 이름 붙이는지, '사다리모', '마름꼴'이라고 하면 안 되는지를 이야기해 볼 수 있다. 꼬리를 물고 직사각형으로 된 사다리도 있는데 그럼 그 사다리가 잘못 만들어진 것인지, 아니면 사다리꼴이라는 이름이 잘못된 것인지 질문을 던져 볼 수도 있다. 더 나아가 식물 '마름'에 대한 정보를 찾아 보면 마름모 모양이어서 그렇게 이름 지어졌다고 하는데, '마름'의 모양을 보고 마름모라는 용어가 만들어졌을 가능성은 없는지 고민해 보며 식물이 먼저인지 수학이 먼저인지를 토론해 볼 수도 있다. 흥미로운 생각을 나누며 비틀어 보고 바로잡은 수학 표현은 오래도록 마음에 남아 아이에게 유용한 도구가 될 것이다.

연결 역량과 정보처리 역량

수학은 학문 분야 중에서도 긴 역사를 자랑한다. 여러 문명의 발생 초기부터 수와 도형을 다룬 흔적을 찾을 수 있다. 처음에는 간단한 현상을 계산하고 도형으로 표현했으나 점차 하늘과 별, 바람, 사람, 사회, 생태계 등 다양하고 복잡한 현상에 수학을 적용하며 오늘날에 이르렀다. 따라서 수학은 여러 현상에 깊고 넓게 스며들어 있다.

수학을 공부하는 학생들은 여러 현상 속에 숨어 있는 수학을 발견하며 수학이 세계와 연결되어 있음을 깨달을 필요가 있다. 일상생활과 수학의 연결도 이 흐름에서 보면 너무나 자연스러운 것이다. 사회 현상, 자연 현상 중에서 수학으로 설명할 수 있는 부분을 이용하여 수학을 공부하는 것도 당연히 가능하고 또 필요하다. 연결된 것을 굳이 분리하여 의미 없이 가르치고 배우는 것이 문제다. 수학 내에서도 수와 연산, 도형과 측정, 변화와 관계, 자료와 가능성 사이에 이미 다양한 연결이 이루어져 있다. 연결되기 전보다 연결된 후 훨씬 더 강력한 힘을 발휘하는 것은 수학에서도 예외가 아니다.

마지막으로 최근 들어 점점 더 중요해지고 있는 정보처리 역량은 문제를 합리적으로 해결하기 위해 다양한 정보와 자료를 수집하여 처리하는 능력을 뜻한다. 디지털 세상에 태어나 디지털 원주민으로 비유되는 우리 자녀들은 이미 온갖 정보와 자료로 둘러싸여 있다. 전염병, 폭우, 금융 사태 등 우리의 삶에 지대한 영향을 미치는 일들도 정보와 자료를 수집하여 적절히 해석하지 않으면 대응하기 어렵다.

데이터가 과거의 석유와도 같은 현대판 천연자원이라는 말도 있다. 따라서 자녀가 정보와 자료를 올바르게 수집·정리·분석·해석하여 세계를 이해하고 문제를 해결하도록 도울 필요가 있다. 이와 관련하여 2022 개정 수학과 교육과정에서 제시하는 정보처리 역량 함양 방안은 유용한 힌트를 제공한다.

❶ 실생활 및 수학적 문제 상황에서 자료를 탐색하고 수집하며 수학적으로 처리하여 합리적인 의사 결정을 하는 태도를 기르게 한다.
❷ 교구나 공학 도구를 활용하여 추상적인 수학 내용을 시각화하고 수학의 개념, 원리, 법칙에 대한 직관적 이해와 논리적 사고를 돕는다.
❸ 학생이 주도적으로 교구나 공학 도구를 활용하여 탐구하게 한다.
❹ 계산 기능 함양을 목표로 하지 않는 교수·학습 상황에서는 복잡한 계산을 할 때 공학 도구를 이용할 수 있게 한다.

3장 수학 역량 검진하기

인간의 평균 수명은 건강 검진을 통한 질병의 조기 진단과 조기 치료 덕에 늘어났다. 수학 역량도 꼼꼼하게 검진하면 약점을 조기에 진단하여 보완하고 바람직한 수학공부 습관을 기르는 계기가 된다. 이 장에서는 수학 역량 검진의 의미와 방법을 알아본다.

구구단의 필요성을 아는 아이로 기르기

자녀가 구구단을 외우느라 애쓰는 모습을 보면서 구구단을 꼭 외워야 한다고 말할 것인가, 외우지 않아도 된다고 말할 것인가? 그럴 때는 당장 외우지 않아도 되니 걱정하지 말고, 왜 그런 표가 만들어졌는지를 안 후에 차차 외우면 된다고 하는 것이 좋다. 아직 준비가 안 되었는데 구구단을 억지로 외우게 하면 어린 나이부터 수학을 싫어하게 된다. 구구단을 외우는 것은 중요하다. 하지만 적절한 때에 원리와 필요성을 알고 외우면 보다 효과적일 것이다. 구구단만큼 많이 쓰이는 수학도 드물기 때문이다.

한번은 영국에서 온 연구자가 우리나라 초등학교의 수학 수업 현장을 보고 싶다고 해서 함께 한 학교를 방문한 적이 있다. 마침 구구단을 배우는 수업에 들어갔는데, 우리가 다 아는 그 멜로디로 구구단을 외우고 있었다. 아이들이 얼마나 열심히 소리 높여 외웠는지 아직도 합창 소리가 들리는 듯하다. 그 모습을 보고 영국의 수학교육 연구자는 영어로 구구단을 외우는 노래도 비슷하다고 하면서, 영어보다 한국어가 구구단을 외우기 편한 것 같다고 말했다.

한국, 미국, 프랑스에서 온 연구자들이 재미 삼아 1부터 20까지 누가 더 빨리 말하는지 시합을 한 적도 있었다. 다음 표와 같이 한국어, 영어, 프랑스어 명수법(수를 이름 지어 부르는 방법)에 따라 11부터 15까지를 표기해 보면 우리말로 구구단을 노래하며 외우기가 상대적으로 얼마나 편한지 알 수 있다.

11부터 15까지의 언어별 명수법

숫자	한국어	영어	프랑스어
11	십일	eleven	onze
12	십이	twelve	douze
13	십삼	thirteen	treize
14	십사	fourteen	quatorze
15	십오	fifteen	quinze

우리나라는 물론이고 외국에서도 구구단을 외우는 문제에 대해서는 아직도 논란이 있다고 한다. 만약 원리를 충분히 알고 구구단을 외우면 계산의 효율성을 높일 수 있으므로 수학공부에 도움이 된다. 그러나 원리 탐구에는 관심을 두지 않고 일단 외우려고 하면 유용성이 줄어든다. 구구단의 원리를 파악하는 활동과 구구단을 적용하는 활동은 서로 연결되기 때문이다.

구구단은 1부터 9까지의 수 중 두 수를 곱한 결과로 이루어져 있다. 그러나 곱셈은 반복 덧셈이라는 기본 원리를 알면 9까지의 수가 아니라 더 큰 두 수 사이의 곱셈 결과표도 만들 수 있다. 구구단에서 여러 패턴을 찾는 활동은 학습에 도움이 된다. 예를 들어 2단은 짝수로, 5단은 일의 자리가 0과 5로 이루어져 있다. 9단은 일의 자리가 1씩 줄어든다. 아이들은 이런 패턴을 찾으면서 성취감을 느끼고 구구단의 심미성을 인식할 수 있으므로 충분한 시간을 주는 것이 좋다.

구구단을 공부하거나 구구단에 대한 느낌을 말하는 모습을 통해 자녀의 수학 역량을 검진할 수 있다. 만약 자녀가 2단이 가장 쉬우니 먼저 외우고, 5단은 특별하니 즐거워하고, 9단을 보면서 10단을 만들 수 있다고 한다면 칭찬해 주어야 한다. 자기 주도적으로 구구단을 공부하며 다채로운 느낌을 토대로 구구단을 깊이 이해하고 있기 때문이다. 이런 아이는 훌륭한 수학 역량을 갖추고 있으며 향후 더 발전할 것이라고 확신한다. 아무 이유 없이 순서대로 외우면서 짜증을 내거나, 반복적인 실수에 불안을 느끼며 포기하려 한다면 빨간

불이 들어온 것이다. 구구단을 외워야 하는 시기가 정해져 있지는 않으니 외우라고 독촉할 필요는 없다. 다만, 구구단을 사용하여 계산하는 상황이 많아짐을 알면서도 구구단을 외우려 하지 않는다면 문제가 있다.

구구단을 외워 적용하면 다양한 상황에서 쉽게 문제를 해결할 수 있고, 외운 구구단을 적용하는 과정이 자동화되면 많은 노력을 기울이지 않아도 되므로 인지 부담이 감소한다. 수학을 공부할 때 인지 부담을 현저하게 줄일 수 있는 방법을 찾아 자동화된 절차적 지식을 확보하는 것은 수학 역량 함양과 감정 조절에도 큰 도움이 된다. 이는 학생 스스로 깨닫는 것이 바람직하다. 구구단을 외우는 것도 중요하지만, 구구단을 외우면 편리하고 효율적이라는 사실을 아는 것이 수학 역량의 측면에서는 더 중요하다. 그것을 아는 학생은 장기적으로 발전할 가능성이 더 크기 때문이다.

처방이 아닌 조언을 위해

수학 역량 검진의 의미를 말하기 전에 염려되는 지점부터 먼저 짚으려 한다. 자녀교육에 관심이 많은 부모가 이 책을 볼 텐데, 자칫 수학 역량 검진의 의미를 너무 검진에만 중점을 두어 받아들이기 쉽다. 하지만 이때의 검진은 '이해'의 다른 말로 생각하면 좋겠다. 자녀가 현재 어떤 상황에 놓여 있는지, 왜 그리고 어떻게 그런 상황에 이르렀는지도 모르고 처방부터 내리면 곤란하다. 예를 들어, 구구단을 원리와 무관하게 외우고 있는 자녀에게 상급 학년의 수학을 짧은 시간에 배우라고 강요하면 치명적인 결과를 낳을 수 있다. 검진의 이름으로 조급한 처방을 합리화한다면 차라리 검진하지 않는 편이 낫다.

약간의 표현 차이지만, 구구단을 못 외우는 것을 걱정하는 대신 구구단을 무작정 외우는 것을 걱정하는 부모는 매우 훌륭하다. 무작정 외우면 안 된다는 것을 알기 때문이다. 수학 역량교육의 맥락에서 자녀의 수학공부에 문제가 있음을 파악한 것이다. 자녀의 수학 역량을 검진한다는 것은 이와 같은 문제의 파악과 관련된다.

우리나라에서 중점적으로 함양하고자 하는 수학 역량에 문제해결, 추론, 의사소통, 연결, 정보처리 역량이 있음을 2장에서 살펴보았다. 이 다섯 가지 역량의 측면에서 자녀의 수학공부 습관을 관찰하고 이해할 수 있다. 구구단을 무작정 외우는 것은 원리를 파악하는 데 필요한 추론 역량을 갖추지 못해서 생기는 현상이다. 물론 대부분의 수학 역량 결여는 단 하나의 역량이 아니라 관련된 여러 역량의 결여로 볼 수 있다. 가령, 구구단을 무작정 외우는 행동은 구구단의 원리를 이루는 지식을 충분히 학습하지 못한 것, 문제를 이해하지 못하면서 선불리 푸는 것, 문제를 푸는 데 필요한 조건을 확인하지 못한 것, 덧셈과 곱셈의 의미를 연결하지 못한 것 등 여러 다른 문제 행동과 밀접하게 관련된다. 그중 어떤 요인이 가장 큰 영향을 미쳐서 특정 행동으로 나타나는지는 심도 있는 분석을 통해 파악할 수 있다.

보통의 부모가 전문적인 지식과 훈련 없이 자녀의 수학 역량을 검진할 수 있을까? 어느 정도까지는 가능하다고 본다. 수학 역량을 검진하기 전에 조급하게 처방하지 않는다면, 검진 방법을 충분히 알아보고 신중하게 자녀의 수학 역량을 이해한다면 적절한 조언을 할 수 있다.

선택할 수 있는 상황을 제시한 후에 판단은 자녀에게 맡기는 것이 중요하다. 아무리 어려도 스스로 판단을 내려 보는 경험이 필요하고, 판단 경험이 많은 아이는 자기 주도적으로 생각하고 행동한다. 이를 위해 필자는 부모에게 '자녀의 팬이 되라'고 제안한다. 팬은 감독보다, 때로는 선수보다 더 선수를 잘 안다. 팬은 선수를 무조건 좋아하기도 하고, 자세히 알고 이해하여 응원하기도 한다. 선수에게 팬의 응원은 감독의 질책과 달리 행복한 마음으로 운동할 수 있게 하는 원동력이다. 피상적으로 판단하여 조급한 처방을 내리는 대신 세심하게 검진하여 팬처럼 응원하고 지지하는 부모라면, 자녀는 오랫동안 행복한 마음으로 수학을 공부할 것이다.

가르치려고 하면 가르칠 수 없다

수학을 공부한 지, 아니 수학에서 손 뗀 지 오래된 부모야말로 자녀의 팬이 되어 수학 역량을 검진할 수 있다. 먼저 확인해야 할 점은 부모의 수학공부 경험이다. 필자가 만난 학부모 중에 아직도 가끔 학생이 되어 수학 시험을 보는 꿈을 꾼다는 이가 있었다. 이렇게 수학공부에 부정적인 기억이 남아 있다면 이것부터 완화하는 것이 좋다.

더 이상 시험을 보지 않아도 되는 상태에서 수학을 공부하는 일이 꽤 즐겁다는 것을 체험해야 한다. 수학을 신기해하면서 공부하는 부모의 모습만큼 자녀에게 강렬한 자극은 없을 것이다. 자녀가 수학을 공부하면서 느끼는 정서에 진심을 담아 공감하는 것도 좋은 자극이다. 함께 분노하거나 감탄하면서 수학을 공부한다면 자녀는 아마 평생 잊지 않을 것이다. 자녀에게 책을 읽으라고 잔소리하는 대신 책 읽는 모습을 보여 주는 것이 효과적인 것처럼, 수학공부를 하라는 잔소리보다 수학을 공부하는 모습을 보여 주는 것이 백배 효과적이다.

너무 비현실적으로 이야기한다고 생각할 수도 있지만 적지 않은 사례가 있다. 사는 일로 머리가 복잡해서 수학 문제를 풀어 잡념을 없앤다는 부모도 있었고, 자녀가 푼 문제를 제대로 채점하고 설명하기 위해 수학을 공부한다는 부모도 있었다. 부모와 자녀가 함께 수학 문제를 풀거나 의견을 말하는 것은 같이 농구하고, 같이 요리하는 일처럼 보기 좋고 아름답다. 필자와 친분이 있는 이스라엘의 수학교육 연구자도 비슷한 경험을 말해 주었다. 자녀가 성인이 되어서도 함께 고민하던 수학 문제를 기억하며 부모에게 감사하더라는 것이다.

평생 교수법을 연구했던 핀켈D. L. Finkel은 『침묵으로 가르치기』라는 저서에서 말로 가르치는 것은 좋은 교수법이 아니라고 했다. 책의 제목처럼 침묵하면서 학생 스스로 상황을 이해할 때까지 기다리는 편이 훨씬 낫다는 것이다. 그러면서 주머니에 든 동전의 수가 동전을 세는 순서에 따라 달라지지 않음을 말로 설명하는 대신, 아이 스스로 이해하도록 하면 아이는 말하지 않아도 그 사실을 기억한다는 예를 제시했다. 핀켈의 제안은 가르치고 싶으면 가르치려 하지 말아야 한다는 것이다.

자녀가 특목고 또는 특정 대학에 가길 바란다면 언제 어떤 학원에 가고, 어느 학습지를 하며, 하루에 몇 장의 문제집을 풀지도 정하여 치밀하게 추진해야 한다는 블로그 글을 많이 보았다. 그러나 그렇게 수학을 공부하는 경험이 과연 자녀의 수학학습에 어떤 영향을 미칠지는 심각하게 고민할 필요가 있다. 실제로 그 과정을 거친 학생 대부분은 원하는 입시 결과를 얻지 못한다. 극히 일부는 원하는 입시 결과를 얻지만 자기 주도적으로 공부하는 능력을 갖추지 못한다. 자기 주도적으로 공부하는 능력이 없으면 정작 본격적으로 공부해야 하는 시기에 방황하게 된다. 그와 같은 사례를 너무 많이 보았다. 부모 마음대로 정하여 가르치려 하면 결국 자녀를 가르칠 수 없음을 잊지 않길 바란다.

쉽게 학습되지만
극복하기 어려운 불안과 공포

'가르치려 하면 가르칠 수 없다'는 핀켈의 말을 잘못 해석하여 아이를 방치하면 안 된다. 가르치지 말아야 한다는 표현 대신 '가르치려 하지 말아야 한다'는 표현을 쓰고 있음에 주의해 보자. 우리도 가르치려 하는 사람은 만나기 싫듯이, 자연스럽게 가르침을 줄 수 있는 환경과 분위기를 조성하는 데 노력을 기울여 보자.

예전에는 '엄친아(엄마 친구 아들)', '엄친딸(엄마 친구 딸)'이라는 용어가 유행했는데 요즘은 이 용어를 패러디한 '아친엄(아들 친구 엄마)', '딸친엄(딸 친구 엄마)'이라는 용어도 쓰인다고 한다. 남들이 어떻게 하는지를 의식하는 것은 사회를 이루어 살아가는 한 피할 수 없는 일인 듯하다. 수학공부와 관련해서도 부모는 부모대로, 자녀는 자녀대로 남들이 어떻게 하는지를 신경 쓴다. 불안과 공포 마케팅은 이 틈을 파고든다.

고등학교 수학 교사인 제자가 어느 날 초등학교 3학년 아들과 학원에 다녀왔다면서 전화를 걸어 왔다. 아이가 책도 많이 읽고 운동도 좋아하여 밝고 긍정적으로 지내는데, 아무래도 친구들이 모두 학원에 다니니 자신도 가보겠다고 한 모양이었다. 3학년이면 너무 이르다고 타이르다가 호기심에 아들과 함께 학원에 갔는데, 당장 수학공부를 시작하지 않으면 4학년부터 수학을 따라가지 못할 것이라는 말을 들었다고 한다. 제자는 자신이 수학 교사인데도 마음이 흔들렸다고 말했다.

현직 교사인 제자는 수학공부의 원리를 알고, 고등학생들이 수학을 어떻게 공부하는지 다양한 사례를 보아 왔다. 그런데도 불안과 공포를 조장하는 말에 마음이 흔들렸다. 이 이야기는 우리나라 수학교육의 현실에서 사교육이 어떻게 그토록 큰 비중을 차지할 수 있었는지를 설명해 준다. 부모가 불안과 공포에 빠지면 자녀는 더 큰 불안과 공포에 휩싸인다. 누구나 경험하듯이 한번 시작된 불안과 공포는 쉽게 극복되지 않는다는 특징이 있다.

연구자들이 조사한 결과도 위의 사례와 대동소이하다. 불안과 공포 마케팅이 가장 잘 작동하는 분야가 교육 시장이고, 수학은 시장을 선도하는 과목이다. 안타깝지만 이 시장에서 도움을 받은 학생보다는 도움을 받지 못하거나 상처를 입은 학생이 더 많다. 흔들리지 않거나 덜 흔들리려면 수학공부의 원리를 알아야 한다. 불안과 공포에 임시방편으로 대처하면 더 큰 불안과 공포가 온다. 만병통치약은 없으므로, 자녀가 어떤 강점과 약점을 가졌는지 정성껏 파악하여 스스로 관리하고 발전하도록 돕는 것이 최선이다.

필자는 이른바 일류 대학에서 훌륭한 학생들과 공부하는 행운을 누리고 있다. 그런데 고등학교까지 그토록 훌륭하게 수학을 공부했던 학생들이 대학에서는 감당하지 못하고 무기력해지는 모습을 발견할 때가 왕왕 있다. 20대에는 원래 방황하게 마련이지만, 학생들이 느끼는 수학에 대한 좌절, 불안과 공포는 여느 방황과는 달라 보였다. 서울대학교에 들어올 때 가졌던 꿈과 포부를 송두리째 잃어버리고 끝없이 고민하며 방황하는 모습을 보면 너무나 안타깝다. 이 현상의 근저에는 너무 빨리 학습해 버린 불안과 공포가 있다. 수학을 본격적으로 공부하기 전에 불안과 공포부터 학습함으로써 시험에 가장 적합한 수학만 골라 배우고 정작 수학 역량을 기르지 못한 것이 원인으로 보인다. 드디어 수학을 제대로 공부할 수 있는 순간을 맞았는데 어떻게 공부해야 할지 모르니 무기력해지는 것이다.

유치원부터 고등학교까지 긴 시간을 투자하여 수학을 공부하면서 정작 수학공부 방법을 배우지 못하는 것은 우리나라 수학교육의 최대 아이러니다. 이것을 극복하는 첫걸음은 수학 역량 검진이어야 한다. 가수나 연기자, 운동선수의 팬이라면 그들이 일상에서 어떤 습관이 있는지 잘 알듯이, 부모가 자녀의 팬이 되면 자녀의 수학공부 습관을 바탕으로 수학 역량을 검진할 수 있다. 수학 역량 검진은 충분한 자료를 바탕으로 이루어져야 하고, 자녀에 대한 데이터베이스가 잘 갖추어진 부모는 수학 역량 검진에서 최고의 전문가가 된다.

수학 역량을 검진한 후에는 맞춤형 수학학습 경로를 설계할 수 있다. 수학을 배우는 길을 잘 제시하는 일은 중요하지만 쉽지 않다. 어떤 아이는 초반에 토대를 충분히 다지는 경로를 좋아하고, 어떤 아이는 빠르게 진행해야 더 잘 배운다. 두 번째 경우가 항상 좋다고 보기는 어렵다. 인생도 이모작, 삼모작이 된다고 하니 앞으로 한번 선택한 직업이 평생 유지될 것이라고 기대할 수는 없을 것이다. 방향을 틀어야 할 때는 토대를 잘 다지기 위해 좌충우돌한 경험이 유용하다. 그런 방황으로부터 길을 찾는 방법, 감정을 다스리는 방법을 배우고 나면 새로운 방향을 모색할 때도 두려움이 덜하기 때문이다.

　자녀가 독립적으로, 자기 주도적으로 살아가길 바란다면 자녀의 수학 역량을 함께 검진하고 자녀에게 맞는 학습 경로도 함께 설계하는 것이 좋다. 교육 전문가들이 많지만 내 자녀는 내가 가장 잘 이해하고 도울 수 있다는 마음으로 시작해 보자. "누가 그러는데"라는 말은 막연한 불안만 안기고 끝내 공포로 이어지는 경우가 많으므로 독립적이고 자기 주도적으로 자녀교육의 방향을 세워 보자. 자녀교육의 과정에서 부모가 보여 주는 독립심과 자기 주도적인 마음가짐은 불안과 공포를 극복하는 원동력이 될 수 있다.

수학 역량 검진과 추가 검진

수학 역량을 검진하여 자녀에게 문제해결 역량이 부족하다는 것을 알게 되었다면 문제 풀이 연습량이 과도하지 않은지, 학습 경로를 바꾸어야 하는지 고민해야 한다. 근육에 문제가 생겨서 팔이 아픈 경우 아픈 팔을 더 많이 쓰도록 강요하면 심각한 후유증을 남길 수 있다. 얼마간 치료를 받고 재활을 거친 후 천천히 팔을 사용해야 한다.

수학공부에서도 이처럼 자녀의 상황을 정확히 인지함으로써 필요한 경우에는 문제 풀이를 잠시 쉬며 필요한 지식과 기능을 익히도록 하고, 성공적으로 해결할 수 있는 문제부터 천천히 다시 시도하도록 안내해야 한다.

수학공부에 양적으로 접근하는 문제 풀이 습관은 깊은 후유증을 남긴다. 2장에서 문제 풀이와 문제해결이 다름을 설명했다. 다시 한번 강조하건대, 많은 양의 문제를 기계처럼 푼다고 해서 문제해결 역량이 길러지지는 않는다. 근본적인 치료 없이 아픈 팔을 더 많이, 억지로 움직이게 하면 평생 다시는 팔을 쓸 수 없는 것처럼, 수학 문제 풀이에 있어서도 양적인 전략은 버려야 한다. 여러 각도로 수학 역량, 특히 문제해결 역량을 검진하고 대안적인 접근을 모색할 필요가 있다.

이 문제는 학교보다 가정의 지원이 필요하다. 충분한 시간을 두고 사고하는 것, 곧 추론을 통해 적은 수의 문제 해결 경험을 일반화하여 적용할 수 있는 전략을 배우도록 해야 한다. 유치원과 초등학교, 중학교와 고등학교에서 각각 일반적으로 활용하는 수학적 사고 방법이 있다. 늦지 않게 여러 차례 경험해야 할 것은 이러한 수학적 사고를 활용하여 문제를 해결하는 것이지, 기계적으로 문제를 풀이하는 것이 아니다.

필자에게 체험전이나 박물관 견학 같은 것이 수학공부에 도움이 되는지 물어보는 학부모가 많다. 당연히 도움이 된다. 체험전 중에는 학교 수학과 연결되지 않는 주제를 다룬 것이 많다. 체험전의 목표는 수학적인 생각이나 표현을 생생하게 경험하도록 하는 것이다. 만약 수학공부의 의미를 수학 역량 함양으로 생각한다면 체험전은 좋은 기회다. 그러나 수학공부의 의미를 시험 성적과 연결하여 생각한다면 체험전이나 박물관 견학은 그리 큰 도움이 안 된다. 어느 편으로 수학공부의 의미를 정할 것인가. 필자에게 질문하는 부모나 학생은 아마도 수학공부를 두 번째 의미로 생각했을 것이라 추측한다. 교내 축제에서 체험전을 준비하여 운영하고, 박물관 견학 후 참관 기록지를 제출하도록 수행 평가를 설계한 교사를 원망하는 학부모도 있었다.

수학 역량을 검진할 때는 유치원이나 학교에서 수학을 어떻게 배우고 성취하는지뿐만 아니라, 체험전과 박물관 견학처럼 시험으로 평가할 수 없는 학습 과정까지 종합적으로 살펴봐야 한다. 자녀에게 관심을 가지고 자녀의 수학학습 과정을 세심하게 관찰하면 자녀가 어떤 수학적 경험을 하고 그로부터 어떤 수학적 의미, 사고, 판단, 태도를 갖추어 가는지 알 수 있다. 이로부터 자녀의 '수학 정체성'을 정교하게 확인할 수 있다.

중학교에 근무하는 한 수학 교사는 토론, 발표, 협력적 문제해결을 중심으로 수학 수업을 운영할 때 수학 성적은 높지 않지만 수학에 재능을 보이는 학생들을 발견할 수 있었다고 말했다. 그 교사는 이 사례를 말하면서 성적이 실력인지, 수업 중 수행이 실력인지 질문했다. 아름다운 이야기를 전해 준 교사와 필자 모두 수업 중에 드러나는 수학적 재능이 시험 성적보다 학생의 수학 실력과 수학 정체성을 더 잘 표현한다는 결론에 도달했다.

　시험 성적 외의 다양한 활동, 특히 실제로 수학을 공부하는 행동을 관찰하여 수학 역량을 검진하는 이유는, 시험 성적에는 극히 제한된 수학 역량만 반영되기 때문이다. 신입생 선발이나 직원 채용에서 팀 프로젝트에 참여하는 모습을 관찰하여 평가하는 이유도 동일하다. 자녀가 학교에서 토론, 발표, 협력적 문제해결로 수학을 배운다고 말하면, 문제를 적게 푼다고 달갑지 않게 생각하지 말고 장기적으로 유익한 방법이라고 생각하길 바란다. 많은 현직 교사가 학부모의 요구로 입시 대비 수업을 운영한다는 말을 들었기에 덧붙이는 사족이다.

　수학 역량을 왜 검진해야 하는가? 자녀가 자신의 수학 정체성을 확립하도록 하기 위해서라고 생각한다. 건강 검진이 내 몸을 세세하게 이해하는 기회인 것과 마찬가지다. 다른 사람과 내가 몸의 여러 기능과 상태에 차이가 있음을 확인하면 막연하게 몸에 좋다는 것을 찾아 무작정 따라 하는 일이 줄어든다. 자녀의 수학공부 상황을 정교하게 이해하면 무작정 좋다는 학원을 찾아 보내거나 불가능한 목표로 자녀를 압박하지 않을 것이다.

　수학 역량과 더불어 추가로 검진하고 이해해야 하는 것이 있다. 디지털 매체에 익숙한 자녀의 주변에는 재미있는 것이 너무 많다. 자녀 역시 유혹되기 쉬운 나이인 만큼 인지적으로나 감정적으로 취약

인지 수준과 정의 수준에 따른 학습 유형

정의 수준 인지 수준	정의 수준이 높음	정의 수준이 낮음
인지 수준이 높음	사고력, 창의력 등이 있고, 과목을 좋아하면서 공부함	사고력, 창의력 등이 있으나, 과목을 좋아하지는 않으면서 공부함
인지 수준이 낮음	사고력, 창의력 등은 부족하지만, 과목을 좋아하면서 공부함	사고력, 창의력 등도 부족하고, 과목을 좋아하지도 않으면서 공부함

한 경우가 흔하다. 수학공부에 대한 영향 요인은 과거보다 훨씬 더 다양해지고 복잡해졌다. 그러므로 수학 역량과 더불어 자녀가 수학을 공부하는 심리적·환경적 배경도 파악할 필요가 있다.

심리적 배경으로는 실제로 수학공부를 하는 것을 포함하여 넓은 의미의 학습에 관련된 유형별 특징과 능력을 생각할 수 있다. 예를 들어, 서울대학교에 입학한 학생들은 비교적 학습 능력이 뛰어나서 고등학교까지 수학만이 아니라 다른 과목의 성적도 좋은 편이다. 그러나 학습 양상 또는 유형을 설명하는 인지적인cognitive 수준과 정의적인affective 수준은 개인마다 꽤 차이를 보인다. 가령, 수학을 하는 데 필요한 사고력과 창의력을 비슷한 수준으로 갖추고 있더라도 수학을 좋아하고 자신감과 흥미를 유지하는 수준에는 차이가 있을 수 있다. 반대로 수학을 아주 좋아하여 비슷하게 높은 자신감과 흥미를 유지하는 경우에도 개개인의 인지 수준은 다를 수 있다.

인지와 정의 수준은 대체로 상관관계가 높아서 둘 다 높거나 둘 다 낮은 경우가 많기는 하다. 그러나 인지 수준이 높은데 정의 수준이 낮거나, 인지 수준이 낮은데 정의 수준이 높을 수도 있으므로 검진을 통해 두 요소 간에 바람직한 상호 작용이 이루어지도록 이끌어야 한다. 만약 둘 중 어떤 경우가 더 발전 가능성이 높은지 묻는다면 단기적으로는 인지 수준이 높은 경우, 장기적으로는 정의 수준이 높은 경우로 답할 수 있다. 흥미와 관심, 자신감은 학습을 지속하게 하는 원동력이기 때문이다.

학습 능력은 인지 능력과 동의어가 아니다. 인지 능력과 정의 능력을 모두 갖추었을 때 학습 능력이 극대화된다. 인지 능력, 특히 사고력과 창의력을 갖추고 있더라도 수학에 흥미와 관심, 자신감이 없으면 수학학습 능력이 떨어진다. 사고력과 창의력 없이 흥미와 관심만으로 수학을 학습하기도 어렵다. 학습 능력은 인지와 정의를 모두 일정 수준 이상으로 유지할 때 점차 발전된다. 자녀가 수학공부를 포기했다고 말하면, 성적을 이유로 압박하지 말고 자녀의 인지와 정의 수준 중 강점을 활용하여 학습 경로를 다시 설계하는 것이 좋다.

수학을 학습하는 데 필요한 인지 능력도 부족하고 흥미와 자신감도 낮은데 사교육을 비롯한 강제 학습을 통해 어느 정도의 성취를 이루었다면 하루빨리 심리적 배경을 보완할 필요가 있다. 인지 수준과 정의 수준을 번갈아 높이면서 진정한 학습 능력을 길러 주는 것이다.

수학과 과학의 가치를 인식하는 것이나 성적 스트레스 수준을 조절하는 것도 수학공부에서 중요한 심리적 기제다. 수학과 과학의 가치에는 외재적인 것과 내재적인 것이 있다. 수학과 과학의 유용성에 주목하면 외재적인 가치를 이해한 것으로, 수학과 과학의 본성에 주목하면 내재적인 가치를 인식한 것으로 볼 수 있다. 예를 들어, 수학과 과학이 발전하여 인간의 생활이 편리해졌으니 자신도 나중에 인류 발전에 기여하고 싶다며 수학과 과학을 공부하는 기특한 아이가 있다고 하자. 이 아이는 자신이 수학과 과학을 왜 공부하는지 끊임없이 생각한 결과 그 외재적인 가치에 주목한 것이다. 한편 최근에 만난 6세 아이는 수학의 규칙이 신기하고, 숫자가 좋으며 숫자들이 연결되어 다행이라고 했다. 미래에는 세계에 있는 사물의 모양을 연구하는 사람이 되고 싶다고 했다. 이는 아이의 수준에서 수학의 내재적인 가치를 인식하는 증거로 볼 수 있다.

외재적이든 내재적이든 수학의 가치를 인식하면서 공부하는 아이들은 그렇지 않은 아이들에 비해 수학공부를 오래 할 수 있다. 상대적으로 성적 스트레스도 덜 받는다. 수학공부의 이유를 성적이 아닌 학문의 가치에서 찾으면, 극히 제한된 능력만 평가하여 나타낸 '숫자에 불과한 성적'에 과하게 연연할 필요가 없음을 이해할 수 있기 때문이다.

한편, 수학 불안과 난산증은 수학공부를 가로막는 심각한 요인이다. 전문가에게 진단을 받거나 검사지 또는 면담에 쓰이는 질문을 구하여 직접 확인할 수 있다. 수학 불안 검사지는 수학 관련 인식과 태도, 시험에 대한 감정과 환경에 대한 인식을 묻는 문항으로 이루어져 있다. 예를 들어, "수학을 공부할 때 이해하지 못할 것 같다는 생각이 드는가?", "수학공부를 미루는 편인가?", "수업 시간에 배운 수학보다 시험에 나오는 수학이 어려운가?", "수학 성적을 받으면 선생님이나 부모님께 혼날 것 같은가?" 등의 문항이다. 수학 불안이 높게 나온다면 현재의 학습 경로를 심각하게 고민하고 개선해야 할 것이다. 난산증은 계산 능력이 없거나 부족한 경우를 뜻하는데 역시 검사지나 진료를 통해 확인할 수 있다. 난독증은 알아도 난산증은 모르는 사람이 많다. 수학 불안과 더불어 난산증이 있다면 자녀에게 수학공부를 강요하지 말아야 한다.

다음으로 심리적 배경과 더불어 어떤 환경적 배경을 이해해야 하는지도 짚어 보자. 첫 번째로 부모는 자녀의 중요한 환경적 배경이다. 부모의 학력, 소득, 성격, 교육관, 세계관, 언어 습관 등 많은 것이 자녀의 수학공부에 영향을 미친다. 두 번째는 자녀 자신의 경험이다. 수학적 사고력과 창의력을 포함한 수학 인지 능력을 함양하는 기회나 발표, 토론, 체험 등 입체적인 방식으로 수학을 공부했던 경험이 있으면 수학을 공부하는 일이 일상생활처럼 당연하고 편안해진다.

지금까지 수학 역량의 상세한 의미와 더불어 종합적인 학습 능력과 인지 및 정의 수준에 의한 학습 유형, 심리적·환경적 배경, 수학 불안이나 난산증 여부 등을 세심하게 확인하는 것이 어떤 의미이고 왜 중요한지 알아보았다. 이들은 숫자로 명확하게 표시되는 성적에 비해 상당히 복잡해 보인다. 하지만 자녀의 수학공부는 긴 여정이며 그 안에는 생각보다 우여곡절이 많다. 부모가 이를 인지하지 못하고 상황을 쉽게 단정 지으면 자녀에게 필요한 도움이나 방향 전환 전략을 파악할 수 없다. 섣불리 개입하여 문제가 생겼음에도 계속 밀고 나가면 잘못된 방향을 바꿀 때를 놓치게 된다. 복잡할 수밖에 없는 문제를 단순화하는 것이 문제임을 알고, 엉킨 실타래를 차근차근 풀어 나가는 전략이 필요하다.

수학 역량 검진의 세 단계

다음의 세 단계를 거쳐 자녀의 수학 역량을 검진할 수 있다.

첫 번째는 수학 역량 검진을 위한 마음가짐을 갖추어 친절하고 세심한 관찰자가 되는 단계다. 자녀를 기르면서 오직 자녀가 잘되기만 바라며 노력하는데, 원하는 결과가 나오지 않을 때의 심정은 그야말로 겪어 보지 않으면 모를 일이다. 그러나 검진이 정확히 이루어져야 적절한 치료 방법을 찾을 수 있듯이, 수학 역량 검진 과정에서도 부모의 생각이 섞이지 않도록 주의해야 한다. 어렵더라도 자녀가 수학을 공부하는 과정에 개입하지 말고, 있는 그대로 최대한 자세히 들으며 기록할 마음의 준비를 해야 한다. 이 과정에서 자녀의 언어와 행동이 뜻하는 진짜 의미를 알게 되는 부수적인 효과도 있다.

두 번째 단계에서는 대표 사례를 수집하고 정리한다. 관찰 일지에 자녀가 수학을 공부할 때의 대략적인 특징을 적은 후 반복적으로 관찰되는 경향이 있는지 살펴본다. 그 경향을 드러내는 대표 사례에 대해서는 상세 자료를 수집하고 정리한다. 이때, 2장에서 알아본 수학 역량 관련 키워드를 중심으로 자녀의 수학공부 상황을 기록해 보자. 다시 말해 문제를 풀 때 주로 사용하는 방법이나 습관, 추론하려는 성향의 유무 또는 추론 습관, 문장제(일상 언어로 맥락과 더불어 제시된 문제)나 실생활의 맥락과 수학을 연결하는 태도, 수학적 표현을 선택하거나 사용할 때의 특징, 자료를 검색하거나 활용하는 방식, 컴퓨터와 온라인 환경에 적응하는 정도, 수학공부 또는 수학 시험에 관련된 불안이나 공포 등을 관찰하고 기록한다.

마지막으로 해석 단계가 있다. 해석은 전문가의 영역이긴 하지만, 몇 가지 핵심 내용만 알면 부모 스스로도 어느 정도 중요한 의미를 찾을 수 있다. 교육과정 문서만 참고하더라도 학습하는 내용과 특정 역량 사이의 관계를 이해하고 필요한 키워드와 관점을 이용하여 자료를 해석하는 것이 가능하다.

교육은 늘 미래를 말한다. 그런데 미래는 과거와 현재에 의해 만들어지는 면이 있다. 자녀가 밝은 미래를 개척하길 바란다면, 자녀가 과거의 어떤 배경과 경험을 기반으로 현재의 수학 역량에 도달했는지 세심하게 파악할 필요가 있다. 과거와 현재가 미래만큼 소중한 것은 과거와 현재가 만든 습관과 역량이 미래의 습관과 역량으로 이어지기 때문이다. 나태주 시인이 말했듯이 꽃도 그렇지만 자녀도 자세히 보아야 예쁘다. 자녀가 가지고 있는 수학 역량을 자세히 보아야 아름다운 가능성과 잠재력을 찾을 수 있다.

도형이와 계산이

4장

수학 역량을 검진해 보면 그 사람의 강점과 약점을 발견할 수 있다. 필자는 교사, 부모, 학생들을 만나면서 다양한 방법으로 수학 역량 검진의 의미를 확인해 왔다. 이 장에서는 필자가 실제로 만난 두 아이의 사례를 기반으로 수학 역량을 검진하고 그 결과를 정리하여 해석하는 방법을 제시한다.

도형이의 사례

먼저 초등학교 6학년 도형이의 경우를 살펴보자. 도형이 부모님이 보는 도형이의 수학공부 특징은 "사고력 수학은 좋아하는데 문제를 풀 때 실수가 많아요."였다. 문제해결 역량에 대한 특징으로 기록한 내용은 다음과 같다.

- 문제를 이해하는 데 시간을 많이 투자하지 않음.
- 도형 문제는 좋아하고 잘 푸는데, 계산 문제는 싫어하고 멍하니 시간만 보내면서 앉아 있다가 결국 풀지 못하거나 잘못 풂.
- 문제를 보면 바로 풀 수 있는 문제와 풀 수 없는 문제를 구분할 수 있다고 생각하며, 문제를 이해하는 시간이 매우 짧음.

도형이는 문제를 이해하는 데 많은 시간을 투자하지 않았지만 계산 문제를 풀 때는 멍하니 시간을 보냈다. 이는 상반된 모습이다. 도형이는 바로 풀 수 있는 문제와 풀 수 없는 문제를 구분할 수 있다고 생각했으므로 바로 풀 수 있을 때는 문제의 이해에 시간을 투자하지 않았던 것으로 생각된다. 바로 풀 수 없을 때는 문제를 충분히 이해하려고 했던 것 같다. 상반되는 행동을 하게 되는 데는 대개 이유가 있는데, 그 이유를 찾을 때까지는 해석을 미루는 것이 좋다.

도형이가 바로 풀 수 없는 문제를 만났을 때 멍하니 시간을 보낸 것은 제시된 조건을 파악하고 구조를 이해하여 머릿속으로 알고 있는 풀이 전략과 문제를 연결하려 했기 때문이다. 이는 수학자가 '사고 실험thought experiment'에 의해 문제를 이해하여 해결하는 과정과 비슷하다. 겉에서 보면 아무 일도 일어나지 않는 것처럼 보인다는 뜻에서 '부화incubation'로 표현하기도 한다. 새로운 생명체가 부화할 때까지 시간과 노력이 필요하듯이 문제를 해결하는 방법을 찾을 때까지 머릿속에서 시행착오를 겪으며 생각하는 시간을 가지는 것이다. 이는 좋은 습관이다.

    수학에서 문제의 조건을 고려하여 여러 가능성을 모색하고, 최종적으로 실행할 해결 절차를 정하는 것을 '실행 계획'이라고 한다. 문제해결 역량이 뛰어난 학습자는 알고 있는 지식으로 해결할 수 없는 문제를 만났을 때 사고 실험을 통해 실행 계획을 세워 대처한다. 도형이의 경우 실행 계획 단계까지는 잘 가는데 실제로 문제를 해결하는 과정에서 어려움을 겪는 상황으로 보였다.

    도형이 부모님은 도형이의 추론 역량에 관련된 특징도 매우 상세하게 기록했다. 도형이가 가능한 경우를 구분하여 각각의 경우에 수학적으로 접근하거나, 추측한 내용을 일반화할 수 있는지 고민한 사례도 기록되어 있었다. 주목할 만한 사례에는 '전문가의 해석이 필요함'이라는 메모를 붙여 놓기도 했다. 메모를 붙인 사례 중 일부는 다음과 같다.

- 가능한 경우에 대한 추측을 즐김.
- 자신의 추측이 일반적으로도 성립하는지에 관심이 있음.
- 예외에 대해 일반화가 안 되면서도 흥미로운 경우라고 즐겁게 이야기함.
- 예를 들어, 초등학교 2학년 때 2와 2를 합한 결과와 곱한 결과가 같다는 것이 정말 신기하다고 말했음. 이때부터 합과 곱이 같은 수는 0과 2밖에 없을 것이라는 추측을 유지함.

앞서 제시한 기록에서 가능한 경우가 무엇인지 추측하거나, 추측이 일반화될 가능성을 생각해 보는 것은 수학적인 추론을 하는 전형적인 방식이자 관점이다. 일반화가 안 되는 것을 간파하고 일반화할 수 없어도 흥미롭다고 말한 점을 통해서도 도형이가 기본적으로 추론을 좋아하며 자주 시도하는 성향을 갖추었음을 알 수 있다.

2와 2를 합한 결과와 곱한 결과가 같다는 것을 발견한 점은 탁월한 추론 역량을 보여 준다. 덧셈과 곱셈을 할 줄 아는 수준과는 비교할 수 없이 훌륭한 통찰이다. 수학에서는 등호를 붙일 수 있는 것을 찾아 나가면서 새로운 분야를 개척한다. 등호는 단순히 계산한 결과를 제시할 때만 사용하는 기호가 아니다. 서로 멀리 떨어져 있는 수학적 사실이 같은 의미를 가질 때 이를 등호로 나타냄으로써 서로 다른 체계를 연결할 수 있다.

0과 0의 합과 곱이 둘 다 0이며 2와 2의 합과 곱이 둘 다 4라는 사실을 초등학생 도형이가 발견한 것은 정말 대단한 일이다. 계산 자체는 매우 쉽지만 덧셈과 곱셈을 연결하는 아이디어를 떠올리기가 쉽지 않기 때문이다. 이미 알고 있는 덧셈과 곱셈을 이용하여 수학적으로 새로운 의미와 관계를 찾으려 시도했다는 것 자체가 매우 훌륭하다. 이런 생각을 말씀드렸더니 도형이 부모님은 필자가 과장하는 것인지 아닌지를 여러 번 물었다.

도형이가 사고력 수학을 공부했기 때문에 이런 추론을 할 수 있게 되었을지는 판단하기 어려웠다. 도형이가 어떤 내용과 방식의 사고력 수학을 공부했는지 정보가 부족했기 때문이다. 도형이의 추론 역량은 같은 연령대는 물론이고 상위 학년 학생들과 비교해도 매우 높은 수준으로 볼 수 있었다.

도형이의 의사소통 역량 관련 기록은 다음과 같다.

- 수학 문제를 소리 내어 읽는 것을 좋아함.
- 용어를 줄여 나타내는 것을 즐김. 예를 들어, 사과를 좋아하는 사람 21명을 '사 21'로 표현할 수 있으며, '사 21 + 딸 23'과 같이 나타냄.
- 축약한 표현 외에 영어 알파벳이나 기호를 이용한 표현도 즐겨 사용함.
- 자신의 사고 과정에 대해 설명하기를 좋아함.
- 도형 문제를 풀 때는 허공에 도형을 그려 보면서 상상하는 모습을 자주 볼 수 있음.

수학 문제를 소리 내어 읽는 것은 학생들이 어려워하는 문장제에서 문제의 맥락을 이해하고, 수학적인 조건을 명확히 구분해 내는 효과적인 전략이다. 도형이가 이런 습관을 어떻게 가지게 되었는지 물었으나 이에 대한 특별한 정보는 찾기 어려웠다. 도형이 부모님은 도형이가 자기 자신과 소통하며 문제를 이해하려고 노력하는 것 같다고 표현했다. 수학교육 연구자들은 이런 행동을 인지 활동에 대한 인지라는 뜻의 '메타인지Metacognition'로 표현한다.

도형이가 용어를 줄여 나타낸 것은 수학적으로 효과적인 표현 방법을 찾기 위한 행동으로, 수학적 의사소통 역량을 갖추고 있음을 보여 준다. 수학의 역사에서도 일상 언어를 축약하여 수학적 의미를 표현하다가 문자와 기호를 사용하게 되었다. 일상생활에서 줄임말을 과하다 싶게 사용하다가도 수업 시간만 되면 줄임말으로든 기호로든 소통하려 하지 않는 학생들이 많은데, 도형이는 수학적 의사소통 역량의 측면에서도 상당히 뛰어나 보였다.

도형이는 허공에 도형을 그려 보며 생각하는 것을 좋아했다. 이는 여러 수학교육 연구자가 언급한 바 있는 유용한 방법이다. 교육학자 페스탈로치J. H. Pestalozzi도 수학공부 전략으로 이와 같은 방법을 제안했다. 허공에 떠있는 도형을 상상하고 이리저리 돌려 보며 기하학적 감각을 기르고 도형의 성질을 발견할 수 있다는 것이다.

수학을 이용하여 실생활 맥락처럼 복잡한 구조의 문제 상황에서 단순하고 아름다운 모델을 도출하는 것도 흥미롭지만, 삼각형과 사각형처럼 단순하고 추상적인 대상으로부터 의외의 복잡한 성질을 도출해 내는 활동 역시 신기하고 흥미롭다. 요즘에는 디지털 환경이나 증강 현실에서 단순한 대상을 조작하고 그 모양과 위치를 바꾸며 탐구하는 프로그램이 속속 개발되고 있다. 도형이에게도 이런 활동을 할 수 있는 플랫폼을 소개해 주었더니 허공에 도형을 그려 보고 생각했던 것을 적용하며 즐겁게 공부했다.

도형이 부모님은 수학 역량 검진을 핑계로 적당히 거리를 두고 도형이를 지켜볼 수 있어서 여러모로 유익했다고 말했다. 자녀와 함께 있으면서 잔소리만 안 하면 부모도 환영받을 수 있음을 알았다고

하여 함께 있던 사람들이 크게 웃기도 했다. 수학 역량 검진을 위해 자료를 수집한 시간이 짧았음에도 이전에 전혀 몰랐던 아이의 습관이나 태도, 가치관을 알 수 있었다고 했다.

도형이 부모님은 도형이의 연결 역량에 관해서도 다양한 사례를 수집하여 보여 주었다. 간신히 걷는 나이에도 엘리베이터에 있는 숫자를 식별했다거나, 주변의 사물에서 도형을 알아봤다거나 하는 것들이다. 그러나 이는 대다수 아동이 보이는 행동이며, 이때 부모가 감탄하고 함께 주목하면 아이가 "아하!" 하는 순간을 경험한다고 알려져 있다. 강렬한 깨달음의 순간을 경험한 아이는 수학에 흥미와 관심을 유지하며 공부하게 된다.

한편 도형이의 정보처리 역량에 대한 정보는 상대적으로 부족했다. 도형이 부모님은 정보처리 역량이 자료와 정보에 관심을 갖고 이를 분석하여 새로운 패턴을 발견하는 과정과 관련된 것임을 알았지만, 구체적으로 사례를 확인하기는 어려웠다고 한다. 다만 컴퓨터를 사용하는 것에 관련된 정보처리 역량은 명확히 확인할 수 있었다. 도형이는 여느 아이들처럼 컴퓨터에 과도한 관심을 보여 사용 시간을 정하고 지키는 데 어려움을 겪었다. 코딩에 관심을 보여 스스로 공부하려 했다는 것도 전했다.

디지털 시대를 맞이하여 정보처리 역량을 키워야 한다는 주장이 있지만, 현실적으로 가정에서 자녀의 정보처리 역량을 길러 주는 방법은 매우 제한적인 듯하다. 컴퓨터를 이해하고 활용하는 능력을 기르고 코딩을 배우는 것 외에 다른 기회는 아직 많지 않았다.

지금까지 소개한 바와 같이 도형이는 수학 역량이 대체로 훌륭했고, 가능성과 잠재력이 높았다. 도형이 부모님이 도형이의 수학 역량 검진을 충실하게 준비하여 기록하고 정리한 것도 매우 인상적이었다. 수학 역량 검진의 세 단계를 적절히 거쳤고, 특히 친절하고 세심한 관찰자의 마음가짐이 어떤 것인지를 보여 주었다. 잘 정리된 관찰 기록은 도형이의 수학 역량을 해석할 때 도움이 되었다. 도형이의 부모님은 수학 역량을 평가하려는 것이 아니라 이해하려 했으며, 앞으로의 전망에 대한 조급한 해석을 시도하거나 요청하지 않았다. 이는 도형이의 심리적·환경적 배경이 매우 안정적이고 긍정적으로 조성되어 있음을 시사한다.

도형이와의 면담에서 가장 인상적이었던 내용은 도형이 부모님이 문제 풀이에 실수가 많은 도형이에게 "수학에서 실수는 발전의 기회다."라고 말했다는 것이다. 도형이는 이 말이 자신에게 용기를 주었다고 말했다. 성적은 아직 걱정하지 않지만, 중학교부터는 관리가 필요하지 않을까 가끔 이야기하는 정도라고도 말했다. 공식적으로는 초등학교에서 시험을 없애 학생들의 학업 부담과 스트레스를 줄였지만, 실상 학원 등 다른 경로로 끊임없이 시험을 보고 있으니 초등학생 시절부터 수학공부에 압박감을 호소하는 경우가 많다. 이런 경향과 달리 도형이는 심리적으로 매우 안정되어 있었고, 인지 수준과 정의 수준도 상당히 높았다. 도형이의 부모님이 조성한 환경 덕분이었다.

　도형이 아버지가 이공계 대학을 졸업하여 도형이도 이공계에 관심이 많았다. 이것도 도형이의 수학공부에 영향을 미친 중요한 환경적 배경이었다. 도형이 어머니는 도형이의 적성을 보면서 진로를 정하려고 하며, 의대 진학에도 관심이 없지는 않다는 솔직한 마음을 털어놓았다. 도형이에게는 이 마음을 한 번도 말한 적이 없다고 했다. 진로는 도형이와 상의하여 결정하려고 하는데 도형이의 학원 수학 성적이 애매해서 차차 결정할 예정이라고 했다. 가정에서 조성한 수학공부 환경이 이 정도로 안정적이고 바람직한 경우는 드물 것이다. 가정에서의 분위기 조성에 대해 이론을 제시할 필요도 없이 도형이의 사례만 제시하면 충분하다고 생각할 정도다. 현재 초등학생 자녀를 양육하고 있다면 도형이의 가정 환경과 심리적 배경을 참고하길 바란다.

　여기서는 관찰 결과를 간략하게 제시했지만, 도형이 부모님은 도형이의 수학 역량을 검진하며 풍부한 자료를 수집했다. 체험전이나 박물관 견학, 사고력 수학 프로그램의 참여 양상, 교내 영재반 수업에서의 활동 양상, 담임 선생님의 의견까지 기록하여 보관했다. 도형이와 도형이 부모님은 충분한 자료를 근거로 수학 역량을 검진함으로써 전문가의 해석 없이도 건강한 수학공부 방향을 모색하여 함께 나아가고 있었다. 도형이의 사례는 수학 역량 검진이라는 좁은 의미만이 아니라 우리나라에서 초등학교 수학을 공부할 때 수학 역량이 발현되는 양상, 수학 역량을 함양하는 수학공부 방식, 바람직한 마음가짐과 태도, 부모의 역할 등 다양한 측면에 대해 구체적으로 생각해 볼 거리를 제공한다.

계산이의 사례

다음은 중학교 1학년 계산이의 사례다. 계산이의 문제해결 역량 관련 관찰 자료는 다음과 같다.

- 큰 수, 분수, 소수, 유리수, 무리수 등 수라면 무조건 다 좋아함.
- 계산 문제를 매일 풀고 있으며, 계산할 때 무척 행복하다고 함.
- 도형 문제는 보기만 해도 머리가 아프고, 어떻게 해야 할지 모르겠다고 함.
- 식을 세우는 것이 즐겁고, 모든 문제를 풀 때 무조건 식을 세울 수 있는지부터 생각함.

계산이는 중학교 1학년 정규 교육과정의 내용이 아닌 무리수를 초등학교 6학년 때 학원에서 배웠다고 한다. 계산 문제를 매일 풀고 있으며 계산할 때 무척 행복하다고 말한 점은 처음에 무심코 넘어갔는데, 나중에야 왜 수학 문제가 아니라 계산 문제를 매일 풀고 있다고 표현했을지 궁금해졌다. 계산이에게 직접 그 이유를 물었더니 수학 문제가 계산 문제라고 생각했다고 말했다. 계산이는 수학이 곧 계산이라고 할 정도로 수학에서 계산이 중요하다고 생각한다고도 했다.

계산이는 도형 문제를 싫어하며, 도형만 나오면 계산 실력을 발휘할 수 없다고 했다. 식을 세우는 것을 즐기고 식부터 세워야 문제를 풀 수 있다고 생각하지만, 도형 문제를 풀 때는 식을 세우기 어렵다는 말도 했다. 도형이와는 대조적이다. 여기서는 도형이와 계산이 두 명의 사례만 제시하고 있는데, 수학 역량의 측면에서 두 아이가 얼마나 다른지 앞으로 계속 비교하면서 읽기 바란다. 다만 두 명의 사례이므로 일반화는 하면 안 된다. 예를 들어, 계산 문제를 좋아하는 아이보다 도형 문제를 좋아하는 아이가 수학 역량을 더 많이 갖추고 있다거나, 장차 수학을 더 잘하게 된다고 보아서는 안 된다. 지구상에 있는 아이들의 수만큼 다양한 수학 역량 검진이 이루어질 수 있으므로 검증되지 않은 패턴에 현혹되지 않길 바란다.

계산이의 추론 역량 관련 관찰 기록은 다음과 같다.

> - 수 사이의 규칙성을 찾는 것과 식을 세워 조건 사이의 관계를 파악하는 것을 즐김.
> - 일반적으로 성립하는 성질에는 관심이 많지 않으며, 용어의 정의에는 다 이유가 있을 것이라고 생각하여 그냥 외움.

계산이가 수 사이의 규칙성 찾기를 즐긴다는 것은 추론 역량과 관련된 긍정적인 신호다. 식을 세워 조건 사이의 관계를 파악하는 것도 추론 역량을 갖추고 있다는 증거다. 여기서 더 나아가 식을 세울 때

문제에서 제시한 조건을 모두 사용했는지, 조건을 변형했는지 등을 살펴보고 세운 식을 점검한다면 상당히 높은 수준의 추론 역량을 갖추고 있다고 보아야 한다. 계산이는 이 수준까지는 도달하지 않았다.

계산이는 일반적으로 성립하는 성질에 관심이 많지 않았는데, 이 점은 추론 역량 면에서 좋지 않은 신호다. 수학에서 중요하게 여겨지는 구조의 파악이나 원리, 법칙, 성질의 발견에 관심을 두지 않는다는 뜻이기도 하기 때문이다. 용어의 정의에 관심을 보이지 않는 점도 추론 역량 면에서는 아직 노력할 필요가 있음을 시사한다.

학교 수학에서는 용어의 정의부터 제시하고 내용을 전개하지만, 용어의 정의는 수학의 역사 속에서 수많은 적용과 분석을 거쳐 만들어진 것이므로 완성도와 추상성이 높다. 그러므로 정의를 제대로 이해하려면 왜 그렇게 정의했는지를 생각하면서 대안적 정의를 찾아 보는 등 상당한 노력이 필요하다. 용어의 정의를 깊이 고민하지 않는 계산이의 태도는 수학공부에 의지와 적극성이 낮음을 시사하며, 어느 한 용어에 도달할 때까지의 수학적 추론을 거치지 않으므로 그 용어에 대한 심층적인 이해에 다다르지 못하는 듯 보였다.

계산이는 의사소통 역량과 관련해서도 일부는 긍정적이고 일부는 보완의 여지가 있는 모습을 보였다. 계산이 부모님이 제시한 의사소통 역량 관련 관찰 자료는 다음과 같다.

- 문장으로 이루어진 수학 문제를 싫어하고, 풀이 과정을 설명하는 것도 싫어함.
- 조용히 생각하면서 문제 푸는 것을 선호하지만, 모둠 활동에서 필요할 때는 친구에게 설명을 하거나 친구의 설명을 듣기도 함.
- 외운 수학 용어와 표현을 즐겨 사용함.

문장으로 이루어진 수학 문제를 싫어하는 현상은 문해력 부족이 원인인 경우가 많다. 최근에는 다양한 상황에서 수학적 모델을 세워 문제를 해결하는 수학적 모델링 Mathematical modelling 활동을 강조한다. 수학을 적용하는 분야가 다양해졌고, 수학과 다른 분야를 융합적으로 탐구하는 역량이 요구되는 시대이기 때문이다. 문장으로 이루어진 수학 문제를 싫어하면 수학적 모델링 활동에도 거부감과 어려움을 느낄 가능성이 있다. 고등학교 수학에서는 수학적 모델링까지는 아니더라도 다양한 활용 문제를 다루게 되는데 대부분 문장제이므로 대비가 필요하다. 계산이도 문해력을 길러야 수학적 모델링 문제와 활용 문제를 해결하는 능력이 생길 것으로 판단되었다.

풀이 과정에 대한 설명을 싫어하고 조용히 혼자 생각해서 문제를 풀려고 하는 성향도 향후 수학공부에 도움이 되는 방향으로 보완할 여지가 있다. 계산이가 선행학습을 하느라 수학이 어려워져 설명이나 상호 작용에 소극적이게 된 것인지, 중학교 1학년 수학만 공부하는데 이런 습관이 생긴 것인지는 확인할 필요가 있다. 학교 모둠 활동 시간에는 친구에게 설명을 하거나 친구의 설명을 잘 듣는다니

전자에 해당할 가능성이 높은 듯했다.

과거에는 혼자 수학을 연구했으나 요즘은 수학자들도 공동으로 연구하는 경우가 많다. 협력과 발표, 토론, 팀 프로젝트를 권장하는 것이 현재 수학교육의 흐름이기도 하다. 필자는 계산이와 계산이 부모님에게 알고 있는 것을 적극적으로 설명하고 친구들과의 상호 작용을 통해 발전하는 기쁨을 누릴 수 있는 환경이었다면 더 좋았을 것이라는 아쉬움을 전했다.

계산이는 문장제를 싫어했지만 실생활의 맥락과 수학을 연결하여 생각하는 것을 즐겼으며, 훌륭한 외적 연결 역량을 갖추고 있었다. 다음과 같은 관찰 자료가 이를 뒷받침한다. 그러나 수학적 활동 내에서 의미와 표현의 연결을 시도한 사례는 없어서 연결 역량이 충분히 높지는 않다고 판정했다.

- 생활 속에서 마주치는 숫자에 관심이 많음.
- 표준 몸무게를 범위로 표시하는 이유와 대안적인 방법을 고민한 적도 있음.
- 가전제품의 전력 사용량을 조사하여 누가 물으면 바로 답할 수 있을 정도로 숙달함.
- 초등학교 시절 분수와 소수가 자연수와 비슷한 점도 있고 다른 점도 있음을 이해함.

계산이도 컴퓨터에 관심이 많았고 코딩을 배웠다. 컴퓨터 게임을 좋아하여 부모와 갈등을 빚기도 했지만, 차차 시간을 줄이는 중이라고 했다. 계산이는 인터넷에서 정보를 검색하여 정리하는 습관도 있었다. 그러나 면담을 통해 추가로 확인한 결과, 정보처리 역량의 하위 요소 중 수행 능력이 미흡한 것이 많아 예상보다는 낮은 수준으로 최종 판정했다.

계산이의 심리적·환경적 배경은 성적 압박과 수학 불안으로 요약할 수 있다. 계산이가 수학의 본성을 계산으로 여기고 계산 실수에 과도하게 예민했던 이유는 부모님으로부터 비롯된 면이 있었다. 계산이 부모님은 수학공부에서 계산 연습이 가장 기본이고, 수학에서 계산이 틀리면 헛수고라고 생각했다. 그 생각은 계산이의 수학공부 전반에 상당한 영향을 미쳤다. 계산이가 실수 없이 계산하기 위해 매일 계산 문제를 풀었던 이유도 여기서 찾을 수 있었다.

또한 계산이는 학원에서 주기적으로 레벨 테스트를 받았고, 점차 수학 성적에 신경 쓰게 되었다. 계산이 부모님은 계산이가 초반에는 수업을 잘 따라가다가 점점 진급 테스트에서 성적이 나오지 않는 것을 보면서 수학 머리가 없다고 걱정했다. 원래는 과학고 입시를 생각했는데, 좀 더 지켜보고 결정할 예정이라고도 했다. 초등학교 때는 사고력 수학, 교내 영재반 수업, 과학 실험반, 학습지, 학원 등 다양한 활동을 통해 수학과 과학을 꾸준히 공부했으나, 중학교에 와서는 학원에서 많은 시간을 보내는 상황이었다. 계산이는 중학교 3학년 수학을 미리 공부하는 중이었으며, "대충 이해하고 넘어가는 방식으로 공부하는 나날"이라고 표현했다.

계산이 부모님은 계산이의 수학 역량을 검진하기 위해 자료를 수집하는 과정에서 자신의 생각이 계산이에게 영향을 미치고 있음을 느꼈다고 말했다. 계산이에게 계산 실수를 하지 않을 것을 강조했던 것은 부모님 자신이 학창 시절 계산 실수로 수학 성적에 타격이 있었던 탓에 계산이는 같은 상황에 놓이지 않도록 미리 방지하려는 마음이었다. 그런데 자신으로 인해 아이가 계산 실수에 과하게 화를 내며 연습에 긴 시간을 보내고 다른 수학 역량을 발달시키지 못한 면을 확인했다고 했다. 계산이 부모님은 중학교 1학년이면 돌이키기에 늦었는지를 여러 번 질문했고, 늦지 않았다고 말씀드려도 염려하는 모습이었다. 필자는 생활 습관처럼 수학을 공부하는 습관과 성향도 한번 형성되면 바꾸기 어려우므로, 안 좋은 습관을 고치려면 처음 습관을 형성하는 것의 몇 배로 노력해야 한다는 점도 거듭 설명했다.

두 아이의 수학 역량 검진 결과

수학 역량은 아이마다 다르므로 세심한 관찰에 근거한 정교한 검진이 필요하다. 도형이와 계산이는 초등학생과 중학생으로 학년이 다르고 심리적·환경적 배경에 차이가 있었다. 수학 역량의 측면에서도 상당한 차이를 보였다. 같은 시기에 수집된 다른 사례들 역시 이 두 사례와는 또 달랐다.

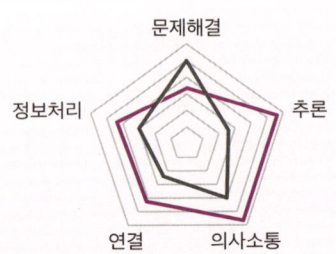

도형이와 계산이의 수학 역량 검진 결과

— 도형
— 계산

도형	• 도형을 좋아하고 계산 실수 많으며 반복 싫어함 • 새로운 문제의 해결에 도전하는 것 선호 • 용어와 기호를 스스로 만들어 사용하며 개선함 • 시험 성적이 불안정하지만 수학에 대한 흥미가 많음
계산	• 계산을 좋아하며 문제를 빠르고 정확하게 해결 • 새로운 전략을 찾아야 하는 문제는 피하고 익숙한 문제 반복 풀이 • 용어와 기호는 발견하는 것이 아니라 외우는 것 • 시험 성적에 민감하고 수학에 대한 흥미보다는 의무감으로 공부

수학 역량 검진 결과는 각 역량의 수준에 근거하여 오각형 그래프로 나타낼 수 있다. 각 역량의 수준 판정은 관찰 기록에서 패턴을 찾고 해석한 결과에 대해 관찰자와 당사자의 검증을 거쳐 이루어진다. 검증 과정은 이 책의 범위를 넘어서므로 생략하고, 여기서는 판정 결과를 나타낸 그래프를 통해 도형이와 계산이의 수학 역량을 비교해 보자.

위 그림에서 정오각형의 크기는 역량의 수준을 표현한다. 예를 들어, 가장 작은 정오각형은 0수준이고, 가장 큰 정오각형은 5수준이다. 정오각형의 꼭짓점은 모두 특정 역량을 가리킨다. 도형이의 수학 역량은 보라색 그래프로, 계산이의 수학 역량은 회색 그래프로 나타냈다. 보라색 그래프를 보면 도형이의 추론 역량과 의사소통 역량은 매우 높은 수준이고, 문제해결, 연결, 정보처리 역량은 중간 정도에 해당함을 알 수 있다. 회색 그래프를 보면 계산이는 문제해결 역량이 상당히 높은 수준이고, 의사소통 역량은 중간 수준, 추론, 연결, 정보처리 역량 수준은 다소 낮음을 알 수 있다.

문제해결 역량의 경우 계산이가 도형이보다 높은 수준에 있었다. 계산이는 문제를 보면 식부터 세운다고 했는데, 식 외에도 다양한 전략을 사용하는 방식으로 바꿀 수 있다면 문제해결 역량이 더욱 향상될 것으로 보였다. 도형이는 문제를 이해하는 시간을 충분히 갖지 않고 보자마자 풀 수 있는지 정하는 습관을 개선할 필요가 있었다. 추론 역량 검진에서 도형이는 거의 5수준에 해당했고 계산이는 2수준에도 미치지 못했다. 도형이는 새로운 규칙을 찾거나 새로운 개념, 원리, 법칙을 발견하는 데 관심이 많았던 데 반해 계산이는 상대적으로 수용하는 태도로 수학을 공부했던 점이 차이를 가져온 것으로 보인다.

의사소통 역량의 경우 도형이는 풀이 과정이나 수학적 아이디어를 설명하는 것에 거리낌이 없었고, 다양한 수학적 표현을 즐겨 사용하거나 표현의 변환에도 관심을 보여 높은 수준으로 판정되었다. 계산이는 식을 세우는 것에 관심이 많고 능숙했으나, 풀이 과정이나 자신의 생각을 설명하려 하지 않는 점 등을 고려하여 중간 수준의 의사소통 역량을 가진 것으로 보았다. 연결 역량의 측면에서 도형이는 중간, 계산이는 낮은 수준으로 판정했다. 도형이와 계산이 모두 어린 시절에는 실생활 속의 수학에 관심을 보였으나 학년이 올라가면서 점차 무관심해졌고, 수학 내적으로도 실생활과의 연결성을 이해하거나 발견한 경험이 없었기 때문이다.

정보처리 역량은 도형이 부모님과 계산이 부모님 모두 컴퓨터 사용 능력 중심으로 생각하여 관찰한 자료만으로 판단하기 어려웠다. 추가 면담을 통해 도형이와 계산이의 정보처리 역량을 판단한 결과, 도형이는 중간 수준, 계산이는 낮은 수준에 있음을 확인했다. 인터넷 자료 검색과 코딩, 컴퓨터 기기 작동 능력은 좋았으나, 수학공부와 관련된 자료와 정보를 수집하고 정리하여 분석하는 경험이나 능력 면에서는 둘 다 미흡한 상황이었다.

수학 역량 검진 결과를 정리하면, 도형이는 추론과 의사소통 역량이 높은 수준이어서 향후 자기 주도적이고 협력적으로 수학을 공부하면서 발전할 가능성이 매우 높았다. 나머지 역량은 보완의 여지가 있었으나, 도형이는 수학을 공부하는 방법을 스스로 찾고 있었으며 공부 자체에 흥미를 느꼈다. 심리적·환경적 배경도 매우 긍정적이어서 기대가 되었다. 반면 계산이는 문제해결 역량 수준이 높지만 수학 성적에 대한 압박과 계산 중심의 수학공부, 소통과 협력에 소극적인 면을 보여 향후 수학공부에서 어려움을 겪을 가능성이 보였다.

수학적으로 사고하고 창의적으로 표현하는 활동에 관심이 부족하여 수학공부를 지속할 추진력이 약한 점도 눈에 띄었다.

　수학 역량 검진은 세심한 이해를 바탕으로 자녀의 수학공부를 계획하고 이를 지원할 방안을 모색하기 위한 것이다. 자녀를 평가하여 비난하거나 맞지 않는 학습 방법을 강요하는 근거로 활용해서는 안 된다. 인공지능 기반의 맞춤형 수학학습을 이야기하는 시대지만, 아직은 극히 제한된 자원을 바탕으로 학습자의 특성을 파악하여 맞춤형 학습 경로를 추천하는 수준이다.

　부모는 언어나 행동으로 표현되지 않는 자녀의 정서까지 총체적으로 느끼고 이해하는 능력을 갖고 있다. 기술이 아무리 발달해도 부모의 이러한 능력을 넘어설 수는 없을 것이다. 부모의 권위로 수학공부를 강제하는 대신 수학공부의 멘토로서 자녀를 존중하고 일정한 거리를 두어 정교하고 체계적으로 수학 역량을 검진한다면 자녀에게 가장 적합한 학습 경로와 시기, 학습 방안을 찾을 수 있을 것이다.

5장 자기 주도성은 왜 중요할까

필자는 1년 후에 도형이와 계산이의 수학 역량을 다시 검진할 수 있었다. 이 장에서는 1년이라는 시간 동안 두 아이의 수학 역량에 어떤 변화가 있었는지 알아보고, 긍정적인 변화의 원동력이 되었던 자기 주도성의 의미와 중요성을 살펴본다.

1년 후 수학 역량의 변화

도형이는 초등학교 6학년, 계산이는 중학교 1학년 때 처음 수학 역량을 검진했다. 1년 더 수학을 공부한 후 도형이가 중학교 1학년, 계산이가 중학교 2학년이 되었을 때 가정에서 수집한 자료를 근거로 수학 역량을 다시 검진했다. 검진 결과는 4장에서 제시했던 수학 역량 그래프와 동일하게 표시하여 변화를 확인했다. 보라색 그래프는 도형이의 수학 역량 수준을, 회색 그래프는 계산이의 수학 역량 수준을

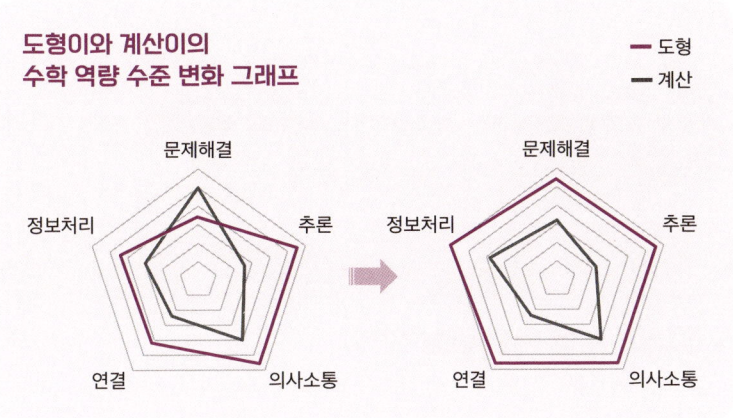

나타낸다.

도형이의 수학 역량은 다섯 가지 하위 역량이 모두 가장 높은 수준에 근접했다. 계산이의 수학 역량은 이전에 4수준 이상이었던 문제해결 역량이 2수준 정도로 낮아졌다. 정보처리 역량은 2수준 정도에서 3수준 정도로 높아졌고, 추론 역량, 의사소통 역량, 연결 역량은 변화가 미미했다.

1년 후 수학 역량의 변화를 볼 때 도형이는 상당히 발전했지만 계산이는 정체되어 있거나 다소 퇴보했다. 다만 도형이와 계산이는 같은 수학 내용을 학습하는 것이 아니며, 위에 나타난 수학 역량의 수준은 현재 배우고 있는 수학을 얼마나 이해하는지와 관련된다. 계산이는 상급 학년의 수학을 미리, 주요 내용을 압축하여 배우고 있었다. 따라서 문제를 충분히 이해하고 다양한 전략을 사용하거나, 관련 내용을 연결하여 이해하거나 일반화하는 등의 수학 역량을 발전시킬 기회가 적었다. 사실 선행학습은 교육과정에 상정된 기간보다 짧은 기간에 압축된 방식으로 내용을 배우도록 하고 있어서 수학 역량의 측면에서는 악영향을 미칠 가능성이 높다.

도형이의 수학 역량 향상 요인

도형이처럼 수학을 공부할수록 수학 역량 수준이 향상된다면 더 바랄 것이 없을 것이다. 필자와의 면담에서 도형이 부모는 도형이의 수학 역량 변화에 뛸 듯이 기뻐했다. 수학 성적보다 수학 역량 수준에 관심을 두고 있었기에 더 기뻐하는 모습이었다.

도형이의 수학 역량이 향상된 이유는 무엇일까? 도형이의 추론 역량과 의사소통 역량은 초등학교 6학년 때도 이미 높은 수준이었다. 당시에도 도형이는 수학적으로 깊이 사고하는 것을 즐겼고, 의미 있는 논거를 기반으로 스스로 찾은 규칙성이나 패턴의 일반화 가능성을 점검하는 등 매우 높은 추론 역량을 보였다. 도형이가 덧셈과 곱셈이 서로 다른 연산인데 0과 2에 대해서는 두 연산의 결과가 같아서 신기하다며, 오직 0과 2만 그 성질이 성립한다고 추측한 것 역시 매우 놀라웠다. 도형이는 중학생이 되어서도 여전히 추론을 즐겼다. 문자와 식을 사용하여 추측하고 정당화하는 데 관심이 많았고,

실제로 잘했다. 높은 추론 역량 수준을 유지하면서 중학교 수학을 깊이 공부했다.

도형이는 수학 용어, 정의, 개념을 그대로 수용하기보다 대안적인 표현을 생각해 보면서 관례적 표현의 장점을 찾고자 노력했다. 수학적인 생각과 풀이 과정을 설명하는 것도 좋아했다. 이는 모두 도형이의 뛰어난 의사소통 역량을 보여 주는 근거다. 초등학교 시절에는 적극적으로 발표하고 질문하다가도 중학생이 되면 이를 싫어하는 아이들이 많은데, 도형이는 여전히 교사, 부모, 친구들과 수학을 두고 소통하는 것을 좋아했다. 도형이는 중학교 수학에 기호 표현이 증가하여 일상어로 풀이 과정을 설명하는 것이 어려워졌음에도 수학적 소통을 즐거워했다. 수학 기호를 말로 설명할 때 허공에 쓰는 것도 재밌어했다.

도형이는 추론 역량과 의사소통 역량이 뛰어나 자신의 수학학습을 주도했고 필요할 때만 조언을 구했다. 초등학교 6학년 때는 면담에서 다음과 같은 말을 했다. "엄마는 실수가 많아도 괜찮다고 하시지만, 저는 중학교에 들어가기 전에 계산 실력을 키우고 싶었어요. 그래서 하루 10분은 계산에 투자했어요. 그게 통했던 것 같아요. 선생님이 수학자라고 불러 주셔서 기분도 좋았고요." 스스로 시간을 정해서 계산 실력을 키우려고 노력했고, 결국 실수를 줄일 수 있었다는 말이다. 중학교 1학년 수학 시험에서도 도형이는 여전히 계산 실수 때문에 90점 전후의 점수를 얻었다. 하지만 추가로 노력하면 극복

될 문제이므로 그리 심각하지 않다고 말하면서, 곧 100점을 받을 것이니 기다려 달라고 했다. 이는 도형이의 심리적·환경적 배경이 여전히 매우 안정적으로 구축되어 있음을 시사한다.

초등학교 6학년 때 도형이는 문제해결, 연결, 정보처리 역량이 중간 또는 중간 이하의 수준에 머물렀다. 문제를 보자마자 자신이 풀 수 있는지 없는지 말하고 풀 수 있다고 생각한 문제만 선택하여 해결하려 했다. 종종 풀이 과정이 맞아도 계산 실수로 잘못된 답에 이르기도 했다. "이건 풀 수 있고 이건 이번 생에 못 풀어."라는 말도 자주 했고, 풀 수 있었던 문제에 대해 그렇게 말한 때도 많았다. 1년 후 도형이는 상당히 달라진 모습을 보였다. 도형이는 자신을 '뜯어고쳤다'고 표현했다.

중학교 1학년 도형이는 문제를 이해하는 시간을 충분히 가졌다. 문제를 풀고 나면 비슷한 문제를 만들어서 다시 해결했다. 그렇게 꾸준히 노력한 것이 도형이의 문제해결 역량을 크게 발전시켰다. 이는 도형이 부모님의 지도 덕분이었다. 도형이 부모님은 도형이가 문제해결 과정에서 가지고 있던 좋지 않은 습관을 스스로 인지하도록 했고, 굳어지기 전에 바꾸도록 안내했다. 이 방법은 매우 효과적으로 작용했다.

면담에서 도형이 부모님은 다음과 같이 말했다. "수학이 원래 오랜 기간 승부를 내야 하는 과목이다 보니 초반에 힘 뺄지 몰라서 잔소리하지 않았어요. 자꾸 계산에서 실수를 하면 물론 조바심이 났

죠. 그래도 아이가 이걸 이겨 내야 다음 좌절을 겪을 때도 스스로 이겨 낼 것 같았어요. 다행히 잘 극복하고 지금 신난 모습을 보니 정말 좋아요." 필자도 이론적으로는 알았지만 실제 상황이 닥쳤을 때는 좌충우돌하며 자녀를 키웠다. 그렇기에 도형이 부모님처럼 생각하고 대처하기가 얼마나 어려운지 안다. 자녀교육에는 정답이 없고 적합한 교육 방식은 아이마다 다르다. 따라서 도형이의 사례를 일반적인 해법이라고 할 수는 없지만, 도형이 부모님이 했던 생각과 말을 참고해서 가능한 대로 바꾸어 적용하면 좋겠다.

한편, 도형이는 컴퓨터로 표현하여 해결할 수 있는 수학 문제를 찾아 코딩으로 해결하거나, 수학 개념과 수학적 기호, 법칙 관련 정보를 검색하여 정리하는 루틴을 가지고 있었다. 이는 정보처리 역량 향상에 영향을 미쳤다. 다른 분야와 수학의 연결이나 수학 분야 내에서의 연결에도 관심을 가지고 다양한 시도를 했으며, 이로부터 연결 역량이 상당히 향상되었다. 도형이의 사례는 부모가 수학 역량의 의미와 중요성을 이해하여 자녀의 수학공부 과정에 반영한 경우였다. 연구자로서 이와 같은 사례를 찾았음에 무척 놀라웠다.

초등학교 6학년 때 만났던 도형이도 훌륭했지만, 1년 후에 다시 만났을 때 도형이는 더 많이 성장하여 그야말로 장래가 촉망되는 모습이었다. 수학 역량은 균형을 이루었으며, 수학에 대한 흥미와 자신감도 매우 높았다. 무엇보다 수학을 공부하면서 자기 자신을 잃지 않는 모습이 매우 당당하고 인상적이었다.

계산이의 수학 역량 약화 요인

계산이의 변화는 긍정적인 면보다 안타까운 면이 더 많았다. 초등학교 때는 문제해결 역량이 매우 높은 수준이었고, 의사소통 역량도 꽤 좋은 편이었다. 그 외 다른 역량은 중간 수준이었는데, 1년 후에는 수학 역량 수준이 전반적으로 하락했다. 자녀가 계산이와 비슷한 모습을 보인다면 이하의 내용을 참고하여 새롭게 학습 경로와 지원 계획을 세우면 좋겠다. 중학교 1학년과 2학년 시기에는 계산이처럼 수학 역량 수준이 오히려 하락하는 경우가 종종 있다. 중학교 수학에 적응하기 어려워서 또는 고등학교 수학을 선행하느라 학습 습관이 좋지 않게 변하는 것으로 생각된다.

계산이의 문제해결 역량이 낮아진 주요 요인은 심리적 배경에서 찾을 수 있다. 가장 두드러진 것은 계산이가 느꼈던 성적 스트레스다. 계산이는 단기간에 성적을 올려야 한다는 압박에 사로잡혀 있었다. 학교에서 받는 수학 성적은 상위권이었으나 학원에서 보는 시험은 성적이 오르락내리락했다. 계산이의 학원 시험 성적은 초등학교 때부터 함께 어울려 지낸 친구들에 비해 대체로 좋지 않았다. 계산이는 학교에서도 학원 숙제를 하느라 수업에 집중하지 못했다. 학교 수업 시간에 푸는 문제는 다 아는 것이었고, 학원에서 배우는 수학은 절반 정도 소화한다고 느꼈다. 시험 불안과 수학 불안이 심해졌고, 수학에 대한 태도가 부정적으로 바뀌었다.

다섯 가지 역량 중에서도 추론 역량 수준이 낮았다는 점이 계산이가 수학에 대한 호기심과 자신감을 빨리 잃었던 원인으로 보인다. 중학교 1학년 때도 계산이는 용어의 의미와 개념 정의 방식, 원리와 법칙에 대해 추론하지 않는 습관을 보였는데, 중학교 2학년에 와서는 이런 경향이 더 강해졌다.

연결 역량도 중간 이하로 떨어졌다. 중학교 2학년에 와서 실생활 활용 문제를 포함한 융합 문제에 거부감이 커졌고, 문장제만 보면 아무 생각이 나지 않고 머리가 하얗게 됨을 느꼈다고 했다. 중학교 1학년까지는 계산을 하면 행복하다고 했으나, 중학교 2학년이 되어서는 계산을 급격하게 싫어하게 되었고 결국 계산 문제 풀이를 회피하는 경향도 생겼다. 여러 일들이 복합적으로 작용해서 계산이가 중학교 1학년까지 좋아했던 계산을 중학교 2학년에 와서 싫어하게 된 것으로 보였다.

계산이의 환경적 배경에는 부모님의 영향이 컸다. 계산이 부모님이 학교 수학 성적에 만족하지 않고 학원 성적에 신경을 썼던 이유는 계산이가 특목고에 진학하여 공부하길 원했기 때문이다. 그런데 수학 성적에 신경 쓰는 동안 수학 역량 수준이 하락했고, 이것이 다시 영향을 미쳐 수학 성적이 떨어진 것으로 추정된다.

환경적 배경에는 학교 수학 선생님과 학원 수학 선생님의 영향도 포함되었다. 도형이의 5, 6학년 담임 선생님은 수학자처럼 새로운 생각을 하는 도형이의 행동이 멋있고 독창적이라고 인정해 주었다.

선생님의 말들은 도형이에게 수학자처럼 생각하려는 의지를 북돋우는 역할을 했다. 이와 달리 계산이는 학교 수학 선생님으로부터 좋은 평가를 받았다는 말이 없었다. 이에 대해 질문하니 계산이는 자신이 학교 수학 수업 시간에 즐겁게 참여하지 않았고 아는 내용이 많아서 적당히 놀았기 때문으로 생각했다.

다른 일과 마찬가지로 수학공부도 오랜 기간의 우여곡절이 쌓여서 특정한 시점의 수준과 상황을 이룬다. 중학교 2학년 어느 날 갑자기 두각을 나타낸 아이도 확인해 보면 초등학교 5학년, 6학년, 중학교 1학년 때 있었던 크고 작은 우여곡절이 바탕이 되어 현재의 수학 역량 수준에 이른 것이다. 도형이도 중학교 1학년 때 수학공부에 갑자기 눈을 뜬 것처럼 보이지만 초등학교 3학년 때, 4학년 때, 5학년 때 각각 문제해결, 추론, 의사소통, 연결, 정보처리와 관련된 소소한 사건을 겪으며 역량의 변화를 거친 것이 초등학교 6학년과 중학교 1학년의 수학 역량으로 발현된 것이다.

수학 역량이 하락하는 경우도 긴 시간 누적된 경험과 경향, 소소한 사건에 대처했던 방식들이 모여 만든 결과임을 기억해야 한다. 수학 역량이 낮아지는 이유는 대체로 수학이 갑자기 어려워지거나, 어느 순간 공부하려는 마음을 잃거나, 집중력이나 문해력이 급격히 떨어져서가 아니다. 이런 요인들이 복합적으로 작용하면서 역량 수준이 서서히 낮아지다가 어느 날 심각성을 인지하는 경우가 대부분이다. 수학 역량 수준을 낮추는 요인들의 복합 작용을 정확히 인지하기는 어렵지만, 이에 대한 감수성을 기르면 사태가 심각해지기 전에 바로잡을 수 있다. 결국 심각한 사태가 벌어지기 전에 미리 방향성을 아는 것이 중요한데, 친절하고 세심한 관찰이 이를 가능하게 하는 가장 효과적인 방법이다.

짐작하듯이, 수학 역량 수준은 높아지는 경우보다 낮아지는 경우가 더 많다. 특히 초등학교 고학년, 중학교 2학년 전후로 변화가 크게 나타난다고 알려져 있다. 이 시기를 어떻게 보내야 하는지에 대해서는 나중에 다시 살펴볼 예정이다. 계산이가 했던 말 중 가장 마음 아팠던 것은 "제가 수학을 잘했던 적이 있었나요?"였다. 계산이도 총명하고 수학을 잘했는데 이런 말까지 하는 모습을 보니 무척 안타까웠다. 계산이 부모님에게는 간략하게 상황을 말씀드리고, 현재 상황에 대해 계산이와 가벼운 분위기에서 이야기 나눈 후 방향을 전환하면 좋겠다고 말씀드렸다.

정체성과 자기 주도성

계산이가 수학을 잘한 적이 있었는지 자문했던 것은 정체성에 상당한 위기가 왔다는 신호다. 계산이는 분명히 수학을 잘했고, 여전히 중학교 2학년 또래에 비해 잘하는 편이다. 그러나 계산이는 자신이 수학을 잘한 적이 없다고 생각하게 되었다. 이런 식으로 한번 정체성을 수립하면 진로나 향후 공부 계획을 논의할 때 수학을 관련시키지 않으려 한다. 수학공부에서의 실패가 수학에만 머무르지 않고 다른 문제로 확장되는 것도 바로 정체성 때문이다.

수학교육 연구자들은 수학을 공부하는 과정에서 정체성을 확인하는 동시에 형성할 수 있다고 본다. 정체성은 개인에 대한 구체적인 이야기를 모아 놓은 것이며, 그 이야기를 바탕으로 개인이 어떤 성격이고, 무엇을 중시하며, 무엇에 가치를 두는지 알 수 있다. 우리 아이들은 수학을 공부하면서 수학을 공부하는 한 인간의 정체성을 확인하고 형성할 수 있다.

계산이가 난데없이 자신이 수학을 잘한 적이 있었는지 물은 것은, 당시에 문득 자신의 수학적 정체성을 확인하고 실망했음을 보여 준다. 수학을 공부하는 과정에서 확인한 자신의 모습이 얼마나 안타까운지 계산이 스스로 표현한 것이다. 빠른 속도로 수학을 공부하면서 실패를 맛보지 않는 학습자가 얼마나 되겠는가. 자녀들을 반복되는 실패 경험으로 내몰아 자신의 어두운 정체성을 확인하고 형성하게 하는 것이은 무슨 의미가 있겠는가.

도형이는 밝고 긍정적인 모습으로 자신의 정체성을 확인하고 형성하는 선순환 과정에 있었다. 수학에서 실패를 경험하지 않아서 그랬을까? 그렇지 않다. 도형이도 초등학교 6학년까지는 수학 역량 수준이 만족스럽게 높지 않았다. 그러나 앞서 살펴본 바와 같이 도형이는 자신의 약점을 의식적으로 보완하려고 노력했고, 결국 눈부신 발전을 이루었다.

도형이의 수학공부에서 명확하게 드러난 것은 자기 주도성이었다. 계산 실수 때문에 수학학습에 문제가 발생함을 스스로 인지했고, 하루 10분을 투자하겠다고 스스로 결정했다. 어차피 수학은 오랫동안 공부해야 하므로 길게 보고 차근차근 공부하도록 안내한 도형이 부모님의 지혜가 큰 역할을 했다. 도형이 부모님은 아이를 믿고 스스로 판단하도록 했을 때 얻을 수 있는 최상의 결과를 얻었다. 그렇다면 도형이와 같은 자기 주도성은 어떻게 기를 수 있을까?

자기 주도성을 기르려면 아이에게 자기 주도적으로 판단하는 기회를 제공해야 한다. 도형이와 계산이의 수학공부는 결정적으로 자기 주도성에서 차이가 있었다. 도형이는 자기 주도성을 갖추고 있었으나, 계산이는 그렇지 못했다. 앞에 제시했던 몇 가지 에피소드에서 알 수 있듯이 도형이 부모님은 도형이가 자기 주도적으로 판단할 기회를 제공했다. 그 기회를 통해 도형이는 좋지 않은 수학공부 습관을 스스로 확인하고 개선했다. 스스로 판단했고 행동에 옮겼다는 자부심은 긍정적인 정체성을 형성하는 데 영향을 미친다.

자녀 주변에 오래 머물면서 과도하게 간섭하는 헬리콥터 부모, 자녀를 과잉보호하는 캥거루 부모, 지나치게 엄격한 교육관을 가진 타이거 부모는 서로 다른 의미에서 자녀에게 자기 주도적으로 판단할 기회를 제공하지 않는다. 자녀가 삶을 스스로 준비할 수 있도록 자기 주도적으로 판단하는 기회를 최대한 일찍 제공하여 자신의 판단이 가져오는 결과를 명확히 확인하도록 해야 한다.

수학에 대한 흥미 변화 파악하기

자녀가 자기 주도적으로 판단할 기회를 어떻게 제공할 것인가? 자녀가 직간접적으로 경험한 것, 깨달은 것, 느꼈던 것을 회상하며 특이 사항을 식별하도록 한 후 그 결과에 근거하여 스스로 생각하도록 하면 된다. 구체적으로 자신의 인지 과정, 자신의 감정과 태도, 자신의 수학학습에 대한 영향 요인과 학습 습관 등 다양한 주제에 대해 스스로 생각하고 느끼고 이야기하도록 하면 좋다.

고등학교 수학 교사인 홍은정은 학생들에게 수학을 공부하는 과정에서 수학에 대한 흥미가 어떻게 변화했는지 스스로 생각하여 그 이유나 배경을 써보도록 했다. 학생들은 현재까지 수학을 어떻게 공부했는지 솔직한 자기 진단 결과를 이야기했다. 자신의 수학공부 과정과 결과를 되돌아보고 허심탄회하게 털어놓은 이야기 속에는 그동안 겪었던 어려움과 좌절, 환희가 고스란히 담겨 있었다. 수학에 대한 흥미가 변한 이유로는 현재 학생들이 따르는 수학공부 모델, 진로 계획, 삶에 대한 가치관 등이 나타나 있어 현황 파악에 큰 도움이 되었다.

수학에 대한 흥미 외에도 수학에 대한 자신감, 자기 효능감, 호

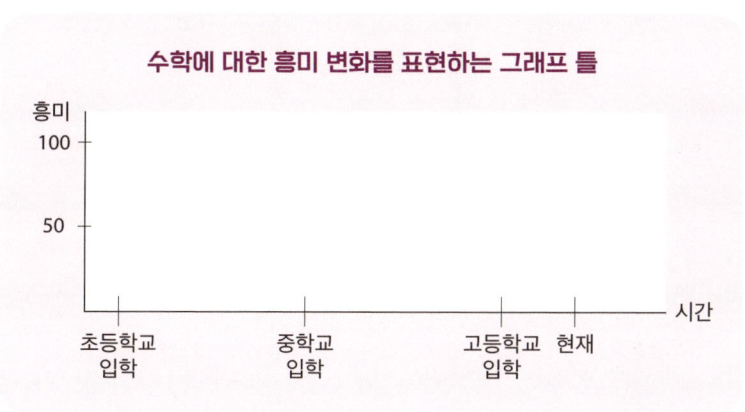

기심 등 다양한 정의 요소의 변화를 그래프로 나타내도록 한 후 이야기를 나누면 자녀가 수학공부를 어떻게 해왔고 왜 그렇게 하게 되었는지 알 수 있다. "너 요즘 왜 그 모양이냐?", "수학공부를 왜 그렇게 하고 있어?", "수학 싫어하면 곤란해."와 같은 말은 자녀의 대화 의지를 없앤다. 흥미 변화를 나타내는 그래프 등 자녀 스스로 자신을 되돌아보고 설명할 기회를 준 후, 그것을 바탕으로 대화를 나누면 일방적으로 잔소리하는 대화가 아니라 자녀의 마음속 깊은 이야기를 듣는 소통이 가능하다.

연구에 참여한 학생들은 다음 그림과 같이 수학에 대한 흥미 변화를 다양한 형태의 그래프로 나타냈다. 첫 번째 그래프를 그린 학생은 초등학교 고학년 때 수학에 흥미가 급상승했다. 흥미는 중학교를 지나면서 정체되었다가 고등학교 입학 무렵에 급하락했고, 현재 계

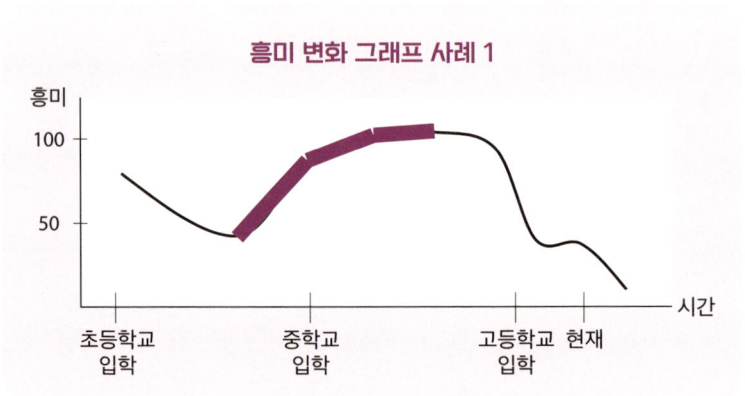

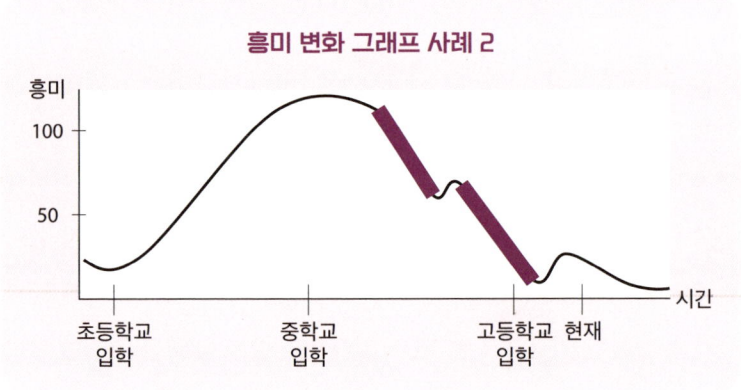

속 흥미를 잃어 가는 중이다. 두 번째 그래프는 초등학교부터 중학교 입학 때까지 수학에 대한 흥미가 높아졌는데 중학교 때 급격히 흥미를 잃은 경우다. 고등학교 입학한 후 잠시 흥미를 되찾았다가 다시 잃어 가는 상황이다.

그래프의 모양으로 수학에 흥미가 증가하는지 감소하는지, 변

수학에 대한 흥미 변화 유형별 비율

형태의 분류		비율(%)
하락형	급하락형	71.1
	지속적 하락형	42.2
상승형	급상승형	62.2
	지속적 상승형	40.0
기타		8.9

화가 급격한지 완만한지 식별할 수 있다. 급상승과 급하락 구간, 지속적 상승과 지속적 하락 구간, 변화가 미미한 구간도 확인할 수 있다. 변화의 형태와 이유에 대해 학생들이 덧붙이는 설명은 학생들을 이해하는 데 큰 도움이 된다.

홍은정의 연구에서 얻은 실제 데이터에 따르면, 약 71%의 학생이 수학에 대한 흥미가 급하락한 구간을 제시했다. 급상승 구간을 표현한 학생도 62%나 있었다는 점은 긍정적이다. 지속적으로 하락한 구간을 제시한 경우는 약 42%, 지속적으로 상승한 구간을 표현한 경우는 40%였다.

수학에 대한 흥미의 급하락과 지속적 하락 모두 당연히 좋은 신호가 아니다. 수학에 대한 흥미 없이 억지로 하는 공부를 지속하기는 어렵기 때문이다. 학생들은 수학에 대한 흥미 하락의 이유를 수학 성적에서 찾는 경우가 많았다. '수학 성적이 너무 떨어져서', '점수가 생각했던 것보다 안 나와서', '수학 성적이 오르지 않아서', '성적 나오고 혼나서' 등 수학 성적에 대한 스트레스로 수학에 흥미를 잃는 경우가 압도적으로 많았다.

수학이 어려워서 흥미를 잃은 경우도 많았다. 그런데 수학이 어렵다고 말한 학생들 대부분은 학교에서 배우는 수학이 아니라 학원에서 선행학습을 위해 배우는 수학이 어렵다고 말했다. 예를 들어, 어떤 학생은 초등학교 4학년 때 학원에서 중등 과정을 배웠는데, 그때부터 수학이 점점 어렵고 이해가 안 되어 수학에 흥미가 떨어졌다고 했다.

일부 학생들은 수학공부의 동기와 연결하여 수학에 흥미가 감소한 원인을 설명하기도 했다. 좋은 대학에 들어가기 위해, 성공한 사람이 되기 위해 공부해야 함을 깨달았을 때 수학에 흥미를 잃었다는 것이다.

그렇다면 수학에 흥미가 증가한 이유로 학생들은 어떤 것을 이야기했을까? 가장 많이 언급된 단어는 선생님이었다. 학교나 학원에서 만난 선생님이 수학을 쉽게 설명해 주었거나, 수학을 재미있는 이야기와 연결했거나, 수학이 어디에 쓰이는지 알려 주었거나, 수학을 재미있게 가르쳐 주었을 때 흥미가 증가했다는 것이다. 수학 교사는 자녀의 수학 역량 형성과 발달에 영향을 미치는 환경적 배경 중에서도 매우 중요한 요인임을 확인할 수 있었다. 좋은 수학 교사를 만나서 자녀가 즐겁게 수학을 공부할 때, 부모도 그 기회가 얼마나 소중한지 이해하고 감사하는 마음을 가질 필요가 있다. 학교 안에서 좋은 수학 선생님을 만날 확률이 높아지도록 정책과 재정 지원이 이루어지면 더할 나위 없겠다.

다음으로 친구에 대한 언급도 많았다. 친구가 모르는 수학 문제를 잘 알려 주어서, 친구와 함께 수학을 공부하는 것이 재미있어서 수학에 흥미가 높아졌다는 것이다. 요즘 학생들은 협력에 익숙하지 않고 경쟁적이라는 연구 결과가 많으나, 어려운 수학을 함께 공부하면서 수학에 흥미가 증가하는 경우가 제법 있는 것은 희망적이다.

수학은 대학 입시에서 변별력을 기반으로 서열화를 가능하게 하는 과목이다. 대학 입시라는 제도의 성격상 수학은 그 역할을 맡아야 했고 사회의 암묵적 합의는 여전히 그러하다. 학생들은 누구보다 이 사실을 잘 파악하여 수학을 수단화한다. 싫어도 공부하고, 무조건 외우고, 많이 풀면서 엄청난 시간을 투자한다. 그 과정에서 수학에 흥미를 잃고 수학을 공부하려는 의지를 잃는 악순환에 빠진다. 개인은 물론이고 사회와 국가에 심각한 후유증을 남기는 이 순환의 고리를 어떻게 끊어야 할까?

자기 주도성은 수학학습을 지속하는 힘

수학을 어려워하면서 수학에 흥미를 잃고, 흥미가 없으니 수학공부가 어려워지고, 수학공부가 부담되니 수학을 싫어하게 되고, 싫어하면서 억지로 공부하다가 결국 수학을 포기하게 되는 악순환의 고리를 끊으려면 자기 주도성을 길러야 한다. 도형이의 사례는 자기 주도성이 작동하는 메커니즘을 보여 준다.

수학을 공부하면서 자연스럽게 부딪히는 문제 상황, 이를테면 계산 실수를 하거나 수학 성적이 오르락내리락하는 상황에서 스스로 판단하여 중요한 루틴을 만들고, 이를 굳은 마음으로 실행하여 수학 역량을 키운 것은 결국 도형이가 수학에 대한 높은 흥미와 실력을 갖추도록 이끌었다. 선행학습을 했던 다른 학생 중에서도 미리 공부하는 수학을 충분히 이해하기는 어려우니 우선은 대략적인 내용만 파악하고 다음에 깊이 공부하면 된다고 스스로 학습 수준과 범위를 정하는 경우가 있었다. 이 학생은 선행학습에 스트레스를 많이 받지 않았고, 수학에 흥미를 유지할 수 있었다.

친구들로부터 배우고 친구들에게 배운 것을 공유하는 경험은 수학을 넘어서 학습 전반에 걸쳐 중요하다. 필자는 다양한 수업 상황에서 교사가 설명할 때 몰랐던 것, 발견하지 못한 것을 또래 친구와 탐구할 때 빠르고 깊게 이해하는 사례를 무수히 관찰했다. 미묘한 언어 차이, 또래 사이의 상호 작용 문화 등이 강력한 역할을 했다. 이처럼 친구를 잘 만나거나 스스로 좋은 친구가 되어 수학을 즐겨 나누는 것이 얼마나 중요한지는 다양한 사례에서 확인된다. 그런데 친구와의 교류에서 배우고 성장하는 것도 자기 주도성이 있어야 가능하다. 자기 주도적인 판단에 따라 친구와 상호 작용 할 때 서로에게 긍정적인 영향을 미치고, 서로에게서 배울 수 있다. 홀로 서지 못한 채로 친구와 만나면 협력하기보다는 친구의 주도에 이리저리 끌려다니기 십상이다. 친구에게 일방적으로 배운 것은 오래가지 않는다.

이제 소수의 엘리트를 위한 교육이 아니라 다수의 교양인을 위한 교육을 말하는 시대다. 그러나 자녀를 엘리트로 기르고자 하는 열망에 휩싸여 과도한 선행학습으로 자녀를 내모는 경우가 왕왕 있다. 필자는 정말 많은 사례에서 특목고와 명문대, 의대가 좋은 인생을 보장하지 않음을 관찰해 왔다. 각종 입시와 경시대회를 준비하느라 과도한 선행학습과 문제 풀이에 시달린 학생들이 허무감을 표현하는 경우도 많았다. 자기 주도적인 판단이 아니라 강제로 부과된 목표를 위해 부적절한 방식으로 수학을 공부하다 보니, 서울대학교에서도 수학에 흥미가 하나도 남아 있지 않다는 학생을 심심치 않게 만날 수 있었다.

누구를 위해 수학을 공부하는가. 학생들이 사회와 국가를 말하기 전에 자기 자신을 위한다고 말하고 생각할 수 있길 바란다. 자신이 수학을 공부하여 어떤 생각을 할 수 있는지, 어떤 표현을 할 수 있는지, 세상을 어떻게 바라볼 수 있는지, 어떤 수학 역량을 갖추게 되는지, 어떤 수학 또는 수학의 어떤 측면에 흥미가 생기는지를 말하고 생각할 수 있길 바란다. 자기 주도적인 말과 생각을 할 수 있으면 어려움이 닥쳐도 계속해서 수학을 공부할 수 있고, 남이 원하는 삶이 아닌 자신이 원하는 삶을 설계할 수 있을 것이다.

몸과 마음이 함께하는 수학

전통적으로 수학은 머리로 공부하는 학문이라는 인상이 강하지만, 최근에는 신체의 여러 감각을 쓰면서 수학을 학습하도록 하는 다양한 방안이 연구되고 있다. 6장에서는 몸과 마음을 함께 쓰면서 수학과 수학공부에 대한 호기심과 역량을 함양하는 구체적인 사례와 방법을 알아본다.

수학과 수학공부에 대한 호기심

앞서 살펴보았듯 수학에 대한 흥미는 수학을 공부하는 과정에서 계속해서 변하며, 그 변화 양상에 대한 학생의 설명은 그 학생이 수학공부를 얼마나 잘하고 지속할 것인지에 대한 중요한 정보를 제공한다. 수학에 대한 아이들의 호기심도 마찬가지이나 상당수의 아이가 수학을 공부하면 할수록 수학에 호기심을 잃는다. 수학에 흥미를 잃는 것과 같이 호기심을 잃으면 향후 수학공부를 지속하기 어렵다.

어린아이들은 주변에 있는 대부분의 것에 호기심을 보인다. 호기심은 새롭게 여기고 탐구하며 이해하려는 마음이므로, 이는 곧 어린아이가 주변에 있는 대부분의 사물을 새롭게 여기고 탐구하며 이해하려 함을 뜻한다. 자녀가 어릴 때 얼마나 호기심이 많았는지, 숫자를 처음 말할 때 얼마나 자랑스러워하고 신기해했는지 생각해 보라. 수학공부가 그 많은 호기심을 어떻게 잃어버리게 했는지 심각하게 고민할 필요가 있다.

나이에 따라, 수학을 공부한 시간에 따라 수학에 대한 호기심의 내용과 형식이 다르다. 몇 년 전 필자가 한 유치원 교실에 가서 수학 선생님이라고 인사하니 아니나 다를까 질문이 쏟아졌다. "선생님, 5는 왜 5라고 해요?" "1은 누가 발명했어요?" "세모가 네모보다 더 좋지요?" 한 번도 고민해 보지 않았던 질문들이 쏟아질 때 얼마나 행복했는지 모른다. 필자가 무어라고 답을 하니 그것이 자기가 했던 질문에 대한 답인지 아닌지는 따지지 않고, 만족스럽게 필자를 바라보다가 뛰어 달아나던 모습이 떠오른다. 호기심은 답을 얻지 못한 질문으로 남더라도 수학공부를 추동하는 힘이 있다.

초등학생들은 수학을 배운 경험이나 논리적 사고에 근거하여 제법 심각하게 질문한다. "삼각형에는 변이 세 개, 각이 세 개인데 왜 삼각형이라고 불러요? 삼변형이라고 부르면 안 되나요?" "1은 자연수이고 $\frac{2}{2}$는 분수여서 같지 않은데, 왜 1과 $\frac{2}{2}$가 같다고 말하나요?" 수학을 공부하는 것은 새로운 수학적 대상과 만나는 일이기에 새로운 것을 탐구하고 이해하려는 마음이 있어야 수학을 제대로 공부할 수 있다. 초등학생들이 하는 질문에는 수학적 대상에 대해 이미 가지고 있던 이해와 통찰이 반영되어 있다. 이로부터 수학에 대한 호기심이 깊이 있는 수학공부를 촉진하는 이유를 알 수 있다.

수학에 대한 호기심과 별개로 수학공부에 대한 호기심도 중요한 역할을 한다. 수학에 대한 호기심이 주로 내용을 궁금해 하는 것이라면, 수학공부에 대한 호기심은 방법을 알고자 하는 것이다. 요컨대, 수학공부에 대한 호기심은 수학을 공부할 때 사용하는 방법이 어떻게 작동하는지 알고 싶은 마음이다.

"이렇게 해야 제가 이기는 거지요?" "숫자를 이어서 쓰면 되나요?" "친구에게 설명하는 건가요, 질문하는 건가요?" "다음에도 또 놀이 수학 해요?" "포스터를 그릴 때 삼각자를 사용해도 되나요?" 이런 질문들은 수학공부에 대한 호기심을 보여 준다. 수학에 대한 호기심이 매 순간 수학공부를 시작하게 한다면, 수학공부에 대한 호기심은 수학공부를 지속하게 한다.

수학공부에 대한 호기심은 자기 나름대로 수학공부 방법을 구축하고 즐겁게 도전하는 형태로 나타나기도 한다. 수학에 대한 고정관념 중 하나는 수학을 계산으로 보고 계산의 속도와 정확성에 과도하게 주목하는 것이었다. 그런데 두 자릿수 덧셈을 배운 한 아이가 덧셈 알고리즘에 따른 계산을 즐기면서 속도를 높이는 데 관심을 둔다고 하자. 이 아이는 부모나 교사가 계산 시간을 지적하지 않았는데도 속도감 있는 계산을 위해 스스로 매일 계산 시간을 줄이려고 노력했고, 어느 날 7초나 줄었다고 기뻐했다. 그렇다면 이 아이는 수학에 고정 관념을 가진 것이 아니다. 수학공부의 규칙이나 목표를 스스로 정해서 즐긴 것이기 때문이다. 아이는 수학공부에 호기심이 많고, 그것을 스스로 정한 공부 방식에 반영하고 있다. 이 아이는 필요한 순간에 새로운 공부 방법을 정해서 실행할 수 있는 자기 주도성을 갖추었다는 점에서 매우 전도유망하다.

유아기에 수학공부를 할 때 손가락으로 수를 세거나 계산하는 것은 문제가 있으니 최대한 빨리 다음 단계로 넘어가야 한다고 말하는 경우를 많이 보았다. 그런데 아이들이 단지 머릿속으로 또는 종이 위에 수를 쓰며 계산할 수 없어서 손가락으로 세는 것이 아니다. 어떤 아이들은 손가락이라는 물체가 존재하지 않는 추상적인 수를 대신하는 것이 재미있어 오랫동안 손가락을 사용하여 수를 표현하고 계산하기도 한다.

신체 감각을 활용하는 것은 수학과 수학공부에 대한 호기심을 자극한다. 중고등학교에서 수학을 공부할 때도 시각, 청각, 촉각 등 다양한 신체의 감각을 활용하는데, 이 방법을 수학을 공부하는 수준 낮은 과정으로 치부하는 대신 수학과 수학공부에 대한 호기심을 자극하는 방법으로 볼 필요가 있다. 가정에서도 몸과 마음을 함께 쓰면서 수학을 공부할 수 있도록 지원한다면 자녀의 호기심을 더욱 자극할 수 있을 것이다.

배우의 패러독스

영화나 TV 드라마를 보면서 웃고 울 때가 있다. 배우의 연기임을 알면서도 그렇게 된다. 배우가 곤경에 빠지면 진심으로 염려하고 어려움을 극복하면 행복해한다. 배우가 연기를 잘할수록 우리는 상황에 더 몰입한다. 자녀가 어릴 때 부모도 종종 연기를 한다. 자녀는 기쁨, 슬픔, 사랑, 친절, 인내, 배움을 추구하는 마음가짐 등 각양각색의 감정과 태도를 부모의 연기로부터 배운다. 자녀는 수학과 수학공부에 대한 마음가짐도 상당 부분 부모에게서 배운다. 그 시기는 주로 유치원이나 초등학교 입학 전후이다. 부모가 명연기를 펼치면 부모가 바라는 마음가짐을 자녀가 가지도록 도울 수 있다. 이 마음가짐은 수학공부의 중요한 토대가 된다.

프랑스의 저명한 예술 평론가 디드로D. Diderot는 배우가 타인의 감정을 어떻게 표현해야 좋은 연기라고 할 수 있는지에 대한 훌륭한 설명을 남겼다. 그 설명을 요약하여 제시하면 다음과 같다. 먼저 배우는 자신의 감정에서 벗어나 연기해야 할 인물의 생각, 말, 행동, 표정, 목소리, 몸짓을 객관적으로 표현해야 한다. 이런 이유로 유명한 배우들은 교사 역할을 맡으면 교사의 생활 습관과 언어 습관을 익히고, 학생 역할을 맡으면 얼마간 학생으로 생활하기도 한다. 둘째, 배우는 타인의 삶과 감정으로 이동하기 위해 자신과 일정한 거리를 두는 동시에, 자신이 온몸으로 느끼는 것처럼 감정을 생생하게 표현할 수 있어야 한다. 한편으로는 자신을 버리고 이상적으로 모방한 타인을, 다른 한편으로는 감정적으로 깊이 몰입한 자신을 보여 주어야 좋은 연기자라는 것이다. 인위적으로 계산된 타인의 말과 행동을 마치 자신이 하는 것처럼 지극히 자연스럽게 표현할 수 있어야 한다. 배우가 감당해야 하는 이 상황은 인위성과 자연성, 철저한 계산과 감수성, 감정의 극대화와 제어 등 상반되는 성격의 접근과 감정이 관여한다는 뜻에서 '배우의 패러독스'라고 부른다.

프랑스의 수학교육 연구자 브루소G. Brousseau는 좋은 수학 교사의 실천 역량을 배우의 패러독스에 비유했다. 좋은 수학 교사는 수학을 새롭게 이해하고 탐구하는 학생의 입장을 이상적으로 표현하는 동시에, 자신이 수학을 새롭게 이해하고 탐구하는 자연스러운 모습으로 이를 실현한다는 뜻이다. 앞서 5장에서 아이들이 수학에 대한 흥미 변화 그래프를 그리며 수학에 흥미가 증가한 주요 원인으로 선생님을 꼽았다고 말했다. 이때 아이들이 묘사한 좋은 수학 선생님의 모습은 브루소가 비유한 좋은 수학 교사의 특징과 유사했다. 아이들은 자신에게 강제하고 명령하는 선생님이 아니라 함께 재미있는 상상을 하고 쉽게 몰입할 수 있도록 돕는 선생님과 함께할 때 수학공부를 좋아하고 잘하게 된다. 그 증거는 수없이 많은 연구에 제시되어 있다.

부모는 수학 교사보다 자녀의 동반자 역할을 더 잘하려고 노력하고, 잘할 수 있는 사람이다. 특히 학교를 졸업한 후 수학을 상당 부분 잊은 부모라면 학생처럼 새로운 마음으로 수학을 대할 수 있다. 학생 역할을 하는 데 필요한 생활 습관이나 행동 특성도 교사보다 더 속속들이 안다. 마음만 먹으면 명연기를 펼칠 수 있고, 자녀의 수학공부에 대한 감정의 극대화와 제어에도 탁월한 능력을 발휘할 수 있다.

인생 멘토 같은 부모가 되길 원한다면 배우의 패러독스를 곰곰이 생각해 볼 필요가 있다. 수학공부에 관해서도 멘토가 되어 자녀에게 긍정적인 영향을 미치길 원한다면, 강제하고 압박하는 대신 명연기를 통해 수학을 공부하는 자녀의 동반자가 되어야 한다. 자녀가 질문할 때는 자녀의 입장에서 그 질문을 왜 하는지 이해하고, 자녀의 언어와 행동으로 반응하며, 자녀가 이해할 수 있는 방식으로 답변을 생각해 볼 필요가 있다. 그렇게 하지 않고 무조건 잘했다고 칭찬하거나 건성으로 알겠다고 답하면 자녀는 점점 질문하지 않게 될 것이다. 질문하지 않으면 세상과 수학에 대한 호기심도 점점 사라질 것이다. 다른 사람과 대화하느라 그럴 수밖에 없는 상황도 많이 있지만, 식당이나 공공장소에서 자녀와 단둘이 있는 경우에도 자녀의 질문에 건성으로 답하는 부모를 많이 보았다. 이렇게 하면 자녀에게 긍정적인 영향을 미칠 좋은 기회를 잃게 된다. 자녀가 어릴수록 호기심이 많으므로, 안목과 역량을 자연스럽게 길러 줄 좋은 기회를 찾아 때를 놓치지 않고 활용하면 좋겠다.

호기심 가득한 자녀가 질문하는 바로 그 순간에는 크게 감탄하고, 세심하게 칭찬하며, 진심으로 축하하고, 정교한 힌트를 찾아 함께 문제를 해결하고, 가능하다면 함께 새로운 생각을 창출하는 단계까지 가보자. 이 과정에서 해야 할 연기 전략을 일부 제시하면 다음과 같다.

- 가르치려는 수학에 대해 알고 있음을 들키지 않기(모르는 척하기).
- 놀라기(놀라는 척하기).
- 신기해하기(신기한 척하기).
- 다음 상황을 함께 예측하고 기대하기.
- 도전하기(시행착오).
- 몸과 마음을 모두 사용하기(감각과 이성 일깨우기).
- 수학을 언어적·시각적·활동적 표현 등으로 번역하기.
- 새로움을 느끼기(새로운 척하기).
- 궁금해하기(궁금한 척하기).

예를 들어, 자녀가 손가락을 모두 편 채 오른손을 앞으로 먼저 내밀며 5를 외치고, 그 다음에 왼손을 내밀며 5를 외쳤다고 하자. 아이에게는 이 순간이 매우 중요하다. 아이는 이제 한 번에 양손을 모두 내밀며 뭐라고 외쳐야 하는지 생각할 것이다. 바로 그때 부모가 "10이지, 10. 5와 5를 더하면 10."이라고 답하는 것은 적절한 행동일까? 아니다. 아이는 부모에게 전혀 감사하지 않고 오히려 부모를 원망할 것이다. 아이의 호기심이 통째로 사라지고 갑자기 수학을 공부해야 하는 분위기로 바뀌었기 때문이다.

오른손과 왼손에 각각 5를 대응시키고 양손을 펼치며 무슨 수를 대응시켜야 할지 고민하는 아이는 덧셈이 아니라 5와 10이라는 두 수의 특별한 성질을 궁금해하는 것이다. 5를 알고, 5부터 연달아 세어 10을 알았는데, 어느 날 새삼스럽게 손가락이 다섯 개이고 양손에 각각 5를 부여하면 5가 두 개가 된다는 것을 통찰하게 되었다. 이 아이는 자연수, 수 세기, 덧셈 등을 순차적으로 배우지 않고도 서로 다른 수학적 대상과 연산 사이의 관계나 구조에 감각적으로 접근했다. 이때, 5와 5를 더하면 10이라는 부모의 설명은 아이의 호기심과는 동떨어져 도움이 되지 않는다.

아이의 마음속으로 들어가 보자. 갑자기 양손의 대칭 구조가 신기하고, 손가락 다섯 개를 5로 표현하면 되니 편리하다. 아이를 따라 흐뭇한 표정을 지어 보자. 놀라운 통찰을 해내 벅차고 즐겁다. 박수가 절로 나온다. 우리 몸과 잘 조응하는 수의 구조도 놀랍다. 아이와 감탄사를 주고받자. "5! 5!" 아이가 말한 것을 메아리처럼 반복하자. 다음 말은 아이가 하도록 하고 기다린다.

오늘 의미 있게 상황을 진전시키지 못한다면 내일 다시 생각해 보면 된다. 아이가 한 단계를 스스로 넘어서도록 기회를 주기 위해서다. 이렇게 하는 것은 5와 5를 더하면 10이라는 다른 세상의 규칙을 갑자기 제시하는 것보다 훨씬 유익하다. 부모가 알고 있는 수학을 조급하게 가르치려 하면 아이가 수학공부에 거부감을 갖지만, 함께 감탄하고 고민하면 자녀 스스로 수학과 수학공부에 대한 호기심을 발전시킨다.

놀라는 연기, 감탄하는 연기는 과하다 싶을 정도로 해도 무방하다. 놀라움과 감탄은 지루한 감각을 깨우고 집중하게 하는 효과가 있다. 배우의 패러독스를 고려하면서 인위적으로 계산하여 자녀의 발견과 통찰을 칭찬해도 좋다. 자녀의 행동과 언어를 흉내 내고, 자녀와 함께 몸과 마음을 모두 사용하면서 다양한 표현 방법으로 새로운 발견과 이해를 즐겨 보길 제안한다. 한편으로는 감정을 극대화하고 다른 한편으로는 제어하면서, 자녀가 수학과 수학공부에 대해 끊임없이 질문하고 스스로 답을 찾아 가도록 도와주길 권한다.

네덜란드의 저명한 수학교육 연구자인 프로이덴탈H. Freudenthal은 종종 손자와 함께 산책하곤 했는데, 손자가 잎이 많은 식물을 바라보며 "와! 많다!"라고 여러 번 외쳤던 일화를 자신의 책에 소개했다. 이미 여러 차례 지나치며 보았던 식물인데 손자는 그날 유독 잎이 많다는 것을 발견하고 소리 높여 감탄했다고 한다. 평소에도 손가락으로 수를 나타내거나 셈을 하는 일이 많았지만 어느 날 갑자기 한 손이 5에 대응된다는 것을 발견하고 신기해한 아이도 비슷한 경험을 한 것으로 볼 수 있다.

앞서 제시한 두 가지 사례처럼 프로이덴탈은 수 개념 형성이나 수학공부가 갑자기 일어나는 통찰에 의한 불연속적인 비약으로 나타난다고 보았다. 이 이론은 이후 전 세계적으로 다양한 조건에서 입증되어 수학학습을 설명하는 유력한 관점이 되었다.

아이가 놀라거나 감탄하면서 수학적인 사고로 나아가는 경험을 많이 할수록 수학과 수학공부에 대한 호기심이 높아진다. 가정에서 부모가 채소를 다듬거나 화분을 만지면서 "와, 많다. 진짜 많네. 잎이 정말 많아."라고 말했다면, 아이는 자신도 모르게 언제 '많다'고 할 수 있는지 궁금해한다. 그리고 이후에 부모가 했던 감탄과 '많다'의 의미를 깨달으면 수학적으로 중요한 사고로 옮겨 갈 수 있다. 자녀에게 늘 가르침을 주어야 한다고 생각할 필요는 없다.

자녀가 성장하는 것에 맞추어 같이 느끼고 말하고 행동하는 연기에 도전해 보라. 배우의 패러독스를 마음에 두고 자녀의 멘토로, 동반자로 지내면 아이의 긍정적이고 생산적인 감정을 키우고 인지역량을 기르는 데도 도움이 된다. 책상에 앉아서 억지로 수학을 공부하도록 지도하지 않아도 때가 되면 자녀가 스스로 수학을 공부하면서 불연속적인 비약을 거듭할 것이다.

감각을 활용하는 수학학습

과거에도 감각을 활용하는 수학학습을 강조했지만, 최근 인공지능을 비롯한 첨단 기술이 발달하며 이런 학습법이 다시 한번 주목받고 있다. 캐나다의 수학교육 연구자인 싱클레어N. Sinclair가 개발한 터치카운츠TouchCounts와 터치타임스TouchTimes가 대표적인 예다. 터치카운츠와 터치타임스는 모바일에서 촉각, 시각, 청각을 모두 활용하면서 수와 연산을 창의적으로 학습하도록 하는 프로그램이다. 화면을 터

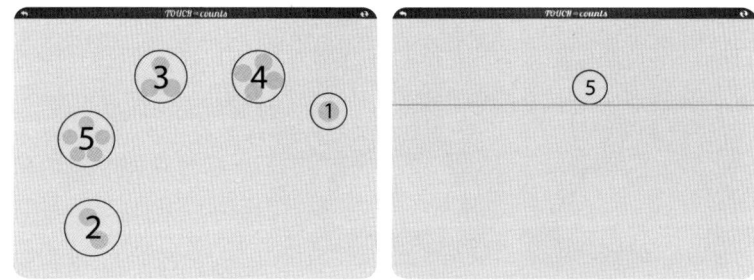

5까지의 수를 입력한 모습   5를 선반 위에 놓은 모습

치하면 수를 만들 수 있는데, 여러 손가락으로 동시에 터치하면 여러 수를 한 번에 나타낼 수 있다. 수가 화면에 나타나면 수의 이름이 들린다. 중력 기능을 켜면 만들어진 수가 중력을 받아 아래로 사라지는데, 특별히 살펴보고 싶은 수를 선반 위에 올려놓을 수도 있다. 선반 공간은 위아래로 움직여 조정할 수 있다. 위의 왼쪽 그림은 손가락 다섯 개를 동시에 사용하여 1부터 5까지 나타낸 것이고, 오른쪽 그림은 5를 선반 위에 놓은 것이다.

   수와 연산을 배울 때부터 좋은 습관을 들여야 수학과 수학공부에 호기심을 유지하며 수학 역량을 함양할 수 있다. 지루하게 반복 연습을 하는 방식으로 공부하도록 하면 수와 연산을 배우자마자 수학을 싫어하게 된다. 터치카운츠와 터치타임스는 화면을 터치하기만 하면 수가 만들어지니 아이들이 신기해하고, 자신이 만든 수의 이름을 들을 수 있어서 명수법을 익히기도 쉽다. 중력 기능을 이용해서 5, 10, 15와 같은 특별한 수를 선반 위에 두고 나머지 수는 사라지게

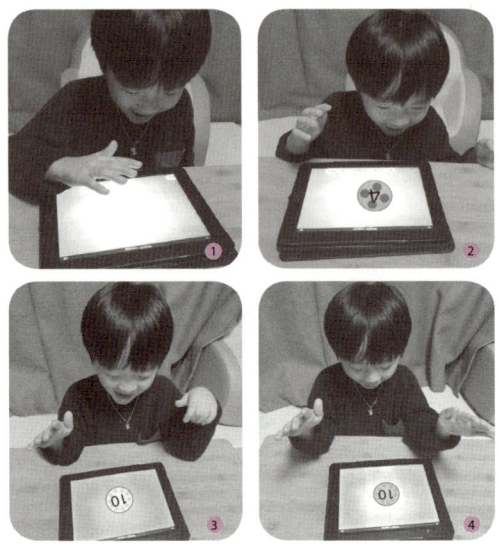

터치카운츠로 10을
표현하는 아동의 모습

하는 기능도 수 개념 형성에 도움이 된다. 2의 배수, 3의 배수 등 다른 특별한 수를 얼마든지 찾아서 선반 위에 올려놓도록 할 수 있다. 수와 연산을 익히면서 수학적으로 생각하는 능력도 길러진다.

    필자는 이 도구를 이용해 다양한 수학학습을 시도했는데, 어린 아이들이 오랜 시간 몰입하면서 수학을 공부하고 수학에 호기심을 유지하는 모습이 매우 인상적이었다. 학습 장면들은 모두 동영상 공유 사이트에 공개되어 있어서 누구나 볼 수 있다. 여기서는 한 사례만 살펴보기로 한다.

    위 사진은 3세 아동이 터치카운츠로 10을 나타내는 과제를 해결하는 모습이다. 첫 번째 사진은 아동이 손가락 다섯 개를 펴서 10을 만들려는 모습이다. 두 번째 사진은 아동이 다섯 손가락 중 터치하지 않은 한 손가락 때문에 5를 나타내지 못한 장면이다. 세 번째 사진은 왼손을 두 번 터치하여 10을 나타내는 데 성공한 모습이다. 5를 두 번 더하면 10이 된다는 것을 알고 그렇게 한 것이 아니라, 서툰 동작 때문에 우연히 두 번 터치되어 10이 되었다. 이를 확인한 교사가 다시 한번 10을 나타내 보라고 하자, 양손을 동시에 터치하여 10을 나타내는 데 성공한 것이 네 번째 사진이다.

적절하게 터치해야 원하는 수를 나타낼 수 있음을 간파한 아이는 손가락이 화면에 잘 닿도록 주의하면서 수를 나타냈다. 이처럼 잠시의 적응 시간을 거치면 아이들은 얼마든지 다양한 수를 표현할 수 있다. 디지털 원주민이라고 불릴 만큼 기기 사용에 익숙한 세대여서 그런지 학습 효과가 매우 크다.

전통적으로는 수 막대나 이미지 스티커를 이용하여 수 개념을 지도했다. 앞선 사례와 같이 컴퓨터 화면을 터치하는 지도 방식은 구체물을 이용하는 것보다 직접적인 경험과 즉각적인 피드백을 제공하여 학습 몰입도가 높고 개념 형성과 연산 학습 효과도 큰 것으로 보고되고 있다. 화면을 터치하는 촉각 정보, 화면에 숫자가 보이는 시각 정보, 화면에 숫자가 보일 때 이름을 알려 주는 청각 정보를 종합하면서 스스로 수 개념을 형성하고 연산을 학습하여 수학적인 질문과 추측, 정당화가 입체적으로 이루어지는 점도 장점이다. 기회가 될 때 몇몇 학부모에게 이 프로그램을 소개했더니 영어로 수와 연산을 학습하는데도 자녀가 쉽고 재미있게 공부하는 모습이었다고 했다.

한 아이가 화면에 손가락 터치만으로 10을 나타냈을 때 스스로 놀라고 신기해하던 모습이 기억에 남는다. 5와 10이 수로서 가지는 특이한 성질, 십진법의 기본 체계, 5와 5의 합이 10이고 10은 5와 5로 분해될 수 있음을 학습 내용이 아니라 학습 과정과 결과로 알게 되는 장면을 직접 확인하면 자녀에게 수 개념을 지도할 때 필요한 통찰을 얻을 수 있을 것이다.

몸과 마음을 함께 쓰는 수학학습의 장점은 수학 역량과 더불어 수학적 직관과 논리를 동시에 발전시킬 수 있다는 점이다. 디지털 기기를 오래 붙들고 있는 자녀의 모습을 환영하는 부모는 거의 없을 것이다. 그러나 이제 세상이 바뀌어 디지털 기기로 수학을 가르치고 배우는 것이 당연해졌다. 디지털 기기를 멀리하는 대신 그 순기능을 잘 활용할 필요가 있다. 여행 가는 차 안에서 터치카운츠나 터치타임스를 활용하면 부족했던 수 개념 이해를 강화하고 연산 능력도 기를 수 있을 것이다.

이런 프로그램이 없었을 때도 필자는 아이들과 수학적 원리가 숨겨져 있는 간단한 놀이를 하면서 긴 이동 시간을 보낸 적이 많았다. 다행스럽고 신기하게도 수학공부인 줄 모르고 열심히 생각하며 놀이하던 아들의 모습이 생생하다. 그때 했던 놀이 중 하나는 다음과 같다.

> - 주변에 마땅한 구체물이 있으면 가져오고, 없으면 그림으로 막대를 여러 개 그린 후 '일막대'라고 부른다.
> - 1이라고 말하면서 일막대 하나를 가져다 놓는다. 다음은 자녀 차례이니 똑같이 해보라고 한다.
> - 일막대 두 개를 가져다 놓으면서 3이라고 한다.
> - 가운데 놓인 세 개의 막대 중 하나를 가져가면서 2라고 한다. 원하는 만큼 막대를 가져오거나 가져가면서 수를 말한다.

단순한 놀이인데도 흥미진진하게 몰입하여 꽤 오랜 시간을 깔깔대며 보낼 수 있었다. 규칙에 익숙해질 쯤 다른 사물을 놓고 '십막대'라고 부르면, 막대를 가져오고 가져가는 상황이 훨씬 복잡해져 한층 긴장감 있는 놀이를 즐길 수 있다. 여기에 다시 '백막대'를 추가할 수도 있다. 가져오고 가져가는 막대에 따라 다양한 수가 만들어지며, 그 과정에서 꽤 복잡한 계산을 할 수 있다. 특히 가져오고 가져가는 상반되는 행동이 낳는 결과를 보면서 머릿속에서 정방향, 역방향으로 가능성을 추측해 보는 경험은 매우 유익하다.

정방향의 사고를 되돌려 거꾸로 하는 생각을 가역적 사고Reversible thinking라고 한다. 수학에는 덧셈과 뺄셈, 곱셈과 나눗셈, 함수와 역함수 등 가역적 사고를 바탕으로 하는 개념과 연산, 원리가 많다. 어려운 문제를 가역적 사고로 해결하면 해법이 간단하여 아이들이 무척 신기해한다. 가역적 사고를 경험할 수 있는 활동을 잘 설계하여 실행하면 자녀가 수학을 흥미롭게 배우는 데 도움이 된다.

신체 감각과 인지 능력을 모두 사용하도록 하는 놀이 수학은 수학 역량을 개발하고 수학에 흥미와 호기심을 유지하는 데 매우 효과적이다. 놀이 수학은 아이들에게 자기 주도적으로 생각하고 판단하는 경험, 가역적 사고와 같은 유용한 수학적 사고의 기회를 제공하며 수학학습을 촉진한다. 터치카운츠와 터치타임스와 같이 디지털 기기를 활용하는 수학학습 프로그램은 수 막대 놀이처럼 새로운 규칙을 정하여 놀이 수학의 형태로 재구성하기 쉽다. 아이가 몸과 마음을 동시에 활용하게 되므로 쉽게 몰입하여 과업을 달성하기 때문이다. 아이들은 이를 놀이로 받아들이지만 그 안에는 수학 개념과 계산 원리가 포함되어 있고 수 개념 형성, 수 세기와 연산의 연결, 연산에 대한 직관 형성, 십진법의 구조 통찰 등을 유도한다. 구체적인 행동, 수, 기수법, 명수법, 연산 사이의 네트워크를 형성하여 탄탄하고 의미 있게 수학을 공부하도록 돕는다.

7장 변화, 모호성, 발견

수학은 변화, 모호성, 발견이 서로 복잡하게 얽힌 채 발달했다. 그러므로 수학을 공부하는 과정에서도 이 성질을 체험할 필요가 있으며, 이는 자기 주도성과 호기심을 통해 가능하다. 이 장에서는 수학을 공부할 때 변화, 모호성, 발견의 얽힘을 체험하는 것의 의미와 사례를 제시한다.

변화와 모호성을 다루는 학문

자녀가 수학을 수학답게 공부하도록 이끌려면 어떻게 해야 할까? 먼저 수학이 어떤 학문인지 간단하게 이해할 필요가 있다. 수학은 오래전부터 변화무쌍한 자연 현상을 탐구하는 유용한 도구였다. 조수 간만의 차이, 해와 달과 행성의 고도 변화, 강우량, 태풍 등 해양학, 천문학, 기상학을 포함한 많은 분야에서 수학을 기초 도구로 활용했다. 인공지능 기술이 발달한 요즘은 빅 데이터를 기반으로 각종 자연 현상을 이해하고 연구한다. 인공지능 기술의 근간이나 데이터 과학의 저변에도 수학이 있다. 사회 현상과 언어 현상을 기술하고 연구할 때도 수학이 쓰인다. 변화가 극심하거나 불규칙한 현상에서 출발하여 모호성에 직면했을 때 수학적인 모델을 발견함으로써 변화 양상을 이해할 수 있고 미래를 예측할 수도 있다. 수학은 변화를 다루는 학문이며 변화를 다루는 한 모호성은 피할 수 없다. 수학을 공부하는 과정에서도 변화와 모호성을 체험해야 수학을 수학답게 배울 수 있다.

처음에는 특정한 성질을 바탕으로 다양하게 변화하는 현상이 혼란으로 다가온다. 관련되는 상황 요소가 명확하지 않고 서로 다른 요소 사이의 작용과 관계, 구조를 모를 때 변화하는 현상은 모호하다. 그러나 조금씩 패턴을 찾아 정돈하면 질서와 관계가 드러나고 모호함이 줄어든다. 이 과정을 생략하고 모호함이 해소된 인위적인 상황을 학습자에게 제시하면, 학습자는 변화를 인식하지 못하고 모호성을 경험하지 못하며 수학은 언제나 안정되고 고정된 체계라고 생각하게 된다. 변화와 모호성을 억제한 인위적인 상황이 아니라 자연스러운 상황을 활용하여 수학을 배우도록 해야 한다.

수학이 내포된 자연스러운 상황에서는 수학적 지식을 많이 알지 못하는 아동들도 일상 언어, 신체 감각, 제스처를 통해 변화와 모호성을 식별하고 이해할 수 있다. 이렇게 몸과 마음, 물질 세계 사이의 상호 작용이 일어나면서 변화와 모호성, 발견의 학문인 수학을 배우는 것이다. 인위적으로 이 과정을 생략하지만 않으면 모두가 이 방법으로 수학을 공부할 수 있다. 이것이 바로 수없는 실험과 관찰, 분석의 결과에 근거하여 연구자들이 제시한 수학학습 과정이다.

변화는 대상의 성질, 모양, 상태가 고정되어 있지 않고 달라짐을, 모호성은 여러 뜻이 뒤섞여 있어서 정확하게 무엇을 나타내는지 알기 어려움을 뜻한다. 우리가 자연과 수학에서 목격하고 탐구하는 변화와 모호성 중 수학을 학습할 때 체험할 필요가 있는 것은 무엇일까?

수학학습의 최초 관문이라고 할 수 있는 수 개념 학습을 예로 들어 변화와 모호성의 의미와 역할을 살펴보자. 먼저 수의 이름을 외우는 것, 숫자를 정확하게 쓰는 법을 배우는 것만으로는 수 개념을 형성할 수 없다. 수의 의미와 근원을 알아야 하는데, 이를 파악하는 과정에서 변화와 모호성을 만나게 된다.

예를 들어 수의 이름을 알고 숫자도 쓸 줄 아는 3세 아동이 있다고 하자. 이 아동은 20까지의 수를 읽고 쓸 수 있다. 어느 날 아동이 좋아하는 블록 놀이를 하는데, 부모가 세 가지 색깔의 블록을 각각 세 개씩 모아 묶음으로 주고 세어 보라고 했더니 열 개라고 답했다. 실수했구나 싶어 다시 세어 보라고 했더니 이번에는 열한 개라고 답했다. 그렇다면 정답을 말할 때까지 다시 세어 보라고 하는 것이 좋을까? 아니다. 이 상황에서 계속 세어 보라고만 하면 아동은 수의 의미와 근원을 생각할 수 없다.

왜 잘못 셌는지 살펴보니 이 아동이 "일, 이, 사, 오, 삼, 사, 육…"과 같이 수의 순서를 뒤죽박죽 말했음을 알게 되었다. 이 아동은 수를 셀 때 마음에 드는 수의 이름을 리듬에 맞추어 말하고 있던 것이다. 개수를 센다는 말의 뜻을 이해하지 못하고, 수로 개수를 나타낸다는 생각도 하지 못하고 있었다. 개수를 표현하기 위해 수를 사용한다는 의미를 전혀 모르기 때문에 하나의 사물에 하나의 수만 대응시키지 않고 사물을 가리키는 몸짓만 흉내 내며 알고 있는 수의 이름을 자유롭게 말한 것이다. 한번 센 사물은 다시 세지 말아야 한다는 것도 모를 수 있다. 사물의 개수를 세는 행동에 사물과 수의 일대일 대응, 수의 순서 체계 유지, 중복 세기 배제 등의 개념이 적절하게 관련되어야 정확하게 수를 셀 수 있다.

만약 아홉 개의 블록을 세기 전에 몇 개씩 묶어 보라고 한다면 빨간색 블록 세 개, 파란색 블록 세 개, 노란색 블록 세 개로 색깔을 구분하여 묶을 수 있다. 물론 다른 속성으로 묶을 수도 있다. 이 경우에는 의도적으로 세 가지 색깔의 블록을 세 개씩 제시했기 때문에 대부분의 아동이 블록을 색깔별로 묶고, 모두 세 개씩 있음을 간파하여 상황을 구조화할 수 있을 것이다. 구분한 묶음을 따라 세면서 3까지 그리고 6까지 제대로 세었는지 스스로 점검할 수도 있다. 나눗셈의 의미가 아니라 순서 관계를 만족하는 9까지의 수를 3, 6이라는 체크포인트를 두면서 리듬 있게 세는 것이다. 이 과정을 거치는 동안 사물과의 일대일 대응, 수의 순서 체계 유지, 중복 세기 배제 개념을 암묵적으로 파악하게 된다. 처음에는 주어진 상황을 파악하지 못해 모호성에 부딪혔지만 그 모호성을 이 세 가지 개념으로 해소한 것이다.

블록 개수가 바뀌어 새로운 상황을 맞이하면 다시금 모호성에 직면하게 된다. 여기서 다시 사물과의 일대일 대응, 수의 순서 체계 유지, 중복 세기 배제 개념을 만족하는 구조를 찾음으로써 모호성을 해소할 수 있다. 이렇게 계속 활동하면서 수의 의미를 파악하면 수 개념을 형성할 수 있는 것이다.

미국의 저명한 교육학자인 듀이J. Dewey는 수 개념 형성의 메커니즘을 "모호한 전체를 부분으로 구분하여 명확한 전체로 만드는 과정이다."라고 설명했다. 앞에서 9를 세 개의 3으로 구분한 과정이 그 예다. 자녀가 수학을 스스로 발견하게 하고 싶다면 수 개념 형성의 메커니즘을 염두에 두고 활동을 설계하는 것이 좋다. 다짜고짜 사물을 세어 보게 하고 틀리면 다시 세게 하는 방식은 수 세기를 지도하는 데도, 수 개념을 형성하는 데도 도움이 되지 않는다. 우선 아동이 색깔별로 블록을 묶을 때까지 충분히 기다리는 것이 좋다. 묶는 방법을 찾는 데서부터 수 개념 형성이 시작되기 때문이다.

수는 매우 추상적인 개념이고 여러 측면에서 모호하다. 우리는 너무나 당연하게 사과 세 개라고 말하지만, 각각의 사과는 크기, 모양, 당도, 색, 무게 등 다른 점이 많다. 이렇게 다양한 속성을 가진 서로 다른 사과를 동일시해야 3이라는 수와 대응시킬 수 있다. 완벽하게 같지 않은 사과를 동일시하여 3으로 나타낸다는 아이디어를 아동이 이해하기 어려운 것은 당연하다. 수를 공부할 때는 끊임없이 모호한 상황이 만들어지고, 다양한 방식으로 이 모호성을 해소해야 한다.

아동이 여러 종류의 모호성을 식별하고 수많은 시행착오를 거쳐 모호성을 해소할 수 있어야 바람직한 수 개념을 형성하게 된다.

모호성에 직면할 때는 엉뚱한 소리도 하고, 아무 생각 없어 보일 때도 있다. "슬프다는 뜻이야.", "좋아한다고?", "배가 아프다는 뜻이야."처럼 서로 연결되지 않는 수수께끼 같은 말을 하기도 한다. 사실 이 말은 필자의 제자가 관찰했던 한 중학교 수업에서 학생들이 한 말이다. 사각형 사이의 관계를 알아보는 수업에서 한 학생은 마름모가 평행사변형이지만 정사각형이 아니어서 슬프다고 했다. 이때 학생에게 그것이 왜 슬프냐고 따져 물을 필요는 없다. 수학을 공부하면서 감정에 변화가 있음을 표현하는 습관은 매우 좋은 신호다. 좋은 관계와 좋은 구조를 추구하면서 주어진 조건과 상황을 분석하다 보면 수학적 발견에 이르는 경우가 많기 때문이다. 상황을 모호한 전체로 인식하다가 부분적인 질서를 찾으면 수학적 의미를 발견하거나 구성할 수 있다.

영화나 드라마 속 주인공이 혼란에 빠진 채 나뭇잎을 하나씩 떼면서 "나는 너를 좋아한다, 싫어한다, 좋아한다, 싫어한다…."라고 중얼거리는 장면을 생각해 보자. 초등학생들에게 짝수와 홀수를 가르칠 때 그 장면이 나오는 영화를 보여 주었던 적이 있다. 아이들은 호기심을 보이며 적극적으로 수업에 참여했다.

주요 과제는 짝수 개의 나뭇잎과 홀수 개의 나뭇잎이 있을 때, '좋아한다, 싫어한다, 좋아한다, 싫어한다…', '싫어한다, 좋아한다,

싫어한다, 좋아한다…' 중 하나를 선택하고 무엇으로 끝나는지 그 이유를 찾아 보도록 한 것이었다. 비슷한 수학 문제를 만들어 보도록 하기도 했다. 좋아하고 싫어하는 감정 외에 '잘 모르겠다'를 추가하기도 하고, 짝수와 홀수 대신 다른 수 패턴을 활용하기도 하는 등 풍부한 탐구가 이루어졌다. 초등학생들은 호기심을 보이며 몰입하여 문제를 해결했고 새로운 문제를 만들기도 했다.

앞서 제시한 이야기는 두 가지 이상의 경우가 반복되는 교대 alternation 현상의 예다. 변화와 모호성은 교대 현상에도 존재하며, 변화 패턴을 확인하여 수열에 대응시킨 후 수열의 특성을 탐구함으로써 모호성을 해소할 수 있다. 나뭇잎 문제와 같은 구조지만 전등이 꺼졌다가 켜지는 현상으로만 바꾸어도 변화와 모호성은 다르게 표현되고 인식된다. 변화와 모호성은 맥락에 영향을 받는다. 앞에서 다룬 짝수와 홀수 대신 '켰다, 껐다, 켰다, 껐다…'로 변화와 모호성을 정돈하고, '0, 1, 0, 1…'과 같이 컴퓨터가 인식할 수 있는 표현으로 바꾸는 맥락을 제시하면 동일한 구조임에도 상당히 다른 탐구가 가능하다.

주변의 건축물이나 물건 진열대에서도 두 가지 이상의 경우가 교대되는 구조를 쉽게 찾을 수 있다. 하나의 맥락에서 탐구한 내용을 주변의 다양한 맥락에 적용하면서 일반성과 특수성을 이해하고 점차 일반화할 수 있다면 수학 역량은 비약적으로 발달한다. 수학에 재능이 있는 아동을 알아보는 한 가지 간단한 방법은 아이가 한번 배우면 끝이라고 생각하는지, 아니면 배운 것을 다른 맥락에 어떻게든 적용해서 새로운 것, 더 그럴싸한 성질을 찾아내는지 판단하는 것이다. 공부하는 당시에는 전자와 후자가 30분 또는 한 시간 정도의 차이에 그치는 것처럼 보일지 모른다. 그러나 필자의 경험에 비추어 보면 둘 사이의 차이는 매우 크다. 배운 수학을 자꾸 적용하려는 아이는 향후 수학공부에서 두각을 나타낼 가능성이 매우 높다.

변화와 모호성에서 수학 발견하기

아이가 알고 있는 수학을 다른 맥락에 적용해 보도록 하려면 어떻게 해야 할까? 수학교육 연구자들이 고안한 전략 중에서 가장 널리 쓰이는 방법은 아동에게 친숙한 실생활에서 수학을 발견할 기회를 제공하는 것이다. 아이들은 실생활 속 복잡한 요소들의 변화하는 크기, 양, 관계를 파악하여 수학적으로 의미 있는 내용을 표현할 수 있다. 수학을 먼저 배우고 응용 문제를 풀어야 하는데 실생활 상황에서 출발하여 수학을 발견하라니 당황스러울 수도 있다.

그러나 응용 문제는 배운 수학을 응용하기 좋게 인위적으로 가공한 것이며 실생활에 정말 있을 법한 상황이 아닌 경우가 많다. 덧셈을 배운 후에는 덧셈을 활용하는 문제를, 미적분을 배운 후에는 미적분을 활용하는 문제를 제시하는 셈이다. 아이들도 이를 알기에 적합한지 아닌지 제대로 따져 보지도 않고 앞서 배운 수학을 써서 문제를 푼다. 실생활 속 상황에 수학이 적용되어 신기하고 놀랍다는 느낌은 갖지 못한다. 그리고 막상 여러 시기에 걸쳐 배운 수학을 종합하여 문제를 해결해야 하는 때가 오면 아이들은 문제를 푸는 데 어려움을 겪는다.

학교 수학 수업에서는 아이들이 친숙하게 느끼는 실생활 상황으로 수학을 발견하도록 하기가 어렵다. 아이들은 선수 지식과 역량에 따라 다양한 수학을 발견할 테지만 혼자서 많은 아이들을 상대하는 교사는 이에 맞춤형 대응을 할 수 없기 때문이다. 하지만 가정에서는 이 문제를 고민할 필요가 없다. 그러니 부모표 수학 공부방에서 아이가 실생활 상황으로부터 풍부한 수학적 탐구의 기회를 가질 수 있도록 하길 바란다.

예를 들어, 아동에게 다음과 같은 버스 그림을 제공하고 자유롭게 관찰하여 발견한 점을 말하도록 하는 것만으로 흥미로운 수학적 발견의 기회를 제공할 수 있다. 보통은 남자아이가 자동차를 좋아하고 여자아이는 인형을 좋아한다고 생각하지만, 이것은 일종의 선입견이다. 주변의 어른들이 암암리에 조성한 환경과 분위기에서 비롯된 경향이다. 남자아이에게는 모형 자동차를 선물하고, 여자아이에게는 인형을 선물하는 것 같은 문화도 영향을 미친다.

학교 수학에서 다루는 문제의 맥락이 남학생 친화적인지, 여학생 친화적인지에 따라 성취도가 다르다는 연구들이 있다. 가령, 쇼핑 맥락 문제는 여학생이 남학생보다, 스포츠 맥락 문제는 남학생이 여

여러 종류의 버스 그림

학생보다 성취도가 높다는 것이다. 맥락에 따른 수학 성취도 차이를 줄이려면 어린 시절부터 다양한 맥락을 경험할 기회를 주어야 한다. 남자아이도 쇼핑 맥락을, 여자아이도 스포츠 맥락을 대상으로 수학적 탐구를 할 수 있다면 수학으로 세상을 보는 안목을 기를 수 있고, 맥락에 따른 수학 성취도 차이도 줄일 수 있다.

　　버스 문제에서는 아이들마다 주안점을 두는 요소가 다르므로 부모와 자녀, 자녀와 자녀의 친구들이 함께 협력하여 해결하도록 하면 활발한 토론이 일어나 타협과 조정을 통해 결론을 도출하는 경험을 얻을 수 있다. 버스의 외관에서 확인할 수 있는 특징에는 버스의 색깔, 문의 개수와 위치, 창문의 개수와 모양, 1층과 2층의 구조 등이 있다. 자녀가 이런 특징을 발견하면서 감탄하고 즐거워하는 모습을 상상해 보라. 2층 버스를 타면 바깥 풍경을 보는 것이 좋을 것 같고, 사람도 많이 탈 수 있으니 좋겠다면서 신나게 이야기할 것이다. 사람이 타기 편하도록 문이 더 많아야 한다고 주장하거나, 서로 다른 문에서 동시에 사람들이 타면 기사가 확인하기 어려워 안전하지 않을 것 같다고 주장할 수도 있다. 외국 버스 중에는 모양이 버스보다 트럭에 가까운 것도 있는데, 국제적으로 버스라고 부를 수 있는 차의 조건이 있는지 궁금해할 수도 있다. 버스의 핵심 조건은 사람을 많이 태우는 것이어야 하고, 그러려면 적어도 스무 명 이상을 태울 수 있어야 한다고 주장하며 수의 범위를 나타내는 이유와 방법에 주목할 수도 있다. 자유도가 높은 만큼 다양한 속성의 발견을 돕고 이를 수학적 표현으로 전환할 수 있도록 하면 자녀들은 흥미로운 수학적 아이디어를 찾아내거나 만들 것이다.

유치원이나 초등학교 저학년 때는 버스의 외관에서 확인할 수 있는 특징을 찾아 분류하는 문제를 해결하면서 수학 역량을 기르고, 자기 주도성과 호기심에 기반하여 수학을 탐구할 수 있다. 초등학교 고학년은 수학여행을 위해 버스를 예약하는 문제를, 중학생은 요금별 인원, 환승, 승차, 하차 인원 등에 대한 조건별 요금을 계산하는 문제를 다루면서 높은 수준의 수학적 탐구를 할 수 있다. 버스 예약 문제는 교과서에 제시된 문제 상황보다 훨씬 실제에 가까운 상황을 다루는 것이 좋다.

예를 들어 1,520명이 수학여행을 가기 위해 45인승 버스를 예약하는 문제 상황은 실생활에서 만날 법하다. 문제가 요구하는 것은 예약해야 하는 정확한 버스 수다. 그런데 일부 학생은 1,520을 45로 나눈 몫과 나머지를 구한다. 교과서에서 주로 풀었던 문제가 몫과 나머지를 구하는 것이기 때문이다. 실제로 예약할 때는 몫과 나머지를 말하면 안 된다. 나머지에 해당하는 인원도 버스를 타야 하기 때문이다. 그러므로 몫 33, 나머지 35로 답하는 대신 34대를 예약해야 한다고 답해야 한다.

유치원 아동이 버스 문제를 해결할 때는 버스의 종류가 이렇게 다양할 수 있음에 먼저 놀랄 것이다. 아이들은 자연스럽게 여러 가지 구성 요소에 주목하게 된다. 만약 구성 요소에 주목하지 않으면 두 대의 버스를 비교하거나 타봤던 버스와 가장 비슷한 버스를 찾아 보라고 하면 된다. 어느 한 버스를 선택해서 특징을 말하고 다른 특징을 찾아 보도록 할 수도 있다. 그래도 아무 반응이 없고 하기 싫어한다면 수학 발견은 다음 기회로 미루고 아이가 좋아하는 놀이를 먼저 한 후 다시 시도하는 것이 좋다.

실제로 초등학교 1학년 학생들에게 버스 문제를 풀어 보라고 했을 때, 아이들은 버스의 구성 요소만이 아니라 버스에 타고 있는 사람, 타려는 사람, 내린 사람에도 주목하면서 흥미롭게 참여했다. 교육에 종사하면서 가장 기대하는 장면은 이처럼 학습자가 적극적으로 참여하고, 자신의 지성과 감성을 사용하여 떠오르는 생각을 새롭게 표현하려고 애쓰는 모습이다. 버스 문제를 해결하기 위해 고심하던 초등학교 1학년 학생들은 필자가 기대했던 장면을 이상적으로 보여 주었다. 아이들은 수학과 관련이 없는 것처럼 보이는 친숙한 맥락에서 수학을 발견하거나 알고 있는 수학을 적용하면서 즐거워했다. 그런 아이들의 모습은 수학을 가르치는 이에게 가장 큰 선물이었다.

아이들이 찾은 버스의 속성 자체가 수학이라기보다는 그 속성을 이용하여 버스를 분류하거나 새로운 버스 문제 상황을 설정하는 과정에 수학이 관련된다. 예를 들어, 버스를 만드는 회사에서 특정 디자인의 버스를 1,000대 만들 때 필요한 문의 개수, 페인트의 양, 바퀴의 수 등을 계산하는 문제로 옮겨 갈 수 있다. 초등학교 1학년 학생들이 주목했던 사람과 관련된 조건을 활용해도 재미있는 문제를 만들 수 있다. 버스에 타고 있는 사람 수, 내리는 사람 수, 버스에 탈 수 있는 사람 수, 버스 정류장 수 등이 변하는 상황을 수학적으로 표현하여 문제를 해결하는 것이다. 요금을 연결하면 더 복잡한 문제 상황을 설정할 수도 있다. 이처럼 속성을 관찰하여 변수를 찾고, 변수 사이의 관계를 밝혀서 모호했던 상황을 구조화하면 흥미로운 문제를 찾아 해결할 수 있다.

아이들에게 친숙한 상황에서 변하는 것을 찾아 수학적으로 표현해 보라고 하라. 이는 실생활에서 흥미로운 수학을 발견하는 과정이 될 것이다. 수학이 이런 과정을 거치며 발달해 왔음을 아이들이 몸으로 느끼도록 하면 좋다. 학교나 학원에서 할 수 없는 경험을 부모표 수학에서는 할 수 있다. 이런 경험을 통해 자녀는 앞으로 살아가면서 끊임없이 부딪힐 변화와 모호성에 당황하지 않고 차분히 해법을 찾는 역량을 갖추게 될 것이다.

7장 변화, 모호성, 발견

내적 동기로 수학 공부하기

자녀가 수학을 공부하면 게임 한 시간, 용돈이나 선물, 칭찬, 외출 허락 등으로 보상하는 경우가 많다. 이런 보상으로 수학공부를 촉진하는 것을 외적 동기 유발이라고 한다. 수학공부의 동기가 외부에서 왔다는 뜻이다. 외적 동기는 자아 형성과 발달에 한계가 있음을 누구보다 부모들이 잘 알 것이다. 처음에는 게임 한 시간으로 만족하던 아이가 점점 시간을 더 달라고 조르고, 칭찬에 무감각해지며, 허락 없이 외출하면서 수학공부는 소홀히 하는 경우가 많다. 부모가 수학 성적 관리를 과도하게 강조하면 자녀는 수학 성적을 외적 동기로 하여 공부하게 된다. 성적을 높이기 위해 방법의 적절성을 따지지 않고 수학을 공부하는 것이다. 이렇게 하면 수학 역량을 기르지 못하고 결국 수학공부를 포기하게 된다.

반면 변화와 모호성을 내포한 상황에 몰입하여 스스로 문제를 찾거나 만들어서 해결하려는 마음은 수학공부의 내적 동기에 해당한다. 자신의 내부로부터 나오는 수학에 대한 호기심과 학습 의지를 바탕으로 수학을 공부한다는 점에서 그렇다. 특히 버스 문제는 내적 동기 유발 효과가 큰 맥락이어서, 우리나라는 물론이고 외국의 수학 교과서와 수학학습 자료에도 자주 등장한다. 수학교육 연구자들이 즐겨 활용하는 맥락이기도 하다. 변하는 조건과 크기, 양, 관계, 구조를 탐구하여 모호성을 해소하는 다양한 전략을 개발하고 적용할 수 있으며 학생이 그 가운데 수학을 발견하고 탐구하도록 할 수 있기 때문이다.

물론 내적 동기에 따른 수학공부를 기대하기 어려운 경우도 있다. 수학학습 결손이 오래 누적되어 학습에 필요한 지식과 인지 능력이 부족하고, 수학에 흥미와 자신감도 전혀 없는 학생들이 그에 해당한다. 이 경우에도 학습지나 학원을 통해 비법을 배우고 연습에만 의존하여 수학을 공부하도록 하면 안 된다. 수학에 호기심과 관심이 전혀 없는 채로는 수학공부를 지속하기 어렵기 때문이다.

우연과 필연 구분하기

실생활의 변화하는 현상에 내포된 모호성을 식별하고 이를 수학적으로 탐구할 때, 어린아이부터 심지어 고등학생까지도 우연과 필연을 구분하지 못하는 경우가 있다. 우연히 발생한 일인데 반드시 일어나는 일로 착각하거나 필연적인 사건을 우연적이라고 오해하는 것이다. 우연과 필연의 구분은 확률과 통계를 이해하는 근간이 된다. 수학을 잘하는 학생들도 확률과 통계 영역에서는 고전하는 경우가 많은데, 이는 확률과 통계가 수학의 다른 영역과는 상이한 철학적 관점과 방법을 토대로 발달한 면이 있기 때문이다.

21세기는 불확실성이 극대화된 시대다. 첨단 과학의 발달로 학문과 직업 분야에 커다란 변화가 일어났고 자연환경과 사회 문화도 변화했다. 후속 세대는 더 큰 변화와 불확실성에 노출되어 살아가게 될 것이다. 이런 시대적 배경을 말하면서 확률과 통계 교육을 강조하는 식으로 수학과 교육과정을 개정한 국가가 많다. 우리나라도 확률과 통계 교육을 개선하려는 시도를 계속해 오고 있다. 그럼에도 우연과 필연의 구분에 어려움을 느끼는 학생은 여전히 많은 실정이다.

우연은 원인과 결과를 파악할 수 없는 경우를 뜻한다. 어린 아동은 인과 관계가 언제 어떻게 성립하는지 모르기에 우연적인 경우에도 인과 관계가 성립한다고 착각한다. 예를 들어, 잡곡밥을 만들어 먹으려고 쌀과 잡곡을 섞은 그릇을 어린 아동에게 보여 주고 흔든 후 다시 보여 준다고 하자. 아이에게 섞인 잡곡을 원래대로 되돌릴 수 있을지 물으면 많은 아동이 그렇다고 답한다. 쌀과 잡곡을 특별한 방법으로 흔들어 특정 상태에 이르렀으므로 되돌리는 방법도 있다고 생각하는 것이다.

놀이로 수학을 공부하면 학습 효과가 큰데, 이때 우연에 대한 오해가 발생하기도 한다. 예를 들어, 아이가 엄마나 아빠, 선생님, 형 등 자신보다 수학을 잘 아는 상대와 놀이하는 상황에 놓이면 상당수의 아이는 우연을 필연이라고 착각한다. 가령, 동전이나 주사위를 던져 놀이 순서나 승자를 정할 때 자신보다 수학을 더 많이 아는 상대방이 동전의 앞면 또는 뒷면, 주사위의 특정 눈이 더 잘 나오도록 조절할 수 있다고 생각하기도 한다.

코로나19 바이러스 같은 전염병이 창궐한 시기를 경험한 아동은 바이러스 관련 위험률을 실제보다 더 크게 책정하기도 한다. 자신과 주변 사람들이 얼마나, 어떻게 전염되었다고 생각하는지에 따라 감염 가능성을 다르게 느낀다. 모든 사람이 코로나19 바이러스에 반드시 걸린다고 가정하는가 하면, 감염 가능성이 반반이라고 생각하기도 한다. 아이뿐만 아니라 성인조차도 이용할 수 있는 정보의 양과 특징에 따라 위험률을 다르게 판단한다는 연구 결과도 있다.

행복 지수와 같이 당사자의 주관적 판단에 의존하는 조사는 문화적 배경과 관련지어 해석해야 한다. 예를 들어, 우리나라 사람들의 행복 지수는 매우 낮은 편이다. 우리나라 학생들의 수학 흥미와 자신감도 매우 낮은 편이다. 이런 경향은 겸손을 미덕으로 생각하는 우리나라의 문화적 배경에 영향을 받았을 가능성이 있다. 그러므로 단순하게 평균을 비교하는 대신 자료가 퍼져 있는 정도와 범위를 파악한다든지, 다른 자료를 추가로 조사하여 경향을 해석할 수 있어야 한다.

부모는 놀이를 통해 자녀가 우연과 필연에 대한 막연하고 주관적인 판단에서 벗어나, 수학적인 구조를 바탕으로 합리적인 판단을 할 수 있도록 안내할 수 있다. 예를 들어, 동전을 몇 개 손에 쥐어 안 보이게 하고 주먹 안에 어떤 동전이 있는지 추측하는 게임이 있다. 아주 간단한 문제 상황임에도 이것을 해결하려고 노력하는 동안 우연, 필연, 무작위성, 독립성, 종속성 등 여러 수학적 개념에 대해 깊이 생각하게 된다. 특히 여행이나 친지 방문을 위해 장시간 이동할 때, 함께 게임을 하면서 자녀가 추측을 통해 '가능성'에 대한 수학적 의미를 생성하도록 할 수 있다.

주먹 안에 있는 동전을 맞추는 게임을 할 때 아이가 동전의 종류와 개수를 단번에 맞추기는 어렵다. 가능성은 매우 희박하지만 단번에 맞춘다면 그야말로 우연히 맞추는 것이다. 조건을 추가해야 게임이 되고, 게임이 되어야 수학적인 통찰을 경험할 수 있다. 예를 들어 동전의 개수를 묻지 않는 조건으로 스무고개 방식을 택할 수도 있다. "100원짜리 동전, 500원짜리 동전이 있습니까?", "100원짜리 동전의 합이 500원보다 큽니까?", "500원짜리 동전은 짝수 개 있습니까?" 등 다양한 질문이 가능하다. 좋은 질문을 만들어야 게임에 유리하고 수학공부에도 도움이 된다.

동전을 한두 개 꺼내서 보여 주는 행동을 10회 반복하고 답을 추측하도록 할 수도 있다. 또는 동전을 한 개씩 3회 꺼내 보고 그 결과를 알려 달라고 할 수도 있다. "100원, 100원, 500원.", "100원, 100원, 100원.", "100원, 500원, 100원." 등 다양한 조합이 가능한데, 만약 100원짜리 동전이 500원짜리 동전보다 두 배 많이 나왔다면 답을 추측할 때도 이 특성을 반영할 수 있다. 한 번에 동전을 두 개씩 꺼내는 행동을 10회 한 결과를 바탕으로 추측할 수도 있다. 어떤 조건을 요구하는지에 따라 추측의 정확도가 달라지고 게임에서 이길 확률도 변한다. 이 게임을 하고 나면 우연과 필연을 혼동하는 일이 줄어들 것이다.

학교에서는 동전 게임처럼 시간이 오래 걸리는 수학 문제를 탐

동전 게임 상황

구할 기회가 많지 않다. 수업 시간에는 주머니 속이 훤히 보이는 그림을 제시하고 100원짜리 동전이 나올 가능성이나 500원짜리 동전이 나오는 경우의 종류와 가능성을 따지는 경우가 많다. 이렇게 배우면 우연과 필연의 구분이 왜 필요하고, 어떻게 가능한지 파악하기 어렵다. 눈에 보이는 동전을 세어 가능한 경우를 파악하면 가능성을 계산할 수 있다고 오해하기도 한다. 예를 들어, 100원짜리 동전만 있는 그림이 제시된 경우 500원짜리 동전을 뽑을 가능성은 0이다. 이 상황을 두고 500원짜리 동전을 뽑는 일은 우연이고, 100원짜리 동전을 뽑는 일은 필연이라고 말하는 고등학교 1학년 학생도 보았다. 수학을 생생하게 체험하며 배우지 않고 스스로 의미를 찾거나 구성하며 학습하지 않았다면 이런 일이 일어날 수 있다.

7장 변화, 모호성, 발견

변화와 모호성에 대한 감수성 기르기

변화와 모호성에 대한 감수성은 불확실한 미래를 대비하는 데 필수적이다. 나이가 들수록 변화와 모호성에 대한 감수성이 떨어져서 단골 가게만 찾고 늘 입던 옷만 입으며 늘 하던 일만 하게 된다. 그런데 요즘은 어리거나 젊은 학생들까지도 변화와 모호성에 대한 감수성이 부족하여 새로운 일이나 불확실한 일에 도전하기를 거부한다는 우려가 있다. 부모보다 못사는 최초의 세대, N포 세대 등 젊은 세대에 대한 부정적인 표현이 너무 많아 안타깝다. 변화와 모호성에 대한 감수성이 그 어느 때보다 필요해 보인다.

수학공부는 변화와 모호성에 대한 감수성을 기를 절호의 기회다. 수학은 변화와 모호성을 다루는 학문이고, 수학 역량은 변화와 모호성을 식별하면서 기를 수 있기 때문이다. 동전 게임의 예에서 아이는 손에 어떤 동전을 얼마나 쥐고 있는지 모르니 손에 든 동전의 전체는 아이에게 모호한 대상이다. 동전의 종류와 양을 단번에 찍어 맞추려는 사람은 모호성을 식별하지도, 해소하지도 못한다. 단서를 찾기 위해 어떤 질문을 할 것인지 고민하고, 결과를 어떻게 해석할 것인지 숙고할 때 모호성을 식별하고 해소할 수 있다.

동전 게임은 다양한 방법으로 설계할 수 있다. 동전의 종류를 두 가지로 제한하고, 동전이 총 몇 개인지 정한 후 시작한다. 동전 일곱 개를 손에 쥐었다고 하자. 동전을 한 개씩 꺼내 보여 주고 다시 집어

넣는 행동을 7회 한다. 그 결과를 바탕으로 일곱 개의 동전 구성을 추측한다. 똑같은 행동을 다시 7회 한 후 추측하는 것을 반복한다. 완벽하게 예측하지 못하다가 점점 맞추는 횟수가 늘어나면 아이는 재미있어 한다. 동전을 한 개 대신 두 개씩 3회 뽑은 결과를 알려 달라고 한 후 추측하는 식으로 진행할 수도 있다. 동전의 종류, 전체 동전의 개수, 동전을 뽑는 개수와 횟수 등 다양한 변수가 있는데, 이것을 자녀가 정하도록 하면 훨씬 더 흥미를 느끼며 게임에 참여할 것이다. 이렇게 아이가 게임의 규칙을 정하도록 하면 확률의 의미를 파악할 수 있는 것은 물론이고, 자녀가 게임 플레이어에 머무르지 않고 스스로 게임 체인저가 되는 즐거움을 느끼도록 할 수도 있다. 게임 체인저로서 미리 승률도 파악하고, 예상한 바와 다른 결과가 발생할 때는 심층적으로 원인을 분석하여 우연과 필연을 구분할 수 있다. 이런 일련의 과정을 통해 변화와 모호성에 대한 감수성을 기르는 것이다.

　만약 자녀가 동전 게임의 의미를 파악하지 못하고 변화와 모호성에도 관심이 없다면 자녀가 파악해야 할 변화의 범위와 패턴을 단계화하여 순차적으로 부각하면 된다. 예를 들어, 동전의 수를 두 개로 하면 한 개씩 꺼내는 것을 몇 번만 해도 맞추기 쉽다. 의도적으로 같은 종류의 동전 두 개로 시작하면 맞추기도 쉽고, 한 개씩 꺼낸 결과를 해석하면서 항상 일어나는 일과 전혀 일어나지 않는 일을 구분할 수 있다. 이후 동전의 수를 점차 늘려 가면서 게임을 하면 기분 좋게 참여할 것이다. 변화의 범위와 패턴을 단계화하면 대부분의 아이는 다양한 게임 맥락에서 변화와 모호성을 식별하여 수학적 의미로 정돈하는 능력을 갖추게 된다.

아이가 일상생활의 다양한 변화 상황에서 패턴을 찾도록 해보자. 점점 작아지는 것, 점점 커지는 것, 2씩 작아지는 것, 세 배씩 커지는 것, 위로는 연이어 길어지고 아래로는 연이어 짧아지는 것, 무겁거나 가벼운 것, 뾰족하거나 뭉툭한 것, 증가, 감소, 수렴, 발산 등 주변의 변화에 주목하여 패턴을 찾아 모호한 전체를 구조화하도록 할 수 있다. 초기에는 구체물과 이미지로 학습했다면, 학년이 올라감에 따라 문자와 기호로 표현된 변화 상황에서 패턴을 찾아 표현하도록 하자.

수학에서 대소 관계와 순서 관계는 수와 연산 체계를 정립할 때 매우 중요한 역할을 한다. 점점 작아지는 순서와 점점 커지는 순서의 의미를 알면, 추상적인 대상인 자연수의 순서 관계도 이해하고 대소 관계 개념도 도출할 수 있다. 이는 자연수 연산의 토대가 되고 자연수 연산의 정당성을 감각적으로 이해하는 기회를 제공한다.

자녀가 수학의 눈으로 세상을 보는 기회가 많을수록 수학에 대한 이해가 깊어지고 수학 역량을 함양할 기회가 늘어나며, 수학과 수학공부에 대한 호기심도 커진다. 이번 장에서는 자녀 주변의 친숙한 상황을 활용하여 변화, 모호성, 발견이라는 수학의 눈으로 세상을 보는 것의 의미와 방법을 알아보았다. 어린 시절 부모와 함께 수학의 눈으로 세상을 본 자녀는 수학을 공부하는 긴 여정에서 쉽게 좌절하지 않고 계속 도전할 것이다.

생산적으로 착각하기

수학을 공부할 때 착각은 불가피하다. 어떤 착각은 순간의 실수에 지나지 않지만 어떤 착각은 좋은 아이디어를 담고 있다. 좋은 아이디어를 담은 착각을 바로잡으면 수학적인 개념과 원리, 성질로 발전시킬 수 있으므로 생산적이다. 이 장에서는 생산적인 착각의 뜻과 사례, 활용 방법에 대해 알아본다.

감각과 도형 학습

유독 도형을 어려워하는 학생들이 있다. 상위권 학생들도 마찬가지인데, 심지어 도형 문제를 얼마나 풀 수 있느냐에 따라 경시대회 성적과 수학에 대한 재능이 결정된다는 말도 있다. 초등학교 고학년 때부터 도형 문제만 나오면 긴장하여 머리가 하얘진다는 학생들도 많이 보았다. 다른 영역과 도형 영역의 차이가 있을까? 그 차이가 학습에 어려움을 일으키는 이유일까?

앞서 수학 역량 검진 사례로 제시한 도형이와 계산이의 경우도 비슷한 경향을 보였다. 도형이는 계산 문제보다 도형 문제를 좋아하고 잘 풀었으며, 계산이는 그 반대였다. 1년 후 두 아이의 수학 역량을 다시 검진했을 때 도형이는 놀랄 만큼 성장했지만 계산이는 오히려 퇴보한 것으로 나타났다. 도형이는 수학에 대한 재능을 점점 더 발휘했고, 계산이는 언제 수학을 잘했는지 기억도 나지 않는다며 좌절했다. 처음 수학 역량을 검진했을 때는 계산이도 탁월하게 수학을 잘하는 편이었으므로 안타까운 상황이었다. 이 결과를 일반화할 수는 없겠지만 염두에 두고, 도형 영역의 내용 특성이 무엇인지, 그것이 다른 수학 영역의 학습과 어떤 관련이 있는지 알아보자.

도형을 다루는 분야는 기하학으로 불린다. 기하학은 학문으로서의 수학이 만들어지는 시기에 수학의 전부였다고 할 만큼 핵심적이었다. 성경 다음으로 많이 번역되고 출판되고 연구되는 수학책으로 유클리드Euclid의 『원론Elements』이 있는데, 이 책의 주요 내용도 기하학이다. 고대 그리스의 수학자이자 철학자인 플라톤Plato이 자신이 세운 아카데미의 입구에 "기하학을 모르는 자는 여기에 들어갈 수 없습니다."라고 적었다는 일화도 있다. 당시의 수학은 기하학이었고 오늘날에도 대학에 입학하려면 수학을 필수적으로 공부해야 하니 이 말이 당연하게 보일 수 있다. 그런데 도형을 싫어하는 학생들에게 이 시대의 이야기를 전하며 도형 관련 내용만 공부하면 대학에 갈 수 있다고 하면 뭐라고 할까? 필자가 몇몇 학생에게 물으니 지금이 좋다고, 과거에 태어났으면 자신은 아카데미에 들어가지 못했을 것이라고 말했다. 오늘날 유클리드의 『원론』을 직접 읽는 독자는 거의 없다. 그러나 그 내용 중 일부는 여전히 학교에서 가르치고 있으므로, 아직도 유클리드의 『원론』은 어떤 의미에서 베스트셀러인 셈이다.

학생들이 도형 학습을 어려워하는 이유를 말할 때 아직도 유클리드의 『원론』을 소환하는 경우가 많다. 몇천 년 전에 쓰인 책과 오늘날의 학생들이 도형 학습을 어려워하는 현상은 어떻게 관련될까? 요지는 유클리드가 자신처럼 천재적인 재능을 가진 사람만이 이해할 수 있는 방식으로 『원론』을 저술해서 평범한 사람은 이를 공부하기 어렵다는 것이다. 일반적으로 수학은 다양한 관점이 등장하여 서로 논쟁하다가 우세한 관점이 채택되는 과정을 통해 발달하는 반면 『원론』은 단일한 관점을 엄격한 논리에 의해 제시한다. 이 점을 들어 유클리드를 '사악한 천재'라고 표현하는 수학 철학자들도 있다. 따라서 오늘날에는 『원론』과 사뭇 다른 형태로 내용을 재구성하여 기하를 가르치고 있음에도 아직도 기하는 어렵다는 인식이 널리 퍼져 있다.

현재 학생들이 공부하는 도형 영역은 『원론』과 달리 평범한 학생도 배울 수 있도록 구성되어 있다. 그러나 오늘날의 도형 영역 역시 『원론』처럼 정의, 공리, 공준에 해당하는 내용을 암묵적으로 가정하거나 약속하고 내용을 전개하는 기본 형식을 유지하고 있어 학습에 어려움을 일으킨다. 정의, 공리, 공준을 명확히 지도하지 않으면서 도형을 다루다 보니 도형의 성질을 발견하는 데 어려움이 있고 도형 문제의 해법을 보고도 그 해법이 왜 맞는지 파악하기 어렵다는 분석도 있다.

아이는 너무 깨끗하게 정돈된 공간보다 장난감이나 책이 적당히 놓인 공간에서 더 창의적이고 활발하게 논다. 이처럼 완벽하게 체계화된 형태보다 다양한 방향의 사고 실험을 가능하게 하는 형태가 도형 영역 공부에 오히려 도움을 줄 수 있다. 이를테면 정의, 공리, 공준을 약속으로 받아들이기보다 의미나 역할을 질문하고 대안을 생각하도록 하는 것이다. 가령, 평행사변형의 정의는 '마주 보는 두 쌍의 대변이 각각 평행한 사각형'으로 제시되어 있는데, '두 쌍의 대변의 길이가 각각 같은 사각형', '두 쌍의 대각의 크기가 각각 같은 사각형'도 정의가 될 수 있지 않느냐고 의문을 제기할 수 있다. 교과서에 주어진 정의를 완벽하게 외우는 것보다 '다른 것도 평행사변형의 정의가 될 수 있는데 왜 정의로 채택하지 않았을까?'를 질문하는 학생이 수학 역량 면에서 훨씬 우수하다.

생각해 보면, 수학공부를 시작하는 시기에 상당한 시간과 노력을 들이는 내용은 수와 연산이지 도형이 아니다. 수의 이름을 외우듯이 도형의 이름을 외우지 않고, 수의 연산을 연습하듯이 도형의 넓이나 부피 계산을 연습하지 않는다. 도형 학습에 충분한 시간을 들이지 않을뿐더러, 자녀가 일상적으로 마주하는 주변의 사물과 건축물을 도형과 연결해 보는 기회도 매우 부족하다. 자녀의 수학공부에 관심을 두는 부모라도 일상적인 맥락에서 수와 연산만 연결하고 도형은 간과한다. 학생 대부분이 경험하는 도형 학습의 양과 질이 낮은 것이다. 이를 보완하고 도형 공부 방법도 바꾸어야 도형 학습과 관련된 어려움을 줄일 수 있다.

도형을 적절하게 공부하는 방안을 모색할 때 기하학이 왜 그리고 어떻게 발달했는지를 생각하면 도움이 된다. 기하학이 발달하는 과정에서의 핵심적인 시도와 생각을 경험하도록 도형 영역의 내용이 구성되어 있기 때문이다. 수학교육 연구자들은 이 관점을 '역사 발생적 원리Historic-genetic principle'라고 부른다. 기하학은 유클리드가 활동했던 그리스가 아니라 이집트에서 측량과 건축의 발달과 더불어 태동했다. 나일강 범람으로 토지 측량이 이루어졌고 불가사의로 언급되는 피라미드도 건축되었는데, 여기에 상당 수준의 기하학적 추론을 사용한 흔적이 발견되었다. 유클리드의 『원론』이 이론적인 기하라면 이집트의 측량과 건축에 쓰인 수학은 실용적인 기하다. 오늘날 학교에서 도형을 가르치는 맥락은 이론적인 기하와 실용적인 기하의 성격이 혼합된 것으로 볼 수 있다.

도형 공부를 시작하는 단계에서는 우리 주변의 사물과 건축물을 관찰하여 기본 도형을 식별하도록 하는데, 이는 이집트에서 기하학이 태동하던 시기에 이루어진 기하학적 시도와 생각을 반영한 것이다. 그러나 앞서 언급했듯이 실제로 학교에서 이루어지는 수업만으로는 실용적인 성격의 도형을 충분히 관찰하거나 탐구하지 못한다. 자녀가 감각과 일상 언어로 주변의 기하학적 대상을 식별하고 탐구하도록 도울 필요가 있다.

아이들은 직사각형 창문, 원형 창문, 삼각형 창문, 정육각형 창문이 서로 다른 모양임을 감각적으로 식별할 수 있다. 아파트에서 자란 아이들은 창문을 그릴 때 모두 직사각형 모양으로만 그린다고 한다. 아이가 도형을 획일적으로 인식하지 않도록 부모는 자녀와 함께 다양한 모양의 건축물을 보러 다니고, 관찰한 모양을 그림이나 언어로 표현하게 할 수 있다. 이를 통해 아이는 도형을 이용하여 세상을 이해하고 표현하는 즐거움을 느끼게 된다. 최근 한 학부모로부터 이메일을 받았는데, 자녀가 어린 시절 부모와 함께 여행을 가서 건축물을 살펴보고 그림을 그렸던 기억이 나서 건축학과에 입학했다고 했다. 필자가 진행한 학부모 강연에서 들은 대로 했던 결과라며 감사의 마음을 전해 왔다. 어린 시절 부모와 함께 나누었던 대화와 부모가 마련해 준 경험이 인생의 여러 모퉁이에서 내려지는 선택에 영향을 미친다는 것을 다시 한번 깨달았다.

도형을 공부하는 첫 단계에 도형을 어떻게 접하는지는 이후의 학습에서 도형을 대하는 마음가짐에 영향을 준다. 다양한 모양의 사물로부터 도형을 생각해 내고 다시 도형의 눈으로 만물을 바라보는 방식으로 도형을 접한다면, 도형에 대한 호기심을 유지하며 학습하려는 마음가짐을 가질 것이다.

착각으로부터 수학으로

착각은 실제와 다르게 인식하는 것을 뜻한다. 아래 그림의 a에 어떤 도형이 있는지 말해 보자. 원이 세 개 있다고 할 수 있는가? 삼각형이 한 개 있다고 할 수 있는가? 원과 삼각형으로 보이지만 실제로는 원도, 삼각형도 아니다. 원과 삼각형을 보았다면 착각이다. 우리는 어떻게 실제로는 존재하지 않는 원과 삼각형을 볼 수 있을까? 끊어진 부분을 마음으로 이을 수 있기 때문이다. 이것은 우리가 미완의 대상을 만날 때 완성을 추구하며 인식한다는 것을 시사한다.

아래 그림은 게슈탈트Gestalt 원리의 고전적인 예다. 게슈탈트 개념은 각 부분의 합이 이루는 유의미한 전체 또는 형태를 의미하는 것으로, 독일 심리학에서 발전하였으며 다양한 학문 분야에 널리 적용

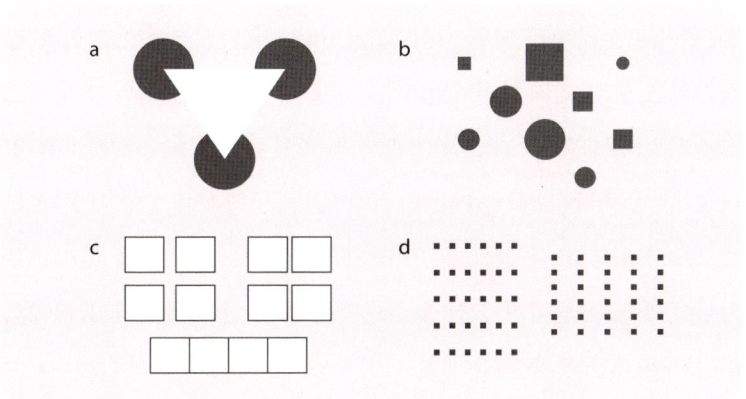

게슈탈트 원리의 고전적인 예

8장 생산적으로 착각하기

된다. 네 개의 그림 중 a는 미완의 사물을 완성하려는 심리를, b는 비슷한 속성을 가진 대상을 서로 관련된 것으로 인식하는 심리를 보여 준다. c는 공간상 가까이에 있는 대상을 서로 관련된 것으로 인식하는 심리를, d는 수평과 수직의 배열을 고려하여 수평적 관련성과 수직적 관련성을 인식하는 심리를 보여 준다.

우리는 착각을 통해 원래 그림에는 없는 선을 보기도 하고, 범주를 만들기도 하며, 관련성을 찾아 부분에는 없는 전체를 인식하기도 한다. 새로운 의미를 생성하고 새로운 구조를 볼 수 있다는 사실은 얼마나 신기한가. 착각은 인간이 완벽하지 않다는 점을 드러내기도 하고, 창의적인 결과에 이르게도 한다는 점에서 교육적으로 활용할 가치가 있다. 도형을 배울 때 일어나는 착각도 긍정적으로 활용하여 학습을 촉진할 수 있을까?

다음 그림은 컴퓨터 화면에 전형적인 삼각형을 그린 후 꼭짓점을 움직여 삼각형의 모양을 바꾼 것이다. 처음에 제시한 도형은 전형적인 모양의 삼각형이다. 학생들에게 이 삼각형을 다양한 방식으로 바꾸어 보도록 하고 새롭게 만들어지는 삼각형을 관찰하도록 했다고 하자. 학생들은 삼각형의 꼭짓점을 이동하거나 일부를 확대 또는 축소하여 다른 모양의 삼각형을 만들 수 있고, 한 각이 직각인 특수 상황을 고려하여 직각삼각형을 만들 수도 있다. 컴퓨터 환경에서는 삼각형의 부분을 자유자재로 이동하거나 변형할 수 있으므로 여기까지는 아무런 문제가 없을 것이다.

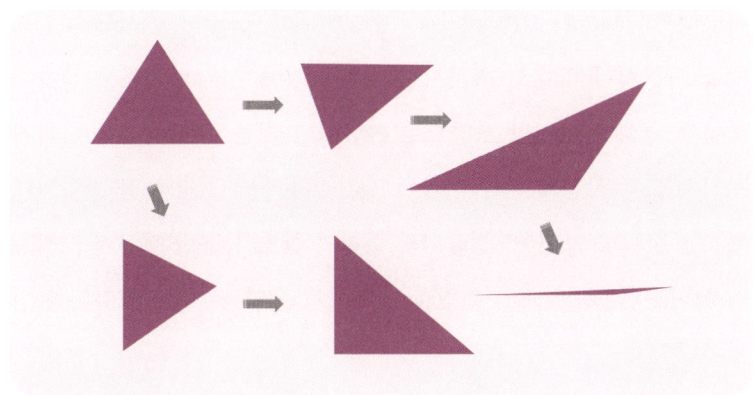

삼각형의 모양 변화

그림의 마지막 삼각형은 한 각의 크기를 극단적으로 늘린 모습이다. 대부분의 학생은 이런 모양의 삼각형을 그리지 않는다. 학생들이 교과서에서 보는 삼각형과 너무 다르기 때문이다. 교사가 학생들에게 이 모양의 삼각형을 보여 주면서 여전히 삼각형이라고 생각하는지, 그 이유는 무엇인지 물었다고 하자. 이스라엘의 수학교육 연구자 스파드A. Sfard는 이 상황에서 학생들이 어떻게 답하는지 관찰하여 보고한 적이 있다. 연구에서 관찰한 학생은 마지막 그림은 삼각형이 아니라면서 그 이유를 지팡이처럼 생긴 외관에서 찾았다. 우리에게는 보이지 않는 어떤 부분을 인식했기에 극단적인 모양의 삼각형을 지팡이로 생각했을까? 지팡이로 착각하게 하는 요인은 무엇이고, 어떻게 학생이 착각에서 벗어나도록 도울 수 있을까?

우리나라 학생들의 반응이 궁금하여 같은 질문을 했더니, 지팡이 대신 막대라고는 했지만 결국 비슷한 착각을 했다. 학생들이 삼각형을 지팡이나 막대로 착각하는 것은 기존에 삼각형이라고 생각한 도형을 정의가 아니라 모양으로 판단했기 때문이다. 착각은 감각과 심리의 상호 작용에 따른 결과이므로 피하기 어렵다. 그러니 착각에 빠지는 모습을 보면 어떤 감각과 심리가 상호 작용한 것인지 생각해야 한다. 착각을 일으킨 원인을 제거하여 수학을 배울 수 있도록 안내하면 된다.

앞선 예는 착각에서 벗어나도록 비교적 쉽게 도울 수 있다. 컴퓨터 환경에서는 삼각형의 꼭짓점을 이동하여 모양을 바꾸기가 쉽다. 모양을 바꾸면서 언제부터 삼각형이 아니라 막대가 되었는지 알아보라고 하면 대부분 착각의 원인을 찾는다. 이후에는 모양이 아니라 삼각형의 정의에 비추어 도형을 판단할 수 있게 된다.

막대처럼 보이는 삼각형을 제시하고 삼각형인지 묻는 것처럼, 굳이 혼동하기 쉬운 문제를 제시하여 착각에 빠뜨린 후 수학을 지도할 필요가 있는지 의문을 가질 수 있다. 그런데 무엇을 아는지 못지않게 무엇을 모르는지 알아야 수학을 제대로 공부할 수 있다. 기계적으로 암기하거나 연습하는 수학공부 방법의 문제는 무엇을 모르는지에 전혀 관심을 두게 하지 않는다는 점이다.

도형은 감각에 의존하여 판단하기 쉬운 대상이므로 아이들도 쉽게 착각에 빠진다. 도형 문제를 풀 때도 문제에 제시된 그림이 착각을 일으켜 문제에 제시되지 않은 조건을 사용하여 오답에 이르는 경우가 많다. 오류를 피하려면 어떤 착각에 빠질 여지가 있고, 착각에서 어떻게 벗어날 수 있는지를 경험으로 배워야 한다. 간단한 조언이나 코칭으로 학생이 착각을 스스로 파악하고 극복하여 나아가도록 이끌 수 있다. 이때 착각은 몰랐던 부분을 제대로 배울 기회를 제공한다는 점에서 생산적이다. 가정에서 이런 기회를 제공한다면 자녀가 도형 학습을 두려워하지 않을 것이다. 도형 문제에서 시각적인 이미지에 현혹되지 않고, 정의와 조건을 이용하여 해답을 추론해야 한다는 점도 깨닫게 될 것이다.

꼬리에 꼬리를 무는 수학공부

필자는 대학생들을 가르치기 전에 중학생들에게 수학을 가르쳤다. 당시 필자가 근무했던 학교는 학원이 많은 지역에 있었다. 일부 상위권 학생들은 수업 시간에 학원 숙제로 고등학교 수학 문제를 풀거나 책상에 엎드려 잠을 보충했다. 일부 하위권 학생들도 잠을 자거나 만화책을 보았다. 지금도 그렇지만 한 명의 교사가 수준 차이가 심한 학생들을 지도하기란 정말 어려운 일이었다. 할 수 없이 학생들의 수학공부 이력과 요구를 조사한 후 세 종류의 학습지를 이용하여 수업하곤 했다. 한번은 담임을 맡은 반의 학생들을 대상으로 주말 수학교실을 운영한 적이 있었다. 희망하는 학생들만 수학 교실에 참여하도록 했는데, 학부모들에게 동의를 구하는 일이 쉽지 않았다. 대부분 학원에 보내야 한다며 난처해했고, 최종적으로 여섯 명이 참여했다.

그 여섯 명 안에서도 수학 능력과 성향, 태도에 큰 차이가 있었다. 그런데 도형 문제는 모두 싫어했고, 성적은 한 명이 중위권, 다섯 명은 하위권이었다. 아는 수학교육 이론을 총동원하여 다양한 시도를 했고 매일이 도전이었다. 그래도 앞서 소개한 착각에서 출발하는 방법은 상당히 성공적이었다. 초등학교와 중학교에서 다룬 도형의 정의와 성질을 한 번씩 같은 방법으로 다뤘다. 아이들은 착각을 깨닫고 바로잡으면서 정확한 지식을 얻는 경험을 통해 크게 성장했다.

한 가지 예를 들면 다음과 같다. 아이들이 "정삼각형은 이등변삼각형이다."라는 명제를 공부할 때였다. 여섯 명 모두 이 명제를 이해하지 못했다. 정삼각형은 정삼각형이고, 이등변삼각형은 이등변삼각형이며, 두 삼각형이 서로 다르니까 다른 이름으로 불린다고 말했다. 이름이 다르면 다른 존재이므로 별개라고 생각하는 착각이었다.

"어떤 삼각형이 정삼각형이면, 정삼각형의 정의에 의해 세 변의 길이가 같다. 세 변의 길이가 같으므로, 두 변의 길이도 같다. 이등변삼각형의 정의에 의해 이 삼각형은 이등변삼각형이다."라는 설명을 여러 번 반복해도 세 변의 길이가 같은 삼각형과 두 변의 길이가 같은 삼각형이 같을 수 없다고 말했다. 아이들은 교과서를 보여 주며 정삼각형과 이등변삼각형은 다른 모양이라고도 주장했다. 이처럼 이름이 다른 두 대상은 같을 수 없다고 착각하는 일이 유독 도형 영역에서 많이 발생했다. 도형은 혼동을 방지하고 정의를 잘 드러내기 위해 그림과 함께 다루는데, 아이들은 시각적인 이미지에 영향을 강하게 받았다. 또한 아이들은 이미지로 나타내는 도형에 수학에서 사용하는 조건문의 의미와 용법을 적용하지 못했고, 이와 같은 기하학적 추론 과정을 따라가지 못해서 착각하는 면도 있었다.

"정삼각형이면"을 "어떤 삼각형이 정삼각형이라는 정보가 알려져 있다."로 바꿔 쓰고 누군가 "이 삼각형의 두 변의 길이는 같습니까?"라고 물으면 뭐라고 답할 것인지 물었다. 학생들이 어리둥절하면서 세 변의 길이가 같으면 두 변의 길이도 같다고 말했다. 그럼 이등변삼각형이라고 할 수 있는지 물었더니, 이등변삼각형이면서 정삼각형이라고 말했다. 이 과정을 여러 차례 거친 후에야 학생들은 이름이 다른 두 대상이 조건문에 의해 연결될 수 있음을 알게 되었다. 학생 여섯 명과 좌충우돌하면서 느낀 바는 결국 다른 누가 아니라 학생들 자신이 직접 착각에 빠지고 극복하는 경험이 바로 부진의 늪에서 빠져나오게 하는 비결이라는 점이었다. 한번 이런 경험을 하면 내적 동기가 생겨서 다음 도전에도 나설 가능성이 높다. 또 한 번 극복하게 된다면 아이들은 수학적으로 성장할 동력을 얻게 된다.

수학 성취도가 낮다면 현재의 수학학습 경로에 어떤 문제가 있고 어떤 보완이 필요한지 정교하게 파악해야 한다. 내용 영역마다 문제를 일으키는 요인이 다르다. 도형 영역의 경우, 기하학적 사고 수준을 고려하지 못하면 제대로 학습할 수 없다. 예를 들어 초등학교와

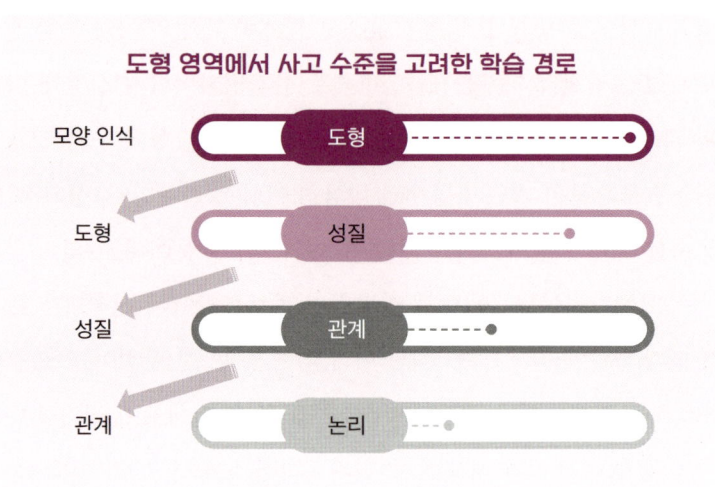

중학교 모두 이등변삼각형과 정삼각형을 다루는데, 학습에 필요한 기하학적 사고 수준에 차이가 있다. 초등학교 때는 도형 문제를 잘 해결하다가 중학교에 와서 갑자기 도형 문제를 어려워하는 경우, 기하학적 사고 수준의 변화에 적응하지 못한 것일 수 있다. 위 그림은 기하학적 사고 수준을 고려한 대체적인 학습 경로를 나타낸 것이다.

앞에서 도형 학습의 첫 단계에는 주변 사물과 건축물을 관찰하여 모양을 이해하는 것이 중요하다고 했다. 이 단계가 그림의 첫 번째 경로이며, 모양을 인식하여 도형을 배우는 과정이다. 다음으로 도형을 대상으로 학습하는 경로로 옮겨 가면, 막대 모양처럼 보이더라도 삼각형이 되는 이유를 삼각형의 정의로부터 도출하는 과정을 거친다. 이렇게 감각에 의존한 착각에서 벗어나 수학적 정의를 이용하여 도형을 다루면서 도형의 성질을 발견하게 된다. 필자가 수학 성취도가 비교적 낮은 중학생들과 함께 정삼각형과 이등변삼각형 사이의 관계를 탐구한 것은 세 번째 학습 경로에 해당한다. '정삼각형과 이등변삼각형은 다르다'는 착각에서 벗어나 정삼각형의 '정의'와 이등변삼각형의 '정의' 사이의 관계를 파악했기 때문이다. 정의와 정의를 비교한 것처럼 학생들은 성질과 성질을 비교하여 기하학적 관계를 파악했다. 물론 다양한 대상과 대상의 성질을 같은 방식으로 꾸준히 탐구해야 중학교 기하를 제대로 학습할 수 있다. 그림의 네 번째 학습 경로는 관계를 대상으로 다시 논리를 도출하고 탐구하는 것으로, 고등학교 이상의 기하를 배울 때 집중적으로 거치게 되는 과정이다.

지금까지 도형 학습 경로가 모양 인식에서 도형 파악, 도형을 대상으로 한 성질 파악, 성질을 대상으로 한 관계 파악, 관계를 대상으로 한 논리 파악으로 이루어짐을 살펴보았다. 도형 학습은 이렇게 꼬리에 꼬리를 무는 방식으로 진행되어야 한다. 학습 경로의 어느 지점을 생략하거나 간과하면 도형에 대해 깊이 이해할 수 없고, 복합적인 사고 능력을 요구하는 도형 문제를 풀 수 없게 된다. 문제 유형별 풀이법을 외우기만 하면 도형 영역에서 추구하는 기하학적 사고를 충분히 경험하지 못하므로 결국 그에 해당하는 수학 역량을 함양하기 어렵다. 만약 수학 성취도가 낮아서 고민하는 자녀가 있다면 이 그림을 고려하여 새롭게 학습 경로를 설계해 보자.

착각의 생산성과 생산적인 착각

수학공부의 과정에서는 감각과 심리의 직접적인 상호 작용 때문이 아니더라도 무수히 많은 이유로 착각이 일어날 수 있다. 집중력이 부족하거나 대충 파악한 근거가 우연히 잘 연결되어 오류에 빠지기도 한다. 문제를 잘못 읽거나 잘못 이해하여, 문제의 조건이나 구해야 하는 것 또는 증명해야 하는 바를 착각하기도 한다.

개념 이미지concept image로 인한 착각도 일어난다. 개념 이미지란 개념을 다루는 경험이 누적되며 구축된 인지 구조를 의미하는 것으로 다양한 형태의 의미, 특징, 속성, 과정을 포함한다. 예를 들어, 부모와 놀이할 때 부모가 자주 이겼다면 아이는 부모가 상황을 통제할 수 있다고 착각한다. 심지어 동전을 던지는 상황에서도 부모가 앞면과 뒷면 중 원하는 면이 나오도록 할 수 있다고 생각하기도 한다.

일상어의 간섭에 의한 착각도 일어난다. 이를테면, 일상생활에서 쓰이는 '샘플'이라는 단어는 학교 수학에서 배우는 '표본'과 상당히 다른 뜻을 갖는다. 또한 일상생활에서 사용하는 '사다리'는 수학 시간에 다루는 사다리꼴과 달리 여러 개의 직사각형으로 이루어져 있어, 사다리꼴을 직사각형으로 분할된 도형으로 착각할 수도 있다. '함수', '삼각관계', '정보 비대칭'과 같은 용어도 일상과 수학에서 다른 의미를 갖는다.

문제를 잘못 읽어서 구하라는 것을 착각했다면, 문제를 잘 읽었는지 점검하는 습관을 기르거나 문제를 해결한 후 답을 문제에 제시된 조건에 대입하여 조건을 만족하는지 확인하는 것으로 극복할 수 있다. 이런 착각을 극복하는 과정은 수학적인 의미와 표현 생성, 새로운 수학적 사고와 밀접하게 관련되지 않는다. 이와 달리 앞서 살펴본 개념 이미지와 일상어에 의한 착각은 수학적인 의미와 표현 생성, 수학적 추론을 깊이 이해하는 데 관여한다. 이 점에서 앞선 세 사례 속의 착각은 생산성이 있다. 수학공부 과정에서 불가피하게 겪는 착각을 극복하여 수학적으로 의미 있는 학습을 하게 된다는 의미에서 이런 착각을 '생산적 착각'이라고 부를 수 있다.

    자녀가 앞선 사례와 비슷한 착각을 한다면 10보 나아가기 위한 1보 후퇴쯤으로 생각하길 바란다. 약간의 도움만 받으면 아이가 중요한 수학적 통찰을 얻을 수 있기 때문이다. 이때 착각의 생산성은 상황에서 한발 떨어져 있는 지적인 성인의 지혜로운 개입으로 만들어질 수 있다. 부모나 교사의 개입으로 자녀가 더 많은 또는 더 깊은 수학적 의미와 표현, 추론의 관련성을 통찰한다면 착각의 생산성은 높아진다. 그러나 궁극적으로는 자녀 스스로 착각의 생산성을 높이는 전략을 고안하여 수학을 공부하도록 할 필요가 있다.

착각의 생산성을 높이는 법

앞서 말했던 게슈탈트 원리는 독일의 심리학자 베르트하이머M. Wertheimer가 기차 여행 중에 발견한 것으로, 우리가 어떤 상황을 파악할 때 부분을 낱낱으로 보는 대신 관련된 부분을 조직화하고 구조화하여 통합된 전체를 보는 인지 능력에 의존함을 시사한다. 베르트하이머는 기차 안에 있는 여러 구조물이 기차 밖 풍경을 가림에도 우리가 개의치 않고 바깥 풍경을 즐길 수 있다는 데서 게슈탈트 원리를 떠올렸다. 기차 안에서 사진을 찍어 보면 기차 안 구조물을 빼고 온전히 풍경만 나오는 사진을 얻기가 얼마나 어려운지 알 수 있다. 앞에서 살펴본 게슈탈트 원리의 고전적인 예에서 그림에 없는 삼각형을 표현하고, 패턴이 없어 보이는 현상으로부터 규칙과 관계를 발견하는 일은 사실 인간의 생산적인 인지 능력에 의해 일어난 착각을 새롭게 해석한 결과다. 수학에서 착각의 생산성은 기차 밖 풍경처럼 아름다운 정의, 성질, 관계, 법칙, 추론과의 연결성에 의해 만들어진다. 풍경 좋은 곳을 달리는 기차를 타야 좋은 풍경을 볼 수 있듯이, 수학 공부 과정에서 착각의 생산성을 높이려면 수학적인 의미, 표현, 관계, 성질 등이 풍부하게 내포된 상황을 다루어야 한다.

　　수학교육 연구자들은 각 내용 영역에서 학습자의 통찰을 촉진할 수 있는 의미 있는 상황을 연구해 왔다. 수학 교과서에서 새로운 내용을 도입하기 위해 앞부분에 제시하는 문제 상황은 단지 친숙한 생활 맥락을 들여와서 동기를 유발하려는 것이 아니다. 실생활의 문제 상황에 수학적 의미, 표현, 관계, 성질을 포함시켜 학습자의 주의를 환기하고, 해당 단원을 공부하는 동안 계속 참고 자료로 활용되기를 바라면서 제시한 것이다. 수학학습의 원리를 진지하게 이해하고 자녀의 수학공부를 지원하고자 한다면, 수학 교과서의 문제 상황을 꼼꼼하게 살펴보라. 여러 수학 교과서를 구매하여 도입부의 문제 상황을 비교하고 자녀와 함께 생산적인 착각을 경험하는 것도 좋다.

가령, 여행 계획 짜기는 우리나라와 외국의 수학 교과서에서 자주 사용하는 상황이다. 이동 거리, 이동 시간, 교통비, 숙박비, 식비, 날씨와 박물관, 시장, 놀이공원의 위치 등 다양한 변수를 고려하는 동안 수학을 활용하거나 새로운 수학적 의미와 표현을 생각하게 되기 때문이다. 자녀가 몇 살이든 여행 계획을 같이 짜면 수학적 사고력을 기를 수 있다. 수학을 적용하면서 계속 착각하고 착각을 극복할 기회를 얻게 되어 수학적으로 성장하는 것이다. 이렇게 실생활에서 체험하면서 맥락의 의미와 구조를 파악하면 그 상황이 문제로 나왔을 때 문제를 쉽게 이해하고, 해법도 효과적으로 찾을 수 있다. 유명한 수학자나 수학교육 연구자들이 자녀나 손주와 여행하면서 맥락 속에 숨어 있는 수학을 찾아낸 일화가 많은데, 그 과정은 자녀와 손주의 수학공부를 상당히 효과적으로 촉진했을 것으로 생각한다.

상황을 수학적으로 표현하거나, 수학적 표현을 여러 방법으로 바꾸어 써보는 것도 착각의 생산성을 높이는 방안이다. 시각적으로는 착각을 일으켰던 조건을 식으로 바꾸어 표현하면 조건이 보다 명확하게 느껴질 수 있다. 문제를 풀 때 식을 쓰는 것만으로는 아무런 해결책이 떠오르지 않았는데, 그래프로 나타내 보면 결정적인 단서를 얻게 되기도 한다. 심지어는 아이가 여러 번 읽으면서도 문제의 뜻을 이해하지 못하다가 부모나 교사가 문제를 적절하게 끊어 읽어 주기만 해도 해결의 단서를 떠올릴 때도 있다. 이처럼 음조와 리듬만으로도 문제를 이해하거나 해결할 때 참고할 수 있는 힌트를 줄 수 있다. "버스에 세 명 타고 두 명 내리고, 다음 정류장에서 열 명 타고 한 명 내리고, 다음 정류장에서 두 명 타고 다섯 명 탔다면 남아 있는 승객은 몇 명인가?"에서 타는 인원을 말할 때는 목소리를 높이고 내리는 인원을 말할 때는 목소리를 낮추면 덧셈과 뺄셈의 의미와 용법을 생각하는 데 도움이 된다.

특정 사물의 의미를 몇 가지 요소로 나누어 설명하거나 아는 수학 지식과 연결하는 활동은 언제나 유익하다. 자녀와 함께 버스를 탈 기회가 있다면 문의 개수와 위치, 창문의 모양, 좌석의 수와 배열 방법, 탑승한 승객의 수와 타고 내리는 승객의 수 등 버스의 구성 요소를 파악한 후 각각의 의미를 생각해 보도록 하자. 우리나라와 외국의 버스를 검색해서 이미지 자료를 모은 후, 각각의 구성 요소를 비교해 볼 수도 있다. 어떤 경우가 버스가 아니라 택시이고 트럭인지 이야기해 보는 것이다. 버스를 한 문장으로 정의해 보면서 아동은 구성 요소 중 어떤 것이 중요하고 부차적인지 구분할 것이다. 좌석 배열을 짝수와 홀수로 풀어 설명하거나, 교환법칙이나 결합법칙과 연결하여 승객의 수를 구할 수도 있다. 수학 교과서의 문제 상황은 해당 단원의 요점만을 제시하지만, 복합적인 정보가 흩어져 있는 일상 상황에서는 수학적인 사고로 나아갈 다양한 실마리를 발견할 수 있다. 일상 속에서 수학을 찾다 보면 착각도 일상적으로 일어남을 알 수 있고, 그 착각을 극복하여 수학으로 나아가는 과정 역시 일상에 있음을 알게 된다.

조건문을 사용하여 이야기를 재구성하는 놀이는 수학적인 생산성을 높이는 방법이다. 손안에 어떤 동전이 얼마나 들어 있는지 알아낼 때도 아이가 조건문 없이 말하던 것을 '-라면'을 넣어서 다시 말하도록 할 수 있다. "100원 두 개, 500원 세 개요."를 "그냥 찍어서 맞춘다면 100원 두 개, 500원 세 개라고 할래요. 그런데 근거가 없어서 믿을 수는 없어요."로 바꾸도록 하는 것이다. "500원, 100원, 10원 순서로 동전이 많을 것 같아요."는 "한 개씩 꺼내고 다시 넣으면서 10회 반복한 결과가 100, 500, 100, 500, 500, 500, 500, 100, 500, 10이라면, 500원이 제일 많고, 다음으로 100원, 다음으로 10원이 들어 있다고 추측해요."로 수정할 수 있다. "정삼각형은 이등변삼각형과 달라요."는 "어떤 삼각형이 정삼각형이라면 그것은 이등변삼각형이라고 말할 수 있어요."로 바꿀 수 있다. 조건문이 포함되지 않은 문장과 조건문이 포함된 문장의 차이를 이야기해 봐도 좋고, 조건문으로 나타내면 어떤 점이 좋은지 같이 의견을 나누어도 좋다. 가정에서 이렇게 수학을 공부하도록 한다면 자녀의 수학 역량은 놀라울 정도로 발전할 것이다.

배우의 패러독스를 바탕으로 한 정서적 호응은 착각의 생산성을 높이는 데 꼭 필요하다. 앞에서 기하학적 사고 수준을 고려한 대체적인 도형 학습 경로에 대해 알아보았다. 주변의 모양을 인식하는 것에서 출발하여 오랜 과정을 거쳐 논리 단계까지 가는 경로였다. 수학적 정의에 대한 착각, 일상어의 간섭에 의한 착각, 조건문 같은 수학 언어를 이해하지 못하여 만들어진 착각은 이 경로를 순탄하게 따르기 어렵게 한다. 도형 학습에는 구체적인 지식의 습득, 문제 풀이와 더불어 꼬리에 꼬리를 무는 기하학적 사고 수준의 상승이 필요한데, 반복되는 착각 때문에 꼬리를 놓치는 일이 발생하는 것이다. 어느 꼬리를 어떻게 다시 잡도록 할 것인지는 앞에서 설명한 구체적인 사례에서 확인하면 좋겠다. 불가피한 착각이 일어난 경우, 부모는 함께 착각에 빠져 이런저런 시도를 하면서 자녀가 스스로 착각했음을 확인하도록 해야 한다. 같이 실망하거나 방황하고, 같이 감탄하거나 탐색해야 한다. 부모의 정서 호응은 자녀가 다시 꼬리를 잡는 데 성공하는 원동력이 된다. 학습 경로를 이탈했다가 되돌아왔을 때는 아낌없이 축하하고 격려해야 한다. 진심으로 기뻐하고 감탄할수록 자녀가 자신의 착각을 생산적인 것으로 만들 것이다.

유추하는 습관도 착각을 생성하고 극복하며 수학적인 깨달음에 이르는 효과적인 방안이다. 어떤 삼각형이 정삼각형이면 이등변삼각형이 됨을 설명할 수 있게 되었다고 하자. 여기서 끝내기보다 바로 이어서 어떤 사각형이 정사각형이면 직사각형이 되는지를 생각해보도록 할 수 있다. 삼각형에 사용했던 전략과 비슷한 방법을 사용하여 사각형 사이의 관계를 설명할 수 있을 것이다.

유추는 종종 착각의 근원이 된다. 예를 들어, 작은 수에서 큰 수를 뺄 수 없다는 성질은 자연수에 대해서만 성립한다. 이로부터 유추하여 정수에서도 이 성질이 성립한다고 생각하면 그것은 착각이다. 수학에서는 많은 경우 유추가 착각을 불러일으킨다. 반대로 그 착각을 적절히 보완하면 수학적으로 의미 있는 발견을 하게 된다.

피할 수 없다면 즐기라는 말이 있다. 수학을 공부하면서 생기는 착각도 피할 수 없으니 즐길 수 있도록 도우면 좋겠다. 착각하는 모습을 발전의 기회로 보고 자녀를 격려하여 수학의 세계로 이끈다면 누구보다 유익하게 수학공부 코칭을 할 수 있을 것이다. 수학공부의 원리를 이해하면서 자녀를 이끌려는 마음으로 이 책을 읽고 있는 부모라면 착각의 생산성을 극대화할 수 있으리라 기대한다.

사고력과 연산 능력

많은 경우 수학공부에서 사고력을 기르는 데 치중하면 연산 능력을 기르지 못하고, 연산 능력을 기르는 데 치중하면 사고력을 기르지 못한다고 생각한다. 하지만 적절한 학습법을 사용하면 두 능력을 모두 기를 수 있다. 이 장에서는 사고력과 연산 능력이 어떻게 따로 또 같이 발달하는지 알아본다.

수학의 이미지

필자가 모처럼 옷을 사러 가면 옷 가게 점원은 백발백중 가르치는 일에 종사하냐고 묻는다. 분위기가 느껴진다고 한다. 가르치는 일에 종사하는 삶이 감사하면서도 가끔은 고루하고 답답한 인상을 주나 고민한다. 그런데 상대방이 하는 판매용 칭찬을 곧이곧대로 들으며 너무 화려하지는 않나, 너무 어지러운 패턴으로 되어 있지는 않나, 팔을 들어 칠판 글씨를 쓰기에 불편하지는 않나, 너무 짧지는 않나 염려하며 옷을 사니 필자의 직업을 맞추는 일은 무척 쉬울 것이다. 가르치는 일을 하다 보면 잡다한 염려가 습관이 된다. 가르치는 일은 매우 어렵기 때문이다.

가르치는 일은 가르친다고 다 배우지 않기 때문에 어렵다. 자녀를 기르다 보면 이 말에 깊이 공감할 것이다. 가르친다고 다 배우면 모든 자녀가 부모의 바람대로 잘 자랄 것이다. 실상은 그렇지 않음을 우리 모두 잘 안다. 수학교육을 연구하면서 근본적인 한계를 느낄 때가 있는데, 바로 이 문제가 전면에 드러나는 순간이다. 학습자에게 수학을 가르쳤지만 배우지 못했을 때, 원인이 무엇이고 어떻게 그 원인을 제거할 것인지 그토록 고민했으나 아직도 모르는 점이 많다. 그래도 한 우물을 파며 지난 수십 년 동안 고민하고 공부한 결과, 비교적 분명한 몇 가지 원인은 말할 수 있다.

수학을 가르치는 장면을 생각하면 어떤 이미지가 떠오르는가? 교사가 개념, 정의, 원리, 법칙을 간략하게 설명하고, 문제 푸는 방법을 시연한 후 학생들이 연습 문제를 푸는 모습일 것이다. 국내외 수학교육 연구자들은 이렇게 하면 수학을 가르칠 수 없음을 되풀이하여 비판해 왔다. 바람직한 수학교육의 이미지는 이와 상당히 다르다. 학생들이 모둠을 이루어 협력하고 토론하며 수학을 탐구한 후, 발표와 전체 토론을 통해 합리적으로 결론을 도출한다. 교사는 모둠 활동을 둘러보면서 학생들의 활동을 촉진하거나 격려하고, 발표와 전체 토론이 의미 있게 진행되도록 안내한다. 이런 수학교육이 이루어지려면 학생들이 가정에서부터 스스로 수학을 탐구하고 비판적으로 사고하여 새로운 수학적 아이디어를 구성하는 능력을 길러야 한다. 자녀가 과거의 이미지와 같은 수학교육을 받기를 원하지 않는다면, 가정에서 바람직한 수학교육을 경험하도록 도와야 한다.

수학자에 대한 이미지는 어떤가. 영화나 TV 드라마에 나오는 수학자는 수염을 깎을 시간도 없어 수염이 덥수룩하다. 다른 사람들과의 소통에 어려움을 겪고, 자의 반 타의 반으로 고립되어 외톨이로 살아가며, 일상생활에서는 평균 이하다. 이와 같은 이미지는 유명한 수학자의 사례를 바탕으로 만들어진 듯한데, 왜곡된 측면이 적지 않다. 수학교육 연구자들이 조사한 바에 의하면, 상당수 학생과 부모도 이런 이미지로 수학자를 묘사한다. 수학자의 이미지가 이렇게 형성되면, 수학을 도구화하게 되며 수학 성취가 낮은 이유를 수학 머리가 없어서 그렇다고 생각하게 된다. 대학 입시를 위해서만 수학공부를 하거나 시험용 해법 중심으로 수학을 공부하는 경향으로도 이어진다.

최근 수학자의 연구 활동은 학회를 통한 활발한 토론, 공동 연구 프로젝트 참여, 상호 교류를 통한 분야 통합 연구 등 다양하다. 수학적 재능을 타고났다거나 소통 능력이 부족하다는 등 왜곡된 수학자의 이미지를 버리고, 협력하고 소통하며 수학을 연구하는 이미지로 바꿀 필요가 있다. 부모가 세상을 보는 안목, 부모가 가지고 있는 사람에 대한 편견은 자녀에게 부지불식간에 대물림된다. 자녀가 적절하고 긍정적인 수학자의 이미지를 가질 수 있도록 부모부터 자신을 점검하고 개선할 필요가 있다.

수학의 이미지는 어떤가. 수학교육과 수학자의 이미지가 긍정적이지 않은데 수학의 이미지가 긍정적이길 기대하기는 어렵다. 요즘은 온라인으로 주제별 이미지를 쉽게 검색하여 확인할 수 있다. 수학 이미지를 검색해 보면 칠판 가득 어지럽게 쓰인 식과 도형, 기호, 복잡한 모양의 그래프, 컴퓨터 화면의 복잡한 식과 코드, 자와 컴퍼스 그리고 머리를 감싸고 괴로워하는 아이의 모습이 나타난다. 수학 성적, 수학에 대한 흥미와 자신감, 수학 계열 진로 선택 여부는 수학 이미지와 밀접한 관련이 있다. 자녀가 긍정적인 수학 이미지를 가지도록 도와주면 자녀의 수학학습을 촉진할 수 있다.

인간의 생각과 감정, 행동이 수학과 밀접하게 관련되어 있음을 깨달을 때, 아이는 수학을 수용하고 가치를 인정하며 호기심을 가지게 된다. 호기심의 대상이 되면 긍정적인 이미지는 자연스럽게 형성된다. 호기심을 가지는 한 크고 작은 실패를 경험해도 아이는 수학을 공부하고자 할 것이고, 꾸준히 공부하는 한 수학을 잘 배울 수 있을 것이다.

수학은 사고력의 산물이자 선물

수학은 인간이 생각하는 힘으로 만든 학문이다. 수학의 발달은 과학과 문명의 발달을 가져왔고, 우주와 천문, 유전과 진화, 로봇과 자동차, 기후와 환경, 경제와 심리, 사회학 등 많은 분야의 발전에도 영향을 미쳤다. 이처럼 수학이 사고력의 산물이자 선물임을 깨닫는다면, 수학공부가 도전적으로 다가오고 위기에 봉착할 때 극복하고자 하는 의지와 각오를 다질 수 있다.

어린 아동의 수준에서 수학이 사고력의 산물임을 어떻게 이해할 수 있을까? 아동은 수를 가장 먼저 배우므로 수가 무엇인지 생각해 보도록 할 수 있다. 예를 들어, 사과 한 개를 앞에 두고 부모와 자녀가 다음과 같이 대화해 보자.

부모: 여기에 사과 몇 개가 있지?
자녀: 한 개요.
부모: 맞아. 사과 색깔은?
자녀: 빨간색.
부모: 그렇지. 사과 향기는?
자녀: 몰라. 사과 냄새.
부모: 하하. 그렇구나. 사과 무게는?
자녀: 음. 저울로 재봐.
부모: 알겠어. 손으로 들어 봐도 꽤 무겁네.

다른 사과를 한 개 놓고 다시 한번 위의 대화를 해보자. 대화가 끝나면 이번에는 두 사과를 양손에 들고 같은 사과인지 다른 사과인지 묻는다. 다르다고 답할 것이다. 그런데 각각의 다른 사과를 이야기할 때 왜 모두 "사과 한 개"라고 하는지 생각해 보게 한다. 여기서 아이는 1이 사과에 들어 있는 속성과 무관하게 우리가 그렇게 부르기로 한 수임을 알 수 있다. 딸기와 사과는 더 큰 차이가 나고, 다른 사물 어떤 것을 가져와도 모두 차이가 남에도 우리는 각각 한 개로 표현한다.

부모는 자녀에게 1이라는 수가 이렇게 세상 만물이 홀로 있다는 조건만 만족하면 사용할 수 있음을 이야기해 주면서 함께 1의 고유한 의미를 생각해 볼 수 있다. 대화를 통해 수는 사물에서 비롯되는 것이 아니라 인간의 머리에서 나온 것이며, 인간만이 할 수 있는 생각으로 만든 것임을 이해하도록 한다.

또한 수는 고정된 의미만 가지지 않는다. 우리가 생각을 바꾸면 수의 의미를 다르게 생성할 수 있다. 예를 들어, 오른쪽 그림은 모두 여섯 개의 사과를 나타내지만, 두 개씩 묶으면 3을, 세 개씩 묶으면 2를, 여섯 개 모두를 묶으면 1을 표

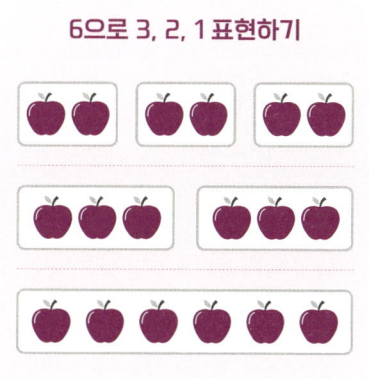

6으로 3, 2, 1 표현하기

현할 수 있음을 보여 준다.

　6으로 3, 2, 1을 표현한 것처럼 9로도, 120으로도 1, 2, 3을 나타낼 수 있다. 이렇게 사과 한 개, 두 개, 세 개와는 다른 의미의 1, 2, 3을 끝없이 만들 수 있다. 수의 의미는 수를 표현하는 사람의 의도와 방법, 맥락에 따라 다르게 나타난다. 이처럼 수학은 우리의 생각으로 만든 것이다. 수학을 공부할 때 수학이 사고력의 산물임을 경험하고 인식하지 못하면 수학을 수학답게 배울 수 없다. 수를 배울 때도 도형을 공부할 때도 이것이 사고력의 산물이자 선물임을 이해해야 수학을 제대로 배울 수 있다.

　그런데 우리나라 수학교육 현장에서는 사고력이라는 단어가 앞서 말한 의미로 쓰이지 않는 듯하다. 우리나라에서는 일반 학생들을 위한 수학과는 다른, 상위권 학생들을 위한 '사고력 수학'이 있는 것처럼 말한다. 하지만 고난도 문제를 풀 때만 사고력을 기를 수 있는 것은 아니다. 수 개념을 형성하는 과정에서도 사고력이 필요하다. 사물은 여섯 개, 아홉 개, 120개 있더라도 머릿속에서는 이리저리 묶어 1, 2, 3을 만들 수 있는 것이다. 이렇게 사고력을 사용하면 눈으로 확인할 수 없던 음수, 무리수, 허수, 무한대, 무한소 등 다양한 수학적 대상을 끝없이 만들 수 있다. 사고력 수학이 별도로 있다기보다 수학이 사고력의 산물이자 선물이라고 생각하면 좋겠다. 누구나 사고력으로 수학을 만들 수 있고, 수학을 배우면서 사고력을 기를 수 있다.

사고력 수학과 수학적 사고력

치매를 예방하기 위해 수학 문제를 푼다는 분을 만난 적이 있다. 보통 취미로 푼다는 수학 문제는 마방진이나 스도쿠 같은 것이었다. 사고력은 근력처럼 꾸준히 노력하면 향상되고 방치하면 손실되는 능력이므로, 어느 정도 효력이 있지 않을까 생각한다.

마방진은 고대 중국에서 기원한 것으로 아래 그림과 같이 정사각형의 가로, 세로, 대각선에 놓인 수의 합이 같도록 수를 배열하는 퍼즐이다. 가로, 세로, 대각선에 놓인 수의 합이 같도록 수를 배열하려면 사고력과 시행착오가 필요하다. 마방진을 꾸준히 만들다 보면 어느 정도의 사고력을 유지하게 될 것이다. 그러나 문자를 사용하여 적당한 식을 세우면 마방진 문제를 시행착오 없이도 해결할 수 있다. 예를 들어, 5장에서 뛰어난 수학 역량을 가진 아이로 소개했던 도형이는 초등학교 4학년 때 마방진 문제를 체계적인 방법으로 해결했다고 한다. 아래의 오른쪽 그림처럼 네 귀퉁이에 들어갈 수를 표시한 후, '$a=5+1, b=5+3, c=5-3, d=5-1$'로 식을 세웠다. 이번에는 중앙에

6	1	8
7	5	3
2	9	4

a		b
	5	
c		d

도형이의 마방진 해법 설명 자료

스도쿠 문제 예시

5대신 10을 넣은 후, 네 귀퉁이에 11, 13, 7, 9를 넣고 나머지 수를 구하는 식으로 했다. 도형이는 3×3 사각형에서 멈추지 않고 4×4, 5×5, 6×6로 확장하면서 마방진을 만드는 원리를 탐구하는 데 꽤 많은 시간을 보냈다.

스도쿠Sudoku도 마방진처럼 널리 사랑받는 수학 퍼즐이다. 빈칸에 1부터 9까지의 수를 넣되, 각각의 3×3 사각형에 1부터 9가 한 번만 나오도록, 9×9의 각 행과 열에도 1부터 9가 한 번만 나오도록 하는 것이 규칙이다. 스도쿠는 규칙은 간단하지만 꽤 높은 수준의 사고력을 필요로 한다. 규칙을 만족하도록 수를 채워 넣는 경우의 수가 엄청나게 많기 때문이다. 몇 개의 수를 어떻게 제시하는지에 따라 난도도 달라지고, 답이 두 개 나오는 경우와 한 개 나오는 경우 등 다양한 상황이 발생한다.

사고력 수학이라는 이름을 붙인 프로그램에서는 국가 교육과정을 따르지 않고, 공통의 교육과정을 개발하여 운영하지도 않는다. 그러니 사고력 수학이 자녀의 수학 역량 함양에 얼마나 도움이 되고 향후 수학공부와 어떻게 관련되는지, 수학에 대한 태도 형성에는 어떤 영향을 미치는지 파악하기 쉽지 않다. 그런데 도형이와 계산이를 비롯한 학생들에게 사고력 수학 경험에 대해 듣기로는 상당히 긍정적인 측면이 있는 것 같다. 마방진과 스도쿠처럼 퍼즐형 문제를 다루어 수학에 대한 흥미를 유발하는 면도 있고, 일방적인 설명보다 협력이나 프로젝트형으로 수업을 운영하여 학생 참여를 독려하기도 한다. 수학의 역사, 수학자의 일화 등을 수업에 들여온다는 경우도 있었는데, 이런 접근은 수학에 대한 이해를 심화한다는 점에서 의미가 있다.

그러나 사고력 수학에 대한 체계적인 분석이나 연구가 이루어지지 않았고, 공개된 정보도 많지 않아서 사고력 수학이 수학학습에 필수적인지는 단정할 수 없다. 만약 사고력 수학과 국가에서 고시한 수학과 교육과정 사이의 연계, 교수·학습 방법의 체계화, 수학 역량 함양 기회 확대 등이 이루어진다면 사고력 수학의 학습 경험이 수학 공부를 촉진하는 역할을 할 수 있을 것이다. 학교에서도 사고력 수학과 유사한 성격의 프로그램을 방과 후 수학 교실이나 수학 체험전 등에서 운영하므로, 사고력 향상의 기회를 적극적으로 찾아 누리도록 격려하면 좋겠다.

자녀가 사고력 수학은 좋아하고 계속 공부하려고 하지만 학교 수학은 좋아하지 않고 공부하려는 마음도 점차 잃어간다면, 자녀가 공부하는 사고력 수학의 내용과 학습 방법을 확인할 필요가 있다. 마방진은 오일러L. Euler를 비롯한 수학자들이 좋아했고 수학적인 의미와 절차, 구조와 연결되는 방식으로 끊임없이 확장되었다. 스도쿠도 오일러가 창안한 놀이로 이미 수학적인 통찰이 내포된 퍼즐이다. 자녀가 마방진과 스도쿠의 수학적 의미와 특징을 깊이 탐구하듯이 사고력 수학을 탐구한다면 문제가 없다. 오히려 극히 드문 수학적 재능을 가지고 태어났다고 보아도 좋다. 이와 달리, 마방진과 스도쿠를 시행착오로만 푸는 사람처럼 사고력 없이 사고력 수학을 공부하는 상황이라면 일종의 수학학습 회피 행동일 수 있다. 사고력 수학을 공부한다고 하면서 정작 학교 수학공부를 소홀히 하는 상황일 수 있는 것이다. 자녀가 공부하는 사고력 수학과 자녀의 실제 수학적 사고력, 학교에서 하는 수학공부 사이에 간극이 생기고 있는지 확인하여 늦지 않게 대처해야 한다.

수학적 사고력과 상상력

수학과 시는 거대한 생각을 압축하여 짧은 언어로 표현한다는 점에서 비슷하다. 영국의 저명한 수학자 하디T. Hardy는 수학에서 탐구하는 패턴이 시와 그림처럼 아름다우며, 아름답지 않은 패턴은 수학으로 살아남지 못한다고 말했다. 수학을 공부하는 과정에서도 아름다운 패턴을 탐색하여 짧은 언어로 표현하는 경험이 중요하다.

김동명 시인의 「내 마음은」이라는 시가 있다. 이 시에서 마음은 호수였다가 촛불이었다가 나그네였다가 낙엽이 되었다. 시인은 짧은 시에 누군가를 사랑할 때의 각오, 열정, 기대, 고독함, 그리움을 가득 표현했다. 어릴 적 시험에 시인이 표현하고자 했던 감정 상태가 아닌 것을 고르는 문제가 나왔던 기억이 가물가물 떠오른다. 당시 필자는 짧은 시에 표현하지 못했을 뿐이지 사랑할 때는 파도처럼 요동치는 감정, 꽃처럼 화사한 느낌도 있었을 텐데, 왜 시에 표현된 감정만 골라야 하는지 의아했다. 이 시를 읽고 시인의 마음 상태가 호수, 촛불, 나그네, 낙엽으로 계속 바뀐다고 표현하는 것이 재미있어서, 내 마음이 파도, 꽃, 구름, 태풍으로 달라졌다고 상상의 나래를 펴면 안 될까? 국어 시간에 배웠듯이 마음을 호수, 촛불, 나그네, 낙엽으로 표현하는 방법을 '은유' 또는 '은유법'이라고 한다. 시에서 은유로 생각을 압축하여 표현하듯이, 수학에서도 은유를 사용하여 수학적인 생각을 압축하여 나타낸다.

수학에서 사용하는 대표적인 은유로 수직선이 있다. 잔잔한 마음과 호수의 공통점을 이용하여 마음을 호수에 은유하듯이, '1, 2, 3, 4…'처럼 자연수가 연달아 있는 것을 구슬이 연달아 꿰어져 있는 목걸이에 은유했다고 하자. 호수의 잔잔한 이미지가 마음 상태를 추측하게 하듯이, 구슬 목걸이에서 '1 다음 2, 2 다음 3…', '1에서 두 개 뛰면 3, 네 개 뛰면 5…'와 같이 자연수의 성질을 탐구할 수 있다. 그런데 구슬 목걸이로는 음수를 표현할 수 없고, 수와 수 사이의 덧셈도 생각하기 불편하다. 이 때 다음 그림의 b처럼 은유하면 어떨까. 자연수만이 아니라 0과 음의 정수도 나타낼 수 있다. 1과 2의 합은 1에서 오른쪽으로 두 칸 이동하는 것으로, 1에서 2를 빼는 과정은 1에서

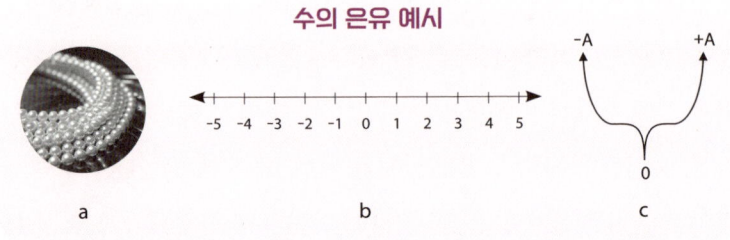

왼쪽으로 두 칸 이동하는 것으로 표현할 수도 있다. 1과 2 사이에 무수히 많은 유리수가 존재한다는 성질도 직선에 놓인 수를 보면서 생각하면 당연해 보인다. 두 수의 대소 비교, 세 수 이상의 대소 비교도 어떤 수가 오른쪽에 오는지 확인하여 쉽게 파악할 수 있다. 수직선 은유는 수를 이해하고 연산의 의미를 파악하는 데 아주 좋은 도구다. 이 때문에 우리나라는 물론이고 다른 나라의 수학 교과서에서도 수직선을 통해 수와 연산을 익히도록 하고 있다.

수직선과 같은 수학의 은유는 마음을 호수에 빗대는 시의 은유처럼 필요에 따라 얼마든지 다른 것으로 바꾸어 사용할 수 있다. 예를 들어, 위 그림의 c는 수를 직선이 아니라 곡선에 은유한 것이다. 수를 직선으로 나타내면 원점의 역할이 두드러지지 않는다. 다른 수와 마찬가지로 같은 간격을 이루는 '하나의 수'에 불과하다. 그러나 수를 c와 같이 곡선으로 나타내면 원점이 차별화된다. 원점 근방에 있는 수와 원점에서 떨어진 지점의 수가 움직이는 속도나 밀도가 다르다는 것도 표현할 수 있다. 수에는 다양한 성질이 있어 수직선 은유 대신 수곡선 은유를 사용해야 편리하고 효율적으로 그 성질을 이해하고 다룰 수 있을 때가 있다. 뉴턴의 이론, 망원경, 현미경, 유클리드 기하로 탐구하던 시대는 아인슈타인의 상대성 이론, 시간 지연, 양자 얽힘, 비유클리드 기하를 탐구하는 시대로 변했다. 새로운 사실을 발견할 때의 도구와 방식이 바뀌었듯이, 수학에서도 새로운 은유를 끊임없이 내놓으면서 새로운 수학적 개념과 원리, 법칙을 제시해 왔다.

수직선이 수학적 사고력과 상상력에 의한 은유라고 하면 학생들은 수학을 어떻게 생각할까. 중고등학생들에게 이야기하니 상당수가 놀라워했다. 곡선으로 수를 은유할 수도 있다고 하니 더 놀라워했다. 진작 그런 줄 알았으면 수학을 좋아했을 것이라고 말하는 학생도 있었다. 초등학생들에게 이야기하니 구슬 목걸이에도 다른 색의 구슬로 0을 표시할 수 있고, 수직선을 잡아 늘이면 수곡선을 만들 수도 있다고 하기도 했다.

자녀가 수학적 사고력과 상상력을 발휘하여 수학을 은유하도록 해보자. 자녀가 수학과 더 깊이 상호 작용하면서 수학자들이 선택한 은유의 의미와 가치를 이해할 수 있다. 더 나아가, 은유한 방식의 대안을 찾아 보도록 해보자. 기존 은유와 대안을 비교하는 과정에서 관련 내용의 구조와 관계를 새롭게 파악할 수 있다. 수학적 사고력과 상상력은 그렇게 기르는 것이다.

수학적 사고력과 연산 능력

앞에서 수학적 사고력으로 새로운 의미와 표현을 생성하는 사례를 살펴보았다. 이를 통해 수학적 사고력이 엄밀한 추론만이 아니라 묶음과 같은 같은 구체적인 전략에 의한 수 개념 형성, 수직선과 같은 은유에 의한 수의 성질 탐구 역시 가능하게 함을 확인했다. 이렇게 수학에서 새로운 의미와 표현을 찾으면 새로운 수학 개념, 절차, 성질, 법칙, 원리를 탐구할 수 있다. 학교 수학을 공부할 때도 다양한 형태와 맥락에서 수학적 사고력을 경험하면 좋다. 이 과정에서 수학적 사고력과 연산 능력은 상호 작용하게 될 것이다. 그러니 어느 하나를 선택적으로 강조하지 않았으면 좋겠다.

수학적 사고력과 연산 능력 중 하나에 집중하지 않았는데도 하나만 두드러지는 시기나 상황이 있을 수 있다. 5장에서 살펴본 도형이의 수학 역량 검진 내용을 보면, 초등학교 6학년 때는 수학적 사고력 활용과 발달에 집중했고 이후 연산 능력 개발을 위해 수학적 사고력을 활용했다. 계산이는 중학교 1학년까지 수학적 사고력보다는 연산 능력 개발에 치중했다. 1년 후 두 학생의 변화를 볼 때, 수학적 사고력이 있으면 연산 능력을 개발하기 쉽다는 판단이 가능하다. 더 나아가 수학공부에서 자기 주도성을 발휘할 수도 있다. 도형이의 사례에서 수학적 사고력은 새로운 수학 개념과 용어의 정의 방식에 대한 호기심을 자극하고, 수학에 효과적인 추론 역량을 촉진했다.

수학적 사고력이 있으면 연산 능력 부족을 극복할 수 있는데, 연산 능력으로 수학적 사고력 부족을 해결하지 못하는 이유는 무엇일까? 계산이의 사례에서 알 수 있듯이, 우리나라 수학교육 문화는 학년이 올라갈수록 수학적 사고력 대신 선행학습이나 시험용 공부를 강조한다. 그러므로 연산 능력이 있어도 수학적 사고력이 부족한 문제를 해결하지 못한 것은 일종의 착시 현상이다. 수학적 사고력을 토대로 꾸준히 새로운 수학적 의미를 찾고 표현하여 탐구한다면 얼마든지 더 높은 수준의 수학적 사고력을 개발할 수 있다. 연산 능력을 갖추고 있다면 계산 결과를 빨리 얻을 수 있으므로 수학적 성질, 패턴을 찾아 수학적인 의미와 표현으로 정돈하는 데 유리하다. 연산 능력이 수학적 사고력의 발휘와 정련을 촉진하는 면이 있는 것이다.

수학교육 연구자들은 수학적 사고력을 갖춘 학습자가 연산 학습도 잘하고, 연산 능력을 갖춘 학습자는 수학적 사고력을 활용하여 더 높은 수준의 수학적 사고력을 얻는다는 결론을 제시해 왔다. 그런데 왜 현실에서는 사고력 수학과 연산 능력을 따로 보는 경우가 많을까? 자녀가 연산을 어떻게 학습하도록 해야 연산 능력과 더불어 수학적 사고력을 갖출 수 있을까? 결론부터 말하면, '연산이 왜 가능하고 어떤 의미가 있는지' 생각하면서 연산 절차를 배우도록 해야 수학적 사고력도 기를 수 있다.

'연산이 왜 가능하고 어떤 의미가 있는지' 생각하면서 연산을 배우면 학습에 너무 오랜 시간이 걸리고 학습 과정도 복잡해진다고 생각할 수 있다. 실제로 요즘 아이들 사이에는 연산 절차를 빠르고 자동적으로 수행하도록 하는 교육 프로그램이 유행이다. 여기서는 연산의 근거와 의미보다는 반복적으로 연습하여 의식하지 않고도 연산할 줄 아는 경지에 이르는 것을 강조한다. 그러나 주류 수학교육 연구에서는 수학적 사고력을 활용하여 '연산이 왜 가능하고 어떤 의미가 있는지' 생각하며 학습하라고 제안한다. 예를 들어, 한 초등학생이 다음과 같이 계산했다고 하자.

$$\frac{1}{2} + \frac{2}{3} = \frac{3}{5}$$

이 학생을 자녀로 둔 부모라면 어떻게 하겠는가. 학교에서 분수 연산을 배웠음에도 이렇게 계산했다면 보충 학습이 필요한 상황이다. 상황 파악부터 해보자. 아이는 무슨 생각으로 이렇게 계산했을까? 일단은 '분모는 분모끼리, 분자는 분자끼리' 더했다. 자녀가 이렇게 했을 때 어떻게 대처할 것인가. 우선은 "분모끼리 더하는 이유를 말해 줄래?"라고 질문하면서 자녀가 실수를 스스로 식별하고 극복하도록 도울 수 있다. 그런데 곰곰이 생각해 보면 자녀가 분모끼리 더하는 이유를 알면서 그렇게 했을 리는 만무하다. 실수를 식별하는 데까지는 도울 수 있을지 모르나 이를 극복하도록 하는 데는 어려움이 따를 것으로 보인다.

"분수의 곱셈과 혼동했나 보다. 이것은 분수의 덧셈 문제야. 통분해서 더해야지."와 같이 아이가 잘못 계산한 이유를 알려 주고, 통분해야 한다는 강력한 힌트를 제공할 수도 있다. 문제는 자녀가 분수의 곱셈을 모를 가능성이 있다는 점이다. 이제 막 분수 덧셈을 배우기 시작한 아이에게 분수의 곱셈 방법을 쓰고 있다면서 통분하라고 하면 자녀의 이해를 돕기보다는 정해진 절차만 따르도록 하는 것이다.

세 번째 방법은 아래 그림과 같은 넓이 모델을 이용하여 분수의 덧셈을 위해 통분을 해야 하는 이유와 필요를 생각하도록 안내하는 것이다. 이렇게 하면 아이가 분수 덧셈의 원리를 파악하는 데 도움을 받을 수 있다. 언어가 아닌 그림을 활용하기에 분수 덧셈이 어떤 의미이며, 이 과정에서 통분이 왜 필요한지 직관적으로 배울 수 있다.

사실 앞선 사례는 분수의 덧셈과 관련하여 나타나는 대표적인 오류 유형 중 하나다. 여기서 연산 학습을 어렵게 하는 핵심적인 원인 중 하나를 확인할 수 있다. 분수의 덧셈을 잘못 계산한 학생은 분수의 덧셈은 할 수 없지만, 자연수의 덧셈은 제대로 할 수 있

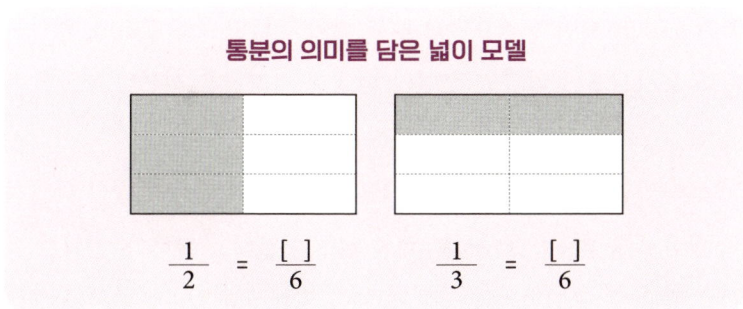

다. 이 학생은 분수로 덧셈의 대상이 바뀌었음에도 여전히 자연수 덧셈 방법을 그대로 사용했다. 왜 그렇게 할 수 있는지 모르면서 그렇게 했다. 이처럼 특정 맥락에서 성공적이고 유용한 지식이 다른 맥락에서는 부적합해진 경우에 학생이 경험하는 것을 '인식론적 장애Epistemological obstacles'라고 한다.

초등학교 연산 학습에서 최대 위기는 분수 연산을 배울 때 온다. 그런데 앞서 살펴본 분수 덧셈의 오류 유형처럼 연산을 학습할 때 단순 실수가 아닌 인식론적 장애로 인해 어려움을 겪는 경우가 많다. 자연수 연산을 잘하다가 분수로 맥락이 바뀌었음에도 자연수 연산 방법을 그대로 유지하려는 경향이 분수 연산 학습을 가로막는 것이다. 따라서 이런 경향을 고려하여 새로운 맥락에 적합한 지식을 형성하도록 도울 필요가 있다. 자녀가 연산 능력을 꾸준히 발전시키도록 하려면 인식론적 장애를 잘 극복하도록 도와야 한다. 연산은 자연수, 분수, 소수, 정수, 실수, 복소수로 계속 맥락을 바꾸어 재정의되는데, 인식론적 장애를 지속적으로 경험하면 중고등학교에서 연산 학습은 불가능하다. 자녀가 초등학교 때는 연산 능력이 우수했는데, 중학교와 고등학교로 올라가면서 연산 학습에 어려움을 겪는다면 거듭되는 인식론적 장애를 극복하지 못했을 가능성이 있다.

가끔 일부 학부모나 학생들은 초등학교 때 연산 학습이 완벽하지 않아서 중고등학교에서도 계산 실수가 많다고 말한다. 완벽한 연산 학습을 위해 연산 속도와 정확도를 최대치로 끌어올렸어야 했다고 후회하면서 말이다. 하지만 필자는 이 생각에 동의하지 않는다. 중학교와 고등학교의 연산 학습에서 나타나는 계산 실수는 분수 덧셈에서처럼 인식론적 장애를 충분히 극복하지 못한 부작용인 경우가 많다. 새로운 맥락에서 연산의 의미, 구조, 특성을 다시 파악하여 인식론적 장애를 극복한다면, 잘못된 계산을 하면서도 무언가 문제가 있음을 감지할 수 있다. 중학교와 고등학교에서의 연산 능력 부족을 기계적인 연습과 유형별 문제 풀이 과정의 암기로 보완하는 것은 인식론적 장애의 극복에 아무런 도움이 안 된다.

우리는 인간이기에 이전에 배운 것을 새로운 맥락에도 적용해 보는 습관과 인지 능력을 갖추고 있다. 다시 말해 인식론적 장애는 인간이 생각하는 능력을 갖추었기 때문에 겪는 것이며, 그 점을 고려해야 극복 전략도 찾을 수 있다. 분수 덧셈에서 분모끼리 더하고 분자끼리 더하면 어떤 문제가 있는지 말로 설명하라고 하면 어렵다. 그렇지만 구체적인 예를 제시하여 생각하도록 하면 잘못된 점을 빨리 파악한다. 가령, 분모끼리 더하고 분자끼리 더하는 방법으로 계산한 경우를 '$\frac{1}{2} + \frac{1}{2} = \frac{2}{4} = \frac{1}{2}$'에서 확인하도록 한 후, 어느 부분이 잘못되었는지 찾도록 하면 금방 잘못을 바로잡는다.

인식론적 장애의 특성을 고려하지 않고 무조건 반복하여 계산 방법을 익히도록 하면 수학에 흥미를 잃어 결국 수학학습을 지속할 동력을 상실하게 된다. 연산 학습을 반복하여 연습하는 것만으로는 다양한 맥락의 문제에 효과적으로 대응하기 어렵다. 물론 연산 속도와 정확도를 높이기 위해 노력하는 것이 전혀 의미 없다는 뜻은 아니다. 다만 새로운 연산 구조, 의미, 특성을 이해하지 못한 채 연산 속도와 정확도를 위해 반복하여 연습하는 것은 무의미하다는 뜻이다.

수학적 사고력과 연산 능력의 균형과 조화

그동안 학부모 대상 강연에서 많이 받았던 질문 중 하나는 수학적 사고력과 연산 능력 중 어떤 것이 더 중요하냐는 것이었다. 둘 중 하나만 골라서 답을 하라는 질문인 줄 알지만, 둘 다 중요하다고 답할 수밖에 없다. 수학교육 연구 결과를 두루 살펴본 결과와 필자가 진행한 연구 결과를 바탕으로 확인한 것은, 수학적 사고력을 발휘해야 연산을 학습할 수 있고, 연산 능력을 갖추어야 수학적 사고력을 고도화할 수 있다는 것이다. 분모가 다른 분수의 덧셈을 배울 때 자연수 덧셈 방법을 그대로 사용하면 문제가 발생한다는 점을 깨달아야 한다. 나아가, 분수 개념과 다양한 모델을 활용하여 통분의 의미와 필요성 및 방법을 파악해야 한다. 분수 연산, 정수 연산, 실수 연산 등 거듭되는 연산 학습에서 인식론적 장애를 극복하려면 수학적 사고력이 필요하다. 그렇게 되면 확장된 맥락에서 발전된 연산 능력으로 탐구할 수 있게 되어 수학적 사고력이 향상된다.

수학적 사고력과 연산 능력은 균형과 조화, 불균형과 부조화를 겪으며 따로 또 같이 발달한다. 수학적 사고력을 사용하지 않고 기계적인 연습에 의존하여 연산을 학습하면 연산 능력도 수학적 사고력도 퇴화할 것이다. 또한 연산 능력을 갖추지 못하여 필요한 상황에서 연산을 할 수 없다면 문제를 해결할 수도, 새로운 수학적 의미와 관계를 찾을 수도 없을 것이다.

2016년 인공지능 알파고AlphaGo와 인간의 바둑 대결에서 인간 대표로 나섰던 이세돌 9단은 경기를 마친 후 자동차와 달리기 시합을 한 듯한 허탈한 심정을 표현했다. 기계적인 연습으로 연산을 학습하는 것은 컴퓨터와 계산 시합을 하는 꼴이다. 우리 아이들이 오랜 시간과 에너지를 계산 연습에 쏟고 사회에 나가 인공지능 기술 기반의 삶을 살면, 자동차와 달리기 시합을 하는 것보다 훨씬 더 허탈해할 것이다. 컴퓨터가 계산을 더 잘하니까 계산 방법을 몰라도 된다는 뜻이 아니라, 기술 기반의 사회에 적응하는 데 필요한 정도의 연산 능력과 수학적 사고력을 균형 있게 갖추는 것이 더 중요하다는 것이다.

10장 평가 동향 파악하기

수학학습과 평가 사이의 괴리 문제를 해결하기 위해 수학 평가 방법을 개선하려는 노력은 국내외에서 꾸준히 이루어져 왔다. 이 장에서는 수학과의 평가 동향을 파악하여 자녀의 수학공부를 점검할 때 참고하도록 하고자 한다.

K-수학교육의 현황과 과정 중심 평가

우리나라는 지난 수십 년 동안 진행된 국제 학업성취도 비교 연구에서 학생들이 높은 수학 성취를 보인 국가 중 하나로 국제적인 명성을 얻어 왔다. 해외의 수학교육 연구자들은 'K-수학교육'이라는 표현을 사용하며 우리나라 수학교육 연구자들을 부러워하기도 했다. 그러나 내부적으로는 높은 성취도의 저변에 평가되는 내용만 공부하는 현상, 사고력이나 수학 역량 함양은 등한시하는 경향, 기형적인 학습 습관이나 나쁜 수업 관행이 양산되는 등의 문제가 있음을 자성하는 목소리가 컸다. 수학교육 연구자들은 학생들이 사교육에 과하게 의존하면서 수학을 공부하고 수학에 대한 흥미와 관심, 자신감이 낮은 것에 우려를 표하면서 그 원인 중 하나인 평가 방식을 개선하기 위해 노력해 왔다. 그 결과, 학생들을 일렬로 줄 세우는 양적 평가 방식을 보완할 수 있는 대안적인 평가 방식을 도입하게 되었다.

문제는 대안적인 평가 방식으로 도입된 서술형 평가, 수행 평가, 과정 중심 평가, 포트폴리오 평가, 프로젝트나 팀 과제 기반 평가의 의미와 절차에 대한 충분한 이해가 뒤따르지 않았다는 점이다. 다지선다형이나 단답형 문항으로 구성된 수학 평가에 비해 앞서 언급한 대안적인 수학 평가가 객관성과 타당성 면에서 문제가 있다며 거부하는 사례가 왕왕 있었다. 서술형 평가나 수행 평가에서 얻은 성적을 수용하기 어렵다며 민원을 제기하고 때로는 필자에게까지 판정을 요청한 사례도 있었다. 이 중 상당수는 최근 수학과 교육과정 개정에서 강조해 온 과정 중심 평가의 의미와 배점 비중을 제대로 이해하지 못했기에 제기된 것이었다.

삶이 그러하듯이 수학공부에서도 결과 못지않게 과정이 중요하다. 이것이 과정 중심 평가의 핵심이다. 과정 중심 평가는 수학공부의 과정이 중요하므로 수업이 끝난 후가 아니라 진행되는 도중에 평가하고, 문제해결의 과정이 중요하므로 답이 맞았는지와 더불어 적절한 과정에 의해 답을 얻었는지를 평가하겠다는 것이다. 수업이 진행되는 도중에 하는 평가는 85점 또는 56점같이 점수로 표시하는 양적 정보가 아니라, 비형식적인 질적 정보에 근거하여 이루어진다. 예를 들어 중요한 수학적 아이디어를 제공하여 수업에 활기를 불어넣었는지, 협력적인 태도로 참여했는지, 경청하는 자세로 동료 학생의 의견을 들었는지, 계산의 정당성을 확인하려고 노력했는지 등을 체크리스트 또는 서술형으로 기록하여 평가할 수 있다. 이와 같은 질적 정보 기반의 평가는 시험 점수와 달리 학생의 수학 역량, 사고력, 창의력, 태도를 포함한 수학공부의 다양한 양상을 세밀하게 드러내므로 학습을 촉진하기 위한 전략을 수립하는 데 도움이 된다.

과정 중심 평가는 교사만이 아니라 학생도 평가에 참여한다는 점에서 기존 평가와 구별된다. 자기 평가를 통해 수학을 잘 배우고 있는지, 동료 학생에게 도움을 준 적이 있는지, 이해하기 어렵거나 해결할 수 없는 문제가 있는지, 도움이 필요한 점이 있는지 등을 스스로 확인할 수 있다. 동료 평가를 통해 협력과 공유 양상을 구체적으로 기록하여 평가할 수도 있다. 수학은 추상성이 높고 적용 맥락이 다양한 과목이므로, 혼자서 공부하는 것보다 동료 학생의 이해를 도와주며 공부할 때 훨씬 더 깊고 넓게 이해할 수 있다. 여러 연구 결과에서도 학생들이 동료 평가를 의식하며 친구들을 돕더라도 결국 자신에게 도움이 되는 학습을 하게 된다고 보고했다.

수업 중 평가에서는 아무래도 수학적 의사소통 역량을 중점적으로 평가하게 된다. 수학을 언어, 그래프, 그림, 기호로 표현하여 의미를 파악하고 탐구하는 능력, 학급 토론이나 조별 토론에 참여하여 경청하고 설득하는 능력, 발표하고 논쟁하는 능력 등을 평가하는 것이다. 혼자 조용히 수학을 공부하는 학생은 과정 중심 평가에서 좋은 평가를 받기 어렵다. 그러므로 가정에서도 자녀가 수학을 언어화·시각화·기호화하여 소통하면서 탐구 아이디어를 공유하도록 하면 수학적 의사소통 역량을 함양하는 데 도움이 되고 과정 중심 평가에서도 좋은 결과를 얻을 수 있다.

중학교에서 자유학기제의 일환으로 수학 프로그램을 운영할 때는 정기고사를 생략하는 대신 과정 중심 평가로 수학학습을 촉진한다. 이때 대부분의 수학 수업은 프로젝트를 기반으로 탐구하고 여기서 수학적인 의미를 도출하여 자율적으로 표현하는 활동을 강조한다. 자유학기제의 취지를 살리기 위함이다. 예를 들어, 미디어에서 평균, 중앙값, 최빈값을 언제 사용하는지 조사하는 프로젝트를 진행하며 과정 중심 평가를 실행할 수 있다. 학생들은 수업에서 고위 공직자의 재산 현황은 왜 평균으로 나타내고, 기초 연금 수급 대상자를 선정할 때는 왜 국민 가구소득의 중앙값을 기준으로 하는지 토론하면서 평균과 중앙값의 개념을 이해할 수 있다. 평균 대신 중앙값, 중앙값 대신 평균을 사용하면 어떤 일이 일어나는지 가상의 결과를 정리하고 분석할 수도 있다. 조별로 과제를 수행한다면 역할을 적절히 나누고 서로 모니터링하여 평균, 중앙값, 최빈값의 수학적 의미 차이를 깊이 있게 학습할 수 있다. 이때 교사와 학생은 과정 중심 평가를 함께 진행하게 된다.

과정 중심 평가는 배운 수학을 요약하고 깊이 성찰하는 수학 일기나 오답 노트 형식으로도 이루어질 수 있다. 수학 일기와 오답 노트 자체가 수학공부의 도구이면서 동시에 평가 도구가 되는 것이다. 특히, 수학 일기와 오답 노트는 교사가 무심코 지나칠 수 있는 학생의 상상력과 창의력, 오개념, 오류를 파악하여 학생에게 적합한 내용을 가르칠 수 있도록 한다. 이 점에서 과정 중심 평가는 일반적인 평가보다 학습을 촉진하는 면이 있다.

기술의 발달로 이제는 수학 일기와 오답 노트를 온라인 공간에 작성하도록 하여 실시간 평가를 할 수도 있고 누적된 자료에 대한 포트폴리오 평가도 할 수 있다. 예를 들어 함수의 그래프와 사각형의 성질을 탐구한 컴퓨터 화면을 저장하거나, 온라인 공간에서 학생들이 나누는 토론 내용을 일부 발췌하여 기록하는 것이다. 교실의 온도 변화를 정리하거나, 다양한 자료를 검색하고 분석한 것도 일기와 오답 노트에 복사하여 편집하는 방식으로 활용할 수 있다. 오늘날 정보처리 방식은 다양하고 편리해졌으며 수학 일기와 오답 노트도 새롭게 활용할 수 있게 되었다. 이에 따라 과정 중심 평가를 위한 자료 수집과 해석, 피드백도 수월해졌다.

그동안 대안적인 평가 방식은 신뢰도가 낮은 것 외에도 여러 한계를 보였다. 한 명의 교사가 가르치는 학급당 학생 수가 많고, 교사의 행정 업무도 많아서 대안적인 평가 방식을 정착시키는 데 어려움이 있었던 것이다. 그런데 최근 대안적인 평가 방식에 대한 요구가 매우 커졌는데, 한편으로는 저출생 문제로 학급당 학생수가 줄어들고, 다른 한편으로는 더 이상 시험 중심 교육은 안 된다는 문제의식이 높아진 덕이다. 이에 향후 과정 중심 평가를 비롯한 대안적인 평가 방식의 도입은 더욱 확대될 것이고, 인공지능 기술을 활용하여 교사의 행정 및 수업 부담도 줄일 수 있을 것으로 기대한다.

과정 중심 평가를 비롯한 대안적인 평가 방식을 도입하는 이유를 이해하고 그 절차를 파악하면 새롭게 강조하는 수학 평가에 잘 대비할 수 있다. 먼저 대안적인 평가 방식을 도입하는 이유는 서열화보다 학습을 촉진하고 지원하는 평가를 추구하기 위해서다. 연구자들은 이 의도를 학습과 평가의 일체화를 지향하기 위한 것이라고 설명한다. 학습했는지를 평가하는 기존의 방식에서는 학습 실패의 책임이 주로 학생에게 있었다. 하지만 대안적인 평가 방식에서는 학습 과정이 진행되는 수업 중에 평가가 이루어지고 이를 바로 학습 경로에 반영하므로, 교사와 학생이 학습 실패에 대한 책임을 공유한다. 평가 결과를 바탕으로 개별 맞춤형 학습을 지원하기 위해 대안적인 평가 방식을 도입하기도 한다. 궁극적으로는 단편적인 지식만이 아니라 수학 역량과 사고력 등을 평가함으로써 장기적으로 수학을 공부하는 능력을 갖추도록 지원하고자 하는 것이다. 학생이 평가 주체로 참여하여 자기 평가와 동료 평가를 경험하도록 함으로써 수학공부 과정을 이끌어 가도록 한다는 점도 대안적인 평가 방식, 그중에서도 과정 중심 평가를 도입하는 중요한 이유다.

수학에서의 과정과 기능

앞으로 수학교육 정책에서 과정 중심 평가의 도입은 강조하여 추구할 핵심적인 목표다. K-수학교육의 한계를 극복하고 미래 세대에게 의미 있는 수학학습을 촉진하고 지원하는 방안이기 때문이다. 과정 중심 평가에 구체적으로 대비하려면 수학 과목에서 '과정과 기능'의 의미를 알아야 한다.

수학과 교육과정에 명시된 수와 연산 영역의 과정과 기능은 다음 표와 같다. 초등학교에서는 수 관련 개념과 원리를 탐구하는 과정, 수를 세고 읽고 쓰는 기능, 수 감각과 연산 감각을 기르는 과정, 연산 사이의 관계를 탐구하는 과정, 수의 범위를 실생활과 연결하는 과정 등을 명시하여 학습과 평가에서 중점적으로 고려하도록 하고 있다. 중학교에서는 정수, 유리수, 실수의 대소 관계를 판단하는 과정, 식의 사칙계산 원리를 탐구하고 계산하는 기능, 유리수와 순환소수의 관계를 설명하는 과정을 명시하여 역시 학습과 평가에 반영하도록 하고 있다. 여기서 탐구하거나 판단하는 절차를 이해하고 적절한 산출물을 만들어 내야 관련 내용을 학습하고 좋은 평가를 받는 데 도움이 된다. 이와 같은 정보를 알아야 과정 중심 평가의 내용과 배점 비중을 이해할 수 있는 것이다.

우리나라에 태어난 이상 경쟁을 피할 수 없고 평가 결과에 민감할 수밖에 없음을 잘 알고 있다. 연구자로서는 과정 중심 평가가 정

수와 연산 영역의 과정과 기능

초등학교 수와 연산 영역의 과정과 기능	중학교 수와 연산 영역의 과정과 기능
• 자연수, 분수, 소수 등 수 관련 개념과 원리를 탐구하기 • 수를 세고 읽고 쓰기 • 자연수, 분수, 소수의 크기를 비교하고 그 방법을 설명하기 • 사칙계산의 의미와 계산 원리를 탐구하고 계산하기 • 수 감각과 연산 감각 기르기 • 연산 사이의 관계, 분수와 소수의 관계를 탐구하기 • 수의 범위와 올림, 버림, 반올림한 어림값을 실생활과 연결하기 • 자연수, 분수, 소수, 사칙계산을 실생활 및 타 교과와 연결하여 문제해결하기	• 최대공약수와 최소공배수 구하기 • 정수, 유리수, 실수의 대소 관계 판단하기 • 정수, 유리수, 근호를 포함한 식의 사칙계산의 원리를 탐구하고 계산하기 • 유리수와 순환소수의 관계 설명하기

말 수학학습을 촉진하고 지원하는 역할을 하는지에 관심이 있다. 그러나 필자가 현직 교사로 근무하는 제자들과 이야기를 나눌 때면 과정 중심 평가가 학생, 학부모, 동료 교사와 합의 가능한 객관성, 타당성, 신뢰성을 갖출 수 있는지에 초점을 두고 토론할 때가 훨씬 많다. 앞서 언급한 평가 결과에 대한 민원 문제 때문이다. 수학과 교육과정에서 과정과 기능을 명시하는 것도 이와 관련이 있다.

수학 서술형 평가의 주요 감점 요인

수학능력시험은 아직 객관식 문항과 단답형 문항으로만 구성되어 있으나, 대학에서 실시하는 구술 면접에서는 서·논술형 문항으로 평가가 이루어지고 있다. 수학능력시험에도 서·논술형 문항의 도입이 필요하다는 주장이 폭넓게 동의를 얻고 있어, 머지않아 수학능력시험의 형식도 전체적으로 변화될 가능성이 있다. 아직은 시험 형식을 논의하는 단계에 있으므로, 현재 일선 학교에서 주로 진행하는 수학 서술형 평가의 의미와 절차, 학생들의 주된 감점 이유와 개선 방안에 대해 살펴보자.

수학과의 서술형 평가 비중은 지역과 학교급에 따라 다르다. 중학교의 경우, 최근 들어 많은 지역에서 50% 정도의 비중으로 서술형 평가를 반영하고 있으며, 앞으로 점차 비중이 확대될 것으로 전망한다. 현재 서술형 평가는 정기고사에서 제한된 시간 안에 일정한 형식을 갖추어 풀이 과정을 쓰도록 하는 형태로 이루어지고 있다.

학교 규모가 큰 경우 두 명의 수학 교사가 같은 학년의 학생을 나누어 가르칠 수 있다. 이때 같은 교과서로 수업하더라도 두 교사가 가르친 내용과 풀이 과정의 서술 형식에는 크고 작은 차이가 있을 수 있으므로 서술형 평가의 내용과 형식에 대한 조정과 합의가 필요하다. 어떤 문항을 서술형으로 출제하고, 배점 기준을 어떻게 잡을 것인지에 대해 두 교사의 의견이 다를 수도 있기 때문이다. 교사들과의 대화로부터 확인한 바는, 현직 교사들은 채점 기준이 구체적이고 풀이 과정이 명확해서 채점하기 쉬운 경우를 선호하는 경향이 있다. 이는 서술형 평가에서 주관적 판단의 영향을 최소화하려는 노력으로 보인다.

　서술형 평가는 '총체적 채점'과 '분석적 채점'이라고 불리는 두 가지 방식에 따라 결과를 낸다. 자녀가 유독 서술형 평가에 적응하지 못한다면 채점 방식을 고려하여 별도로 서술형 문항에 답하는 연습을 하도록 도울 필요가 있다. '총체적 채점'은 풀이 과정 전체를 종합적으로 확인하여 단일한 점수를 부여하는 평가 방식이다. 모든 평가 요소를 한 번에 확인하므로 교사가 평가를 완료하는 데 시간이 적게 든다. 그렇지만 학생의 수학 역량을 세밀하게 평가하는 데는 적합하지 않다. 이와 달리, '분석적 채점'은 평가 요소별로 점수를 부여하여 세밀하게 수학 역량을 평가하기에 적합하다. 하지만 사전에 세부 평가 요소와 배점 기준을 설정해야 하고, 평가 요소별로 체점해야 해서 시간이 많이 소요된다. 서로 다른 교사가 같은 학년 학생들을 나누어 지도하는 경우, '분석적 채점'에 따라 평가하는 것이 공정성과 신뢰도 확보에 도움이 된다.

　연구자들이 수학과 서술형 평가에 대한 학생들의 응답을 분석하여 찾아낸 주요 감점 요인은 다음과 같다.

- 계산 오류가 있는 경우
- 기호 또는 수식 표현에 오류가 있는 경우
- 풀이 과정에서 잘못된 개념과 절차를 제시하거나 적용한 경우
- 주어진 조건을 잘못 이해한 경우
- 부적절하게 추론한 경우
- 풀이 과정 중 일부를 생략한 경우
- 실생활 맥락을 활용한 문제에서 계산 결과를 맥락에 적합하게 표현하지 않은 경우

    서술형 평가에서 좋은 결과를 얻으려면 위의 감점 요인을 잘 이해하고 별도의 학습을 통해 대처 능력을 함양할 필요가 있다. 학생들에게 서술형 평가에서 감점받은 원인을 찾아 보라고 하면, 위의 요인 중 계산 오류와 수식 표현 오류는 쉽게 찾는다. 다만 교사나 학교에 따라 수식 표현의 정확성을 요구하는 수준은 다소간 차이가 있으므로 상황을 잘 파악해야 한다. 평소 수업 시간에 담당 교사가 관련된 표현을 어떻게 다루는지 기록하고, 표현의 의미와 용법을 충분히 이해하여 적용하는 태도와 습관을 길러야 한다. 일부 학부모는 "모든 교사가 같은 풀이 과정을 요구해야 하는 것 아닌가요?" 하며 비판하기도 한다. 그러나 교사는 가르치는 학생들의 성취 수준과 성향에 따라 수학적 표현의 수준과 형태를 결정하여 다른 방식으로 지도할 수 있다. 그러니 교사의 전문적인 판단을 존중해야 한다.

    서술형 평가에서 학생들은 주어진 조건을 잘못 이해하여 풀이

과정에 적용하는 경우가 많다. 이때 학생들이 하는 실수는 단순 정보 확인 오류에서부터 주어진 변수 사이의 관계를 잘못 파악하는 경우까지 다양하다. 예를 들어, 문제에서 10%라고 한 것을 1%로 잘못 읽고 식을 세우기도 하고, 두 변수가 이차함수 관계에 있다고 했는데 일차함수 관계로 착각하기도 한다. 이처럼 주어진 조건을 이해하고 활용하는 데 오류를 줄이려면 식을 세운 후 또는 문제를 다 푼 후에 주어진 조건을 제대로 활용했는지 확인하는 습관을 들일 필요가 있다.

부적절한 추론 오류도 다양한 형태를 띤다. 대표적인 경우는 문제에서 구해야 하는 것이나 증명해야 하는 것을 풀이 과정 또는 증명 과정에 이용하는 것이다. 예를 들어, 두 삼각형이 합동임을 증명해야 하는데, 두 삼각형이 합동이므로 대응하는 두 변의 길이가 같다는 식으로 추론하는 경우가 있다. 또한, 귀납적으로 몇 개의 사례에 성립하는 성질을 일반적으로 성립하는 것처럼 가정하는 사례도 있다. 확률과 통계에서 일상적인 믿음에 근거하여 판단하는 경우, 이를테면 동전을 10회 던지면 앞면과 뒷면이 5회씩 나올 것이라고 기대하는 것은 부적절한 추론이다.

풀이 과정 중 일부를 생략하여 감점받는 학생도 많다. 일부 학생들은 교사가 수업 중에 어떤 과정까지 풀이 과정으로 제시해야 함을 알려 주는데도 주목하지 않았다가 원하는 결과를 얻지 못하기도 한다. 이 경우 교사와 학생 사이에 의견 차이가 있었는데 평가 결과가 나온 후에야 의견이 다름을 알게 되기도 한다. 따라서 되도록 수업 중에 풀이 과정의 의미를 확인하여 서술형 평가에 대비할 필요가 있다. 다 아는데 풀이 과정의 일부를 생략하여 감점받으면 억울하지 않겠는가. 간혹 그림을 그려 문제를 풀거나 문제지에 제시된 그림을 이용하여 답을 구하는 경우가 있는데, 풀이 과정으로 인정받으려면 그림으로 나타낸 조건을 언어나 식, 기호로 다시 표현하는 것이 좋다.

실생활 맥락을 활용한 문제는 대부분 난도가 높은데, 어려운 계산을 다 하고도 맥락에 적합하게 답을 표현하지 못하여 감점받는 학생도 있다. 단순히 단위를 쓰지 않아서 감점받을 수도 있다. 예를 들어, 실생활 맥락에서는 한 시간과 1분의 차이가 크기 때문에 단위를 쓰지 않으면 어렵게 구한 답이라도 인정받을 수 없다. 활용 문제를 해결한 후에는 구한 답을 원래 문제의 맥락에 대입하여 의미를 생각해 보는 습관을 들이는 것이 좋다.

앞서 살펴본 서술형 평가의 주요 감점 요인은 과정 중심 평가, 프로젝트 기반 평가, 수행 평가, 포트폴리오 평가 등 대안적인 평가 방식에 따른 평가에서도 마찬가지로 적용된다. 자녀가 대안적인 평가에서 이유를 알 수 없는 감점을 받았다고 속상해한다면, 앞선 요인을 참고하여 자녀의 답안을 채점해 보고 보완할 점을 같이 찾아 보는 것이 바람직하다.

지금까지 수학과의 평가 동향을 살펴보았다. 오늘날 학교 수학은 서열화만을 목적으로 하는 평가에서 학습을 촉진하고 지원하는 평가로 바뀌고 있다. 이를 위해 과정 중심 평가를 비롯한 대안적인 평가 방식을 도입하는 중이다. 이번 장에서는 과정 중심 평가의 의미를 살펴보고, 그것이 어떻게 이루어지는지를 알아보았다. 서술형 평가에서 학생들이 주로 어떤 이유로 감점을 받는지도 살펴보았다. 이를 참고하여 자녀가 수학을 공부하면서 평가에서도 어느 정도 원하는 결과를 얻을 수 있도록 지도하길 바란다.

수학적 표현과 친해지기

11장

수학적 표현은 하나의 언어와 같이 나름의 문법과 규칙이 있어서 이에 얼마나 잘 적응하느냐에 따라 소통의 수준이 달라진다. 수학을 제대로 공부하고 좋은 결과를 얻으려면 수학적 표현을 적절히 이해하고 활용할 수 있어야 한다. 이 장에서는 사례를 중심으로 이를 알아본다.

왜 수학은 학년이 올라갈수록 어려워질까

수학을 공부할수록 쉽게 느낀다면 얼마나 좋을까? 그런데 현실은 정반대다. 대부분의 학생은 학년이 올라갈수록 수학이 어렵다고 말한다. 그 원인 중 하나는 수학적 표현의 변화다. 유치원부터 초등학교까지는 구체물을 활용하여 수학을 공부하고, 수학적인 아이디어와 다양한 수학적 관계도 언어나 시각적 표현으로 다룬다. 그런데 초등학교 고학년부터는 서서히 규칙성이나 수학적 관계를 찾아 압축된 언어나 시각적인 기호로 나타내는 방법을 배운다. 비와 비율, 백분율 등을 이용하여 하나의 표현을 다른 표현으로 변환하는 방법도 다룬다. 그러다가 중학교에 가면 상당 부분의 내용을 시각적인 표현 대신 문자 기호를 사용하여 표현한다. 고등학교에서는 대부분의 수학을 문자 기호로 나타내고 수식으로 표현하여 다룬다. 학년이 올라갈수록 문자 기호와 수식 표현에 의존하는 정도가 높아진다. 학년이 올라갈수록 수학이 어렵게 느껴진다면, 문자 기호와 수식 표현을 이해하고 상황에 맞게 적용하는 능력이 제대로 갖추어지지 않았을 가능성이 있다. 자녀가 초등학교 때까지는 수학을 잘했는데 중학교에 와서 갑자기 수학을 어려워한다면, 문자 기호와 수식 표현의 사용 능력을 점검하고 지원해야 한다.

예를 들어, 어떤 학생이 '$2a + 3b$'를 보고 '$2a + 3b = 5ab$'라는 식으로 변환했다고 하자. 이 학생은 문자 기호와 수식 표현의 규칙을 제대로 모르기 때문에 자신이 알고 있는 자연수 덧셈을 회상하고, 문자 연산 방법을 상상하여 계산한 것으로 보인다. $2a$에서 2만 떼어 내고 $3b$에서 3을 떼어 내어 더해서 5로 쓰고, 남은 a와 b를 ab로 모아 쓴 것이다. 이처럼 이전에 성립했던 사실, 원리, 법칙이 새로운 맥락에 부적합해진 상황을 '인식론적 장애'라고 했다. 이 예에서 학생은 새로운 수학적 표현을 받아들이지 못하고 이전의 사고방식과 표현을 사용하여 오류를 범한 것이다.

'$2a + 3b = 5ab$'라는 식에는 덧셈 기호와 등호가 포함되어 있다.

등호에는 두 가지 의미가 있다. 하나는 연산의 결과를 제시하라는 '신호', 다른 하나는 양쪽 변에 같은 것이 있는 '상태'를 나타낸다. 이 학생은 연산의 결과를 제시하라는 '신호'의 의미로 등호를 사용하여, '2a + 3b'의 결과가 5ab라고 표현했다. '2a + 3b'에 연산 기호 '+'가 포함되어 있으나 더 연산할 필요가 없음에도 굳이 연산하고 그 결과를 등호로 제시한 것이다. 이처럼 수학적 표현의 용법과 관례를 이해하지 못하고 이전 경험에 근거하여 부주의하게 다루다가 오류를 범하는 사례가 많다.

문자 기호가 포함되어 있지 않은 수식에서도 등호를 연산 결과를 제시하라는 '신호'로 이해하고 오류를 범하는 경우가 있다. 가령, 아래와 같이 두 개의 등호를 모두 '신호'를 나타내는 것으로 생각하고 잘못된 식을 쓰기도 한다. (1)번 등호는 23과 45를 더한 결과를 제시하라는 '신호'로, (2)번 등호는 68에서 12를 뺀 결과를 제시하라는 '신호'로 생각하는 것이다. (1)번 등호는 68까지만 썼다면 적절한 표현으로 볼 수 있다. 반면 (2)번 등호는 옳지 않으므로 함께 제시하지 말고, '68 - 12 = 56'이라는 식을 따로 제시해야 한다.

잘못된 등호 기호 사용 사례

$$23 + 45 = 68 - 12 = 56$$

(1)   (2)

만약 교사 두 명당 학생 일곱 명을 '2T = 7S'로 나타내는 학생이 있다고 하자. 이 학생은 교사를 나타내는 영어 단어 Teacher에서 T를 가져오고 학생을 나타내는 단어 Student에서 S를 가져와서 식을 세웠다. '교사 두 명당'이라는 정보를 2T로, '학생 일곱 명'이라는 정보를 7S로 나타낸 후 두 양이 같음을 등호로 나타낸 것이다. 이 학생은 등호를 연산 결과를 제시하라는 '신호'로 이해하지는 않았지만, 양변이 왜 같은지 제대로 파악하지 못한 채 같다고 표현했다.

자녀가 문자 기호와 수식 표현을 잘못 사용하면 부모가 직접 표현을 고쳐 줌으로써 학습을 도울 수 있다. 하지만 그렇게 하면 외부의 도움이 없을 때 다시 오류를 범할 수 있다. 오류를 되풀이하지 않으려면 자녀가 스스로 무엇이 왜 잘못되었는지 파악하도록 해야 한다. 이때 수식을 제대로 세웠는지 알아보는 방법은 간단하다. 문자에 적당한 수를 대입해서 식이 성립하는지 확인하는 것이다. 예를 들어, 교사 두 명당 학생 일곱 명을 '2T=7S'라고 표현한 학생에게 "교사가 두 명인 경우를 ○○가 만든 식에 한번 넣어 볼까?"라고 간단히 질문할 수 있다. 학생은 자신이 만든 식에 'T = 2'를 대입한 후 '4 = 7S'가 됨을 확인하자마자 무언가 잘못되었음을 알아챌 수 있다. '교사 두 명당 학생 일곱 명'이라고 했으니 'S = 7'을 대입하면 '4 = 49'가 된다. 이처럼 특수한 값을 대입하여 식을 바르게 세웠는지를 확인하는 습관을 들이도록 안내하면 자녀의 수학공부에 도움이 된다.

아이가 수식을 제대로 세우지 못했음을 깨달을 때까지 대입하는 수를 바꿔가며 식이 성리하는지 계속 확인하도록 하는 것도 좋은 전략이다. '2T = 7S'에서 교사 T가 두 명일 때 식의 오류를 파악하지 못했다면 교사 T가 세 명일 때, 네 명일 때, 다섯 명일 때 각각 학생 수를 구하도록 할 수 있다. 누구보다 아이가 무의미한 반복 계산을 싫어할 것이다. 이 과정을 거쳐 교사 두 명당 학생 일곱 명은 '2T = 7S'가 아닌 '7T = 2S'로 표현해야 함을 깨닫게 되면, 다음에 유사한 맥락에서 식을 세울 때는 감각적으로 제대로 된 식을 세우고 테스트를 거쳐 식을 확정할 수 있다. 문자 기호와 수식 표현이 처음 등장할 때 이렇게 공부하고, 새로운 기호 표현이 등장할 때마다 비슷한 과정을 거치면서 학습한다면 학년이 올라가더라도 다양한 수학적 표현을 적절히 이해하고 활용할 줄 알게 되어 수학공부를 감당할 수 있을 것이다.

수학적 표현의 가치와 중요성 인식하기

앞에서 등호가 '신호'와 '상태'라는 두 가지 의미로 쓰일 수 있음을 확인했다. 더불어 '2a+3b'의 경우에는 등호를 써서 연산 결과를 제시하지 않고 그대로 둘 수 있음을 알아봤다. 등호를 연달아 사용할 수 없는 경우도 확인했다. 이렇게 문자 기호와 수식 표현에는 다양한 규칙과 관례가 있으므로 적절한 방식을 선택하는 법을 알아야 한다. 따라서 수학을 공부할 때는 다양한 수학적 표현 방식과 의미를 이해하여 정확하게 사용하는 연습이 필요하다.

기호와 수식을 정확하게 쓰는 것이 중요하다고 해서 무작정 외운다면, 맥락이 조금만 바뀌어도 적절한 표현을 떠올리지 못할 수 있다. 기호와 수식의 의미를 알고, 각각의 표현이 어떤 점에서 가치가 있는지 파악해야 필요한 순간에 적절하게 활용할 수 있다. 기호와 수식의 의미를 깊이 생각하는 습관은 수학학습의 초기부터 가져야 한다.

4장과 5장에서 소개한 도형이와 계산이 사례를 다시 생각해 보자. 도형이는 수학적 표현을 일방적으로 받아들이기보다 그 의미를 생각하여 새롭게 연결하는 모습을 보였다. 예를 들어, 도형이는 2와 2의 합을 나타내는 '2 + 2'와 곱을 나타내는 '2 × 2'가 서로 다른 수학적 표현인데 그 결과가 같음을 발견했다. 도형이는 덧셈과 곱셈이 다른 계산인데도 2와 2의 경우는 결과가 같아서 '2 + 2 = 2 × 2'가 되는 것이 신기하다고 했다. 덧셈과 곱셈의 결과가 같은 것은 2라는 특수한 경우에만 성립하므로, 도형이의 발견이 사소하다고 생각할 수 있다. 그러나 수와 연산을 이제 막 배우기 시작한 어린 아동이 서로 다른 연산 사이의 관계를 식으로 연결한 것은 연산과 수식의 의미와 가치를 인식한 증거이므로 탁월하다.

수학적 표현에 주의를 기울이는 것은 단순 계산을 반복할 때와 달리 고도의 수학적 사고와 창의성을 요구한다. 2와 2를 합하고 곱할 수 있는 아동은 많지만, 이것을 '2 + 2 = 2 × 2'로 표현하는 아동은 매우 드물다. 덧셈, 곱셈, 등호라는 수학적 표현의 의미와 기능을 알고 하나의 식으로 표현하는 데 필요한 수학적 사고를 거쳐야 하기 때문이다. 수학에서 등호는 매우 특수한 가치를 지니는데, 등호로 한번 연결되면 더 큰 영역으로 성질을 확장하는 기회를 얻는다는 점에서 그렇다. 등호로 표현된 새로운 수학적 성질이 특수한 경우에만 성립하는지, 일반화가 가능한지는 수학에서 매우 중요한 논점이다.

도형이가 덧셈과 곱셈에서 '2 + 2 = 2 × 2'라는 수학적 표현으로 관심을 옮겼다는 것은 매우 훌륭하다. 도형이는 이 표현이 2에 대해서만 가능한지, 다른 경우에도 가능한지 생각해 보면서 스스로 수학을 탐구하고 창의적으로 구성하는 특별한 경험을 할 수 있었다. 이런 식이 성립하는 경우는 0과 2뿐임을 발견하고 왜 그런지 설명하려고 노력하는 모습은 수학적으로 매우 창의적이고 깊이 있는 것이다. 수학 수업과 평가에서는 이렇게 스스로 수학적인 표현을 생성하거나, 기존의 표현에 주목하여 새로운 생각을 해내는 능력을 매우 높이 평가한다.

유명한 수학자인 서스턴W. Thurston도 어린 시절부터 수학적 표현의 의미와 중요성, 가치에 대한 감수성이 남달랐다. 예를 들어, 초등학교 5학년 무렵 서스턴은 134를 29로 나눈 것을 $\frac{134}{29}$로 나타낼 수 있음을 알았을 때 감탄하고 기뻐했다. '134÷29'는 지겨운 계산을 요구하지만 $\frac{134}{29}$는 아무런 계산도 할 필요가 없기 때문이다. 서스턴은 몹시 기뻐하며 아버지에게 놀라운 마음을 설명했는데, 아버지는 별

감흥 없이 너무 당연한 일이라고 말했다고 한다. 만약 자녀가 이렇게 흥분해서 달려왔다면 서스턴의 아버지처럼 무감각하게 말하지 말고, 같이 흥분하고 놀라워하길 바란다.

서스턴이 감탄했듯이, 나눗셈과 분수 표현에는 큰 차이가 있다. 등호를 사용하여 나눗셈을 분수로 바꾸어 표현하면, 분수 사이에는 새로운 연산과 의미 체계가 만들어진다. 자연수 연산에서 분수 연산으로, 유리수 연산으로 확장되는 것이다. 이처럼 수학적 표현은 수학과 수학적 사고의 발달에 중요한 역할을 한다. 이를 인식하면서 수학을 공부하고 감탄하거나 흥분하는 정서의 변화를 겪는다면 수학공부의 폭과 깊이가 비약적으로 확장될 것이다.

수학적 표현의 중요성과 유용성을 이해하려면 일반성과 특수성 사이의 관계를 알아야 한다. 예를 들어, 도형이가 찾았던 '$2+2=2\times 2$'는 일반적으로 성립하는 성질이 아니다. 2에 대해서만 성립하는 성질로, 2의 특수성을 드러낸다. 그러나 '$a+b=b+a$'는 어떤 수를 넣어도 성립하는 성질을 표현한다. 이는 덧셈에 대해 일반적으로 성립하는 성질, 곧 '교환법칙'을 나타내고 있다. 한편, '$2+2=2\times 2$'와 같이 2의 특수성에 의존하는 표현은 '$a+a=a\times a$'로 일반화하여 표현할 수 있다. '$a+b=b+a$'처럼 일반성을 갖춘 법칙을 적용하여 '$3+5=5+3$'임을 확인하기도 한다. 이처럼 수학적 표현은 특수한 예에서 출발하여 일반화로 나아가거나, 일반적인 법칙을 특수한 경우에 적용할 때 중요한 역할을 한다. 수학에 대한 이해 수준은 수학적 표현의 역할을 이해할 때 높아진다.

수학을 공부하는 과정에서는 특수한 예에 대해 성립하는 성질을 참고하여 일반적으로 성립하는 성질을 찾고, 일반적으로 성립하는 성질을 적용하여 특수한 예의 의미를 발견하는 사례가 수없이 나타난다. 예를 들어, 초등학교 때는 '2 더하기 3'과 '3 더하기 2'가 같음에 주목하고 다른 예도 몇 개 더 확인하여 교환법칙이 성립함을 직관적으로 지도한다. 중학교에 가면 '$a+b=b+a$'로 교환법칙을 표현하고, 일반적으로 더하는 순서를 바꾸어도 그 결과가 같음을 가르친다. 이후 특수한 예에 교환법칙을 적용하여 효율적으로 계산하는 방법을 가르친다. 이렇게 수학적 표현은 특수에서 일반으로, 다시 특수로 이동하는 과정에서 형식화되고 정교화된다. 자녀가 이 원리를 이해하면, 학년이 올라갈수록 흥미를 느끼면서 수학을 공부할 수 있다.

특수성과 일반성 사이의 끊임없는 상호 작용은 문자 기호와 수식 표현에 담긴다. 이에 그 상호 작용을 이해하도록 지원하면 자녀의 수학공부를 상당 부분 도울 수 있다. 아이가 수학적 표현의 상호 작용을 경험하도록 사례에서 법칙으로, 법칙에서 사례로 이동하도록 장려하고, 그 과정에서 만나는 수학적 표현이 얼마나 유용하고 편리한지 느끼도록 할 필요가 있다. 이 점에서는 도형이 부모가 지혜롭게 대처했음을 확인해 보길 바란다.

다양한 수학적 표현 활용하기

많은 학생이 수학적 표현에 적응하기 어려워하는 탓에 학년이 올라갈수록 수학공부를 힘들어한다는 것을 언급했다. 그런데 이 말을 특정한 수학적 표현만 배울 가치가 있다는 뜻으로 받아들이지 않으면 좋겠다. 수학적 표현은 다양하며, 학생들의 수준과 성향에 맞는 여러 형태의 표현을 사용하여 수학적인 아이디어를 나타내는 활동이 더 중요하다. 다양한 수학적 표현을 활용한 경험이 있어야 특정한 수학적 표현으로 나아가는 의미와 유용성을 제대로 파악할 수 있다.

흥미로운 과제를 제시했을 때 학생들이 실제로 얼마나 다양한 표현 방식을 활용하는지 살펴보자. 아래에 '커피-우유 문제'라고 불리는 문제가 제시되어 있다. 수학 문제가 맞는지 의아할 정도로 숫자가 하나도 포함되어 있지 않다. 식도 없고 오로지 수학적인 조건만 제시하고 있음에 주의하자. 수학적인 조건은 국자로 커피를 떠서 우

커피-우유 문제

크기가 같은 컵에 같은 양의 우유와 커피가 들어 있다. 사진과 같이 국자로 커피를 떠서 우유가 담긴 컵에 붓고, 잘 섞는다. 섞인 잔에서 동일한 양을 떠서 커피가 담긴 잔에 붓고, 잘 섞는다. 우유가 있던 잔에 담긴 커피와 커피가 있던 잔에 담긴 우유 중 어느 것이 더 많을까?

11장 수학적 표현과 친해지기

유가 담긴 컵에 붓고 잘 혼합하면 균일한 농도가 된다는 것, 그 다음에 혼합한 액체를 같은 양만큼 옮긴다는 것, 이 행동을 반복하는 것이다. 액체를 옮길 때 손을 떨어 액체가 쏟아졌다거나 혼합할 때 균일하게 섞지 못한 상태는 가정하지 않는다.

앞서 10장에서 학생들은 서술형 문제에 제시된 조건을 잘못 이해하여 감점받는다는 사실을 확인했다. 이 문제의 경우, 학생들에게 조건을 찾아 써보도록 하니 다음과 같이 흥미로운 반응이 나왔다. 수학 문제 중 커피-우유처럼 생활 속 맥락이나 다른 분야와 연결된 맥락에서 수학을 사용하여 해결하는 문제를 '문장제'라고 한다. 수학적인 모델을 설정하여 해결한다고 해서 '수학적 모델링 문제'라고도 불린다. 과정 중심 평가, 서술형 평가, 프로젝트 기반 평가 등에서는 이처럼 언어로 서술된 문제 맥락을 잘 해석하는 능력도 평가한다. 학생들이 서술한 문제의 조건이 흥미로운 이유는, 주어진 것이 무엇인지가 아니라 주어지지 않은 것이 무엇인지에 관심을 보였기 때문이다. 수학적인 정보가 없는 것으로 보이는 상황에서 다양한 수학적 표현을 창안하여 문제를 해결하는 경험은 학생들에게 한 단계 비약하는 기회를 제공했다.

- 숫자 정보가 없음.
- 국자에 액체를 얼마나 담을 수 있는지 알 수 없음.
- 국자로 액체를 몇 회 옮기는지 제시하지 않음.

우리나라 학생들은 다양한 수학적 표현을 사용해 보라고 해도 문제마다 정해진 표현 방식과 풀이 방법을 사용하는 경우가 많은데, 이 문제를 제시하니 학생들이 매우 다양한 수학적 표현 방식을 사용했다. 예를 들어 다음 그림처럼 언어로 제시된 문제 상황을 시각적으로 표현한 후, 식을 세워 문제를 해결하는 학생이 있었다.

두 번째 그림과 같이 표현한 학생도 있었다. 이 학생이 얼마나 창의적인지 생각해 보라. 커피와 우유를 알갱이로 표현하여, 국자로 액체를 섞는 과정에서 커피와 우유의 양이 변하는 추세를 한눈에 알아보기 쉽게 나타냈다. 문제 상황을 단순화하면서도, 문제를 해결하는 데 필요한 정보인 커피와 우유의 양 변화를 시각적으로 표현하여 문제해결의 아이디어를 포착한 것이다. 우유 속 커피와 커피 속 우유가 계속 같은 양이라는 점을 아주 쉽고 명확하게 설명한 해법이었다.

세 번째 그림과 같이 넓이로 문제 상황을 표현한 학생도 있었다.

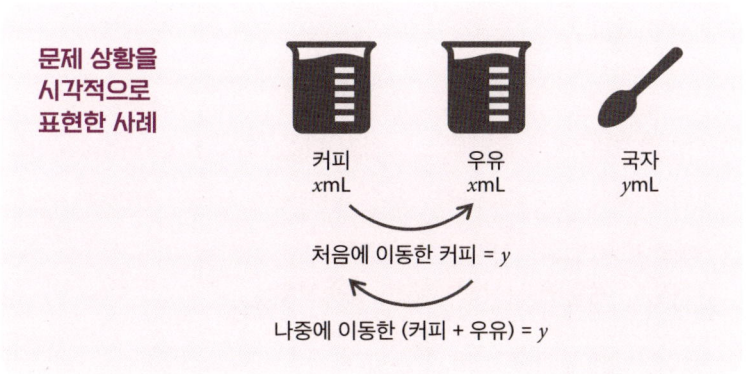

11장 수학적 표현과 친해지기

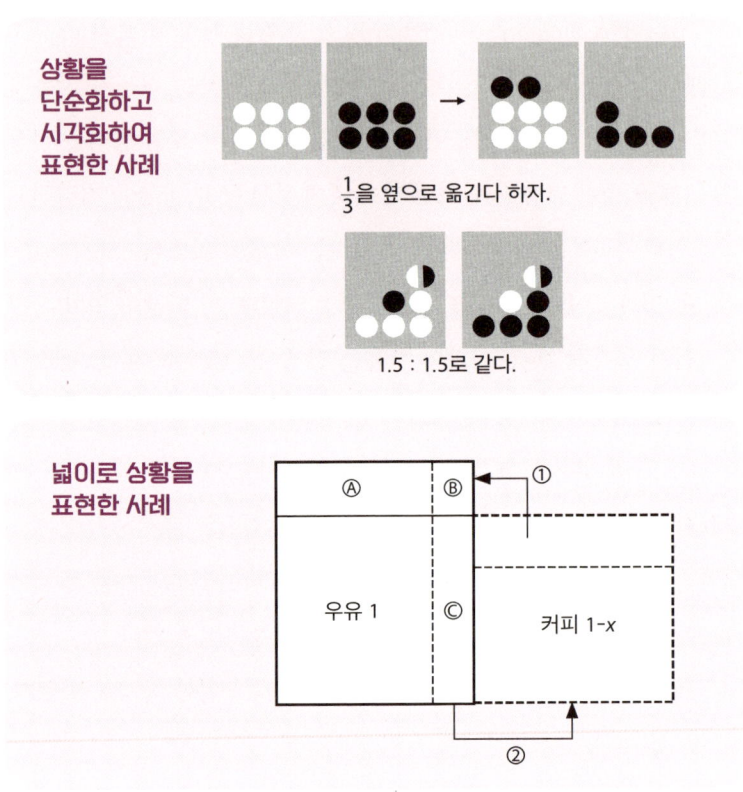

이 학생은 한쪽에서 줄어드는 넓이와 다른 쪽에서 늘어나는 넓이를 비교하여 결국 커피 속 우유와 우유 속 커피가 같음을 설명하고자 했다. 이렇게 우리나라 학생들도 기회를 주면 다양한 수학적인 표현을 사용하여 문제를 해결한다는 것을 알 수 있었다.

다음 대화에서와 같이 소수의 학생은 국자의 크기를 고려하여 문제를 해결하는 매우 강력한 아이디어를 제시하기도 했다.

> 교사: ○○야, 양쪽에 같은 양이 있다고 말했니? 풀이 과정을 볼 수 있을까?
>
> ○○: 너무 간단해서 놀라실 텐데요. 만약 국자의 크기가 0이라면 이동하는 양이 0이므로 커피 속 우유가 0, 우유 속 커피가 0입니다. 만약 처음 커피와 우유의 양을 100이고 국자의 크기가 100이라면, 1회 이동 후 섞어서 다시 이동했을 때 커피 속 우유가 50, 우유 속 커피가 50입니다. 국자의 크기 양 끝 값에 대해 커피 속 우유와 우유 속 커피의 양이 같으므로, 사이에 있는 국자의 크기에 대해서도 두 양이 같습니다.
>
> 교사: 정말 놀라운 방법이구나!

위 대화에서 학생은 커피와 우유의 양을 100으로 표현한 점, 국자의 크기를 0부터 100까지로 표현한 점에서 높은 수학적 창의성을 보여 주었다. 학생이 수학적인 생각을 어떻게 표현하는지 보면 수학 역량은 물론이고 수학적 잠재력도 가늠할 수 있다.

학년이 올라갈수록 수학이 어려워지는 것은 다양한 수학적 표현을 두루 체험하지 못한 채 추상적이고 형식적인 표현만을 익히는 공부 방식 때문이다. 스스로 문제를 해결하기 위해 여러 표현을 사용해 보면, 교과서에 제시된 수학적 표현이 왜 그리고 어떤 의도로 만들어졌는지 짐작할 수 있게 된다. 수학적 표현의 의미를 알고 능숙하게 다루는 것은 수학을 이해하고 탐구하는 데 도움이 된다. 이를 고려하여 자녀가 좋은 수학적 표현을 찾거나 만들었을 때의 기쁨을 누리도록 돕길 바란다.

인공지능 시대의 수학학습

바야흐로 인공지능 시대가 열렸다. 앞으로 수학학습에도 크고 작은 변화가 예상되며, 늘 그렇듯이 변화에는 위기와 기회의 양면이 존재한다. 자녀가 변화의 시기를 맞아 위기에 대처하고 기회를 포착하도록 도울 필요가 있다. 이 장에서는 인공지능 시대에 새롭게 논의되는 수학학습의 목표, 내용, 방법을 살펴본다.

미래 세대의 삶과 수학학습

미래 세대는 어떤 삶을 살까? 미래 세대의 삶을 준비하는 데 필수적인 수학학습 내용과 방법은 무엇일까? 미래 세대의 삶을 말하는 자리에서는 우려와 기대가 쏟아지고 있다. 미래 세대는 하나의 직업에 머무를 수 없고 여러 직업으로 이동하며 살아갈 수 있어야 한다. 국내외 정치와 경제, 환경 변화의 영향에 따라 급격한 변동성과 불확실성이 일상화되고, 우리 삶 깊숙이 첨단 기술을 활용한 도구가 들어와 모든 분야에 종사하는 사람의 역할과 비중이 달라질 것이기 때문이다. 다니던 회사에서 사람보다 로봇에 더 많이 의존하겠다고 하면 개인은 원하지 않아도 다른 직업을 찾아 나설 수밖에 없는 것이다. 우리 아이들에게 압도적으로 낮은 직업 안정성에 대처할 능력을 어떻게 길러 줄 수 있을까?

인공지능 기술을 포함한 첨단 기술에 대한 이해와 활용 능력은 광범위한 직업 분야와 일상생활에 두루 필요하다. 첨단 기술을 활용한 사례는 자연과학, 공학은 물론이고 언어학, 예술, 스포츠에 이르기까지 여러 방면에서 급격하게 증가하고 있다. 연휴에 기차표나 좋아하는 가수의 콘서트 표를 구매하는 것, 식당에서 음식을 주문하거나 결제하는 것도 점차 기계로만 이루어지고 있다. 아이들은 기계와 더불어 사는 삶을 어떻게 준비할 수 있을까?

미래 세대의 삶을 고려하여 수학학습의 내용과 방법에 변화가 필요함을 주장하는 연구들은 수학 역량과 디지털 소양의 통합을 제안한다. 구체적으로, 인공지능을 포함한 첨단 디지털 기술을 이해하는 데 필요한 내용을 구성하거나 기존 학습 내용이라도 컴퓨터, 계산기, 휴대폰, 온라인 환경에 적합한 형태로 바꾸어 다루는 방안을 논의한다. 이에 수학 역량을 함양할 필요성은 더욱 커졌다. 사실적 지식이나 절차적 지식이 아니라 낯선 상황에서 수학을 활용하여 문제를 해결하는 역량, 추론하고 의사소통하는 역량, 다양한 현상을 연결하는 역량, 정보를 처리하는 역량을 기르는 것이 중요해졌기 때문이다.

미래 세대가 한 직업에 머무르지 않고 여러 직업을 옮겨 다니는 삶을 살게 된다면 수학 역량이 얼마나 갖추어져 있는지에 따라 직업 선택의 폭이 달라질 것이다. 수학 역량 자체를 활용하는 분야도 많고, 수학 역량은 코딩이나 디지털 기기 활용 능력을 기르는 데 기초가 되기 때문이다. 앞서 말한 것처럼, 언어와 예술을 포함한 광범위한 분야에서 첨단 기술을 활용하는 직업이 급증하고 있다. 수학 역량을 갖추면 다양한 분야에서 활약할 기회를 얻을 수 있다. 그러므로 인공지능 기술을 포함한 디지털 기반의 수학학습을 통해 수학 역량을 함양하는 방안에 관심을 가질 필요가 있다.

문화 지체와 수학학습의 격차

'문화 지체'는 빠르게 변화하는 물질 문화의 속도를 비물질 문화가 따라가지 못하여 그 사이에 간극이 생기는 현상을 뜻한다. 인공지능 시대에는 기술 발달이 어느 때보다 급속하게 이루어지므로 문화 지체가 불가피하다. 그런데 디지털 기기를 활용한 수학학습 환경은 가정과 학교마다 다르므로 문화 지체의 정도도 다르다. 이전에는 수면 아래 있던 디지털 환경의 차이가 갑작스러운 코로나19 팬데믹으로 극명하게 드러났다. 비대면 원격 수업에 곧바로 적응한 학생들이 있는가 하면, 디지털 기기가 제대로 갖추어지지 않았거나 활용 방법을 몰라서 새로운 수업 방법에 적응하지 못한 학생들도 있었다.

교사들도 갑작스럽게 비대면 원격 수업을 하게 되어 이전에 활용했던 수학 교수법을 쓰지 못했고, 쓰더라도 효과가 없었다. 예를 들어, 학생들에게 조별로 탐구할 과제를 주고 교실을 돌아다니며 지도했던 방법은 더 이상 활용할 수 없었다. 칠판에 여러 문제를 제시하고 몇몇 학생이 동시에 앞에 나와 해결하도록 하는 방법도 쓸 수 없었다. 교사가 가르치는 동안 학생들이 설명을 이해하는지 확인하기도 어려웠다. 실제로 학생 상당수는 수업에 집중하지 못하고, 교사의 설명이 끝난 후 맡은 역할을 하지 못했다. 연구자들은 이 현상을 두고 교육을 뜻하는 '페다고지Pedagogy'가 무너졌다며 '패닉고지Panicgogy'라고 표현했다.

비대면 원격 수업 이후 수학 학업성취도가 현저하게 떨어졌다는 연구 결과도 다수 발표되었다. '디지털 원주민'이라고 불리는 학생들임에도 수학을 공부하는 용도로 디지털 기기를 활용한 경험이 없어서인지 적응에 많은 어려움을 보였다. 실시간 비대면 원격 수업 중에 인터넷 환경 문제로 접속이 원활하지 않거나, 디지털 기기의 성능 문제로 학습 활동을 하는 데 제한이 있거나, 독립적인 공간을 확보하지 못해 학습에 집중하지 못하거나, 원격 수업 환경에서 생각과 감정을 표현하는 방법을 모르는 등 다양한 문제가 발생했다. 기술 기반의 환경에서 수학교육이 이루어지면 이전보다 학습 격차가 클 수밖에 없다. 더불어 비대면 원격 수업으로 수학을 배울 때는 수학 고유의 표현 체계가 아니라 컴퓨터 환경에 적합한 표현 체계를 추가로 배워야 한다는 점에서 또 다른 어려움이 발생한다.

코로나19 사태를 겪으면서 개발된 2022 개정 수학과 교육과정은 변화된 환경을 고려하여 디지털 기기를 포함한 공학 도구의 활용을 수학학습 내용과 방법에 명시했다. 예를 들어, 중학교 3학년 과정의 '성취 기준'에 다음과 같이 공학 도구 이용을 명시하여 디지털 기기가 수학학습에 적극 활용되도록 했다.

> [9수04-08] 공학 도구를 이용하여 자료를 상자그림으로 나타내고 분포를 비교할 수 있다.

'상자그림'은 통계 영역의 내용 요소인데, 공학 도구를 이용하면 그리기 쉽고 분포를 비교하는 데도 효과적이다. 이처럼 교육부는 수학학습을 촉진하고 디지털 소양을 높이기 위해 공학 도구를 도입했다. 하지만 일각에서는 이러한 의도와 반대로 디지털 기기 활용 능력을 갖추지 못한 학생은 수학공부에 더 큰 어려움을 겪을 수 있다는 우려를 제기하기도 한다. 그러나 미래 세대의 삶을 고려할 때 공학 도구 기반의 수학학습을 거부하는 것은 곤란하다. 자녀가 수학을 공부하면서 동시에 첨단 기술에 익숙해지고, 디지털 환경의 도움을 받으며 수학을 공부할 수 있도록 하는 것이 바람직하다.

디지털 환경에서의 수학학습 사례

그렇다면 인공지능 시대에 수학학습은 구체적으로 어떻게 달라질까? 이해를 돕기 위해 비슷한 형태로 이루어지는 수업 사례를 소개하고자 한다. 이 사례는 서울대학교가 시흥시와 협력하여 운영하는 '창의로 가는 수학 나라'라는 프로그램 수업의 일부이며, 주제는 '오래 나는 종이비행기 설계하기'다. 수업은 과학 시간처럼 실험을 하고 자료를 수집·정리하여 분석한 후, 최선의 의사 결정을 하는 과제를 바탕으로 진행되었다.

 종이비행기 날리기 세계 대회에서 우승한 경력이 있는 이승훈 선수는 모터가 없는 종이비행기로 오랜 시간 시선을 사로잡는 비행을 보여 주었다. 그는 역학적인 지식과 경험, 연습으로 예술의 경지에 이른 모습을 보여 세계 대회를 제패했다. 수업에서는 이승훈 선수의 사례를 보여 주며 오래 나는 종이비행기를 설계하는 과제를 진행했다. 참여한 학생들은 수학에 흥미를 유지해야 수학을 오래 공부할 수 있고, 자기 주도적으로 탐구해야 수학을 깊고 넓게 배울 수 있다는 원리를 실제로 입증했다.

 참여 학생들은 종이비행기 과제를 통해 실험과 분석을 오가며 수학적인 아이디어를 생성했다. 수업에서는 실험으로 얻은 자료를 정리하고 분석할 때 필요한 공학 도구의 사용법을 익히도록 했다. 실제로 해당 과제는 학생들이 수학적으로 깊이있는 탐구를 하도록 촉진하기도 했다.

인공지능 시대에 이루어질 수학 수업의 핵심적인 특징을 이 수업에서 발견할 수 있다. 첫째, 학생들은 단순 계산을 모방하거나 암기하면서 수학을 공부하지 않았다. 대신 학생 스스로 실험을 설계하여 수학에서 매우 중요한 조건 설정 단계를 수행했다. 어떤 재질의 종이로 비행기를 만들고 종이 무게의 범위는 어떻게 설정할지, 종이 색깔과 모양은 어떻게 활용하고 종이 비행기는 어떻게 날릴지 등 다양한 조건을 살펴보고 종이비행기 설계에 반영했다. 각각의 조건과 복합 조건이 결과에 미치는 영향을 확인하는 방법을 고민하고, 오래 나는 양상을 어떻게 기록하여 비교할 것인지도 숙고했다. 이 과정은 통계의 본질을 경험하는 데 적합하다. 인위적인 자료가 아니라 스스로 생성한 자료로 학습을 진행하므로 무작위성이나 독립성 등 통계의 핵심 개념을 제대로 이해하는 데도 도움이 된다. 이렇게 배운 수

학생들이 만든 종이비행기

학은 학교를 졸업한 후에도 오래 기억에 남을 것이다.

실제로 해당 수업에서 학생들이 만든 종이비행기는 접는 방식도, 종이 재질도 다양했다. 학생들은 난상 토론을 거쳐 오래 나는 데 영향을 미치는 변수를 조절하고, 처음에 고려한 조건에 따른 실험 결과도 수집하여 정리했다. 기존의 수학 문제는 조건을 제시하고 문제를 풀도록 했다면, 이 프로그램은 학생들이 조건을 스스로 설정하고 그에 따른 결과를 바탕으로 문제를 해결하도록 했다는 점에서 미래세대를 위한 수학학습의 특징과 연결된다.

2025년부터 실시하는 고교학점제에서는 〈확률과 통계〉, 〈경제 수학〉, 〈수학과 문화〉, 〈수학과제 탐구〉, 〈인공지능 수학〉 등 다양한 선택과목을 운영하여 앞서 소개한 공학 도구 기반의 수학학습 기회를 제공한다. 주어진 조건에 맞추는 수학 문제 풀이 대신 스스로 조건을 설정하여 문제를 해결하는 경험은 불확실성과 변동성이 극대화된 미래를 살아가는 데 적합한 토대를 마련해 줄 것이다.

컴퓨터, 계산기, 스마트폰 등에는 자료를 쉽게 표현하고 분석하는 소프트웨어가 탑재되어 있다. 다음은 그러한 소프트웨어로 종이비행기를 날려서 얻은 자료를 시각적으로 표현하고 분석한 것이다. 학생들이 만든 종이비행기에 근사한 이름을 붙이고 비행 시간 분포를 비교했다. 이를 손으로 일일이 그린다면 얼마나 오랜 시간이 걸리고 분석하기도 어려울지 생각해 보라. 공학 도구를 이용하면 평균과 분포를 비교하여 어떤 종이비행기가 더 오랜 시간 날았는지 쉽고 타

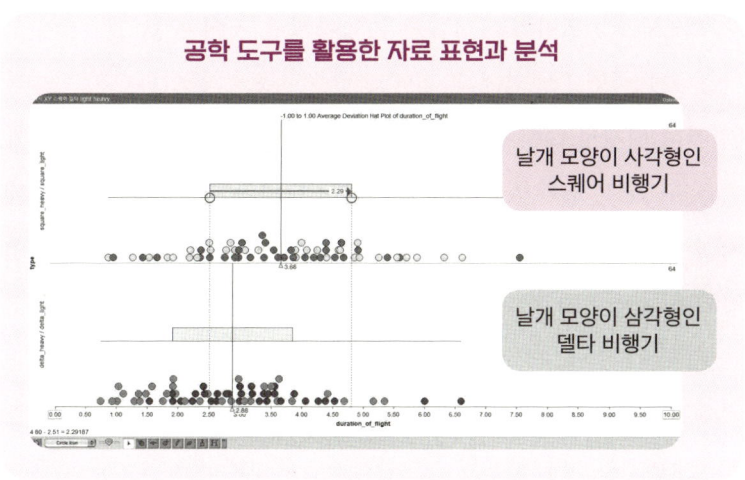

당하게 설명할 수 있다.

    이렇게 수학을 배우면 수학에 흥미가 높아지고 수학적 추론, 의사소통, 연결, 정보처리, 문제해결 역량도 향상될 수 있다. 앞으로 점차 이와 같은 방식으로 수학을 학습하도록 교육 환경이 개선될 것이다. 만약 환경이 개선되기 전에 이와 유사한 수학학습 기회를 찾을 수 있다면 자녀가 미리 경험해 보도록 안내할 필요가 있다. 온라인이나 오프라인의 무료 체험 기회가 많은데 입시 위주의 수학학습에 치중하느라 참여하는 학생이 아직 많지 않은 실정이다. 자녀의 인생을 길게 보고 이런 기회를 찾아 적극적으로 경험하도록 하면 좋겠다.

    한편 학생들은 공학 도구를 이용하여 두 비행기 중 어떤 것이 더 오래 나는지 분석할 때, 어쩌다 오래 날았던 자료를 뜻하는 '특이

점' 또는 '이상점'이라는 개념을 쉽게 배웠다. 수학 수업에서 공학 도구를 활용하면 학생들은 자신이 수집한 자료를 분석하면서 설명하기 어려운 개념도 쉽게 이해할 수 있으며, 공학 도구 활용의 의의를 찾을 수 있다. 또한 공학 도구를 사용하면 학생들이 '평균'의 함정에 빠지지 않게 된다. 자료의 분포가 한눈에 들어오기 때문에 평균만이 아니라 분포도 비교해야 타당하고 믿을 만한 판단을 할 수 있다는 점을 쉽게 인식하는 것이다. 가령 한 사람의 월급이 10억이고 나머지 직원의 월급은 100만 원인 회사와, 가장 많은 월급이 가장 적은 월급의 열 배인 회사의 평균 월급은 같을 수 있다. 이 경우 평균은 집단의 특성을 제대로 반영하지 못하며 분포를 참고해야만 한다. 공학 도구를 이용하여 수학을 공부하면 다양한 직업 분야와 삶에서 쓰이는 유용한 개념을 쉽고 적절한 형태로 배울 수 있다.

앞서 제시한 것은 초등학교 5학년 학생들이 분석한 자료다. 초등학생들이 다양한 기준을 설정하고 타당한 방법으로 자료를 수집·분석하여 의미 있는 결론을 도출하는 모습은 무척 인상적이었다. 이렇게 수학을 배운다면 장차 어떤 진로로 나가더라도 배운 수학을 떠올려 문제를 해결할 수 있을 것이다. 창의적으로 생각하고 활발하게 의사소통하면서 협력하여 문제를 해결하는 역량을 기를 수 있기 때문이다. 이렇게 수학을 경험한 학생들은 학교에서 수학 성적이 좋지 않더라도 결코 수학공부를 포기하지 않을 것이다. 미래 세대가 앞서 기술한 방식으로 수학을 학습하도록 하면, 삶의 어느 순간 기회가 왔을 때 자신 있게 도전할 용기를 배울 것이다.

수학학습을 위한 인공지능 활용

인공지능 시대의 수학학습에 대한 화두는 개별 맞춤형 학습 체제다. 자녀의 수학 역량을 검진했다면 어떤 역량이 강하고 약하며 어떤 지원이 필요한지 알 수 있을 것이다. 최근 개발된 인공지능 기반의 수학학습 플랫폼은 개별 학생의 수학 역량과 성향, 자주 일으키는 오류에 따라 다음 학습 경로를 추천하는 방식으로 맞춤형 학습을 지원한다. 하지만 아직은 완성도가 높지 않다. 완성도 높은 인공지능 기반의 맞춤형 학습 프로그램이 만들어지기 전에 인공지능을 활용하여 수학을 학습할 수 있는 현실적인 방법은 없을까?

손쉽게 접할 수 있는 생성형 인공지능을 활용하여 수학을 공부한 사례를 살펴보자. 첫 번째 사례는 '삼각형'이라는 용어에 대해 질문하고 그 응답을 확인하면서 공부한 경우다. 초등학교 저학년 학생이 수학을 공부할 때는 수학 용어가 대부분 낯설게 느껴질 수 있다. 이때 특정한 수학 용어나 수학적 표현에 대해 인공지능과 대화하면서 의미를 생각해 보도록 하면 좋다. 학생은 삼각형에 각이 세 개, 변도 세 개 있으므로 굳이 '삼각형'이라고 하지 않고 '삼변형'이라고 해도 되지 않는지 궁금해하고 있다. 설명이 너무 어려우면 이해하기 어

> **생성형 인공지능을 활용한 수학학습 사례 1**
>
> **KH** 삼각형에는 변이 세 개 있으니 삼변형이라고 해도 되는데 왜 삼각형이라고 부르나요? 일곱 살 아이가 이해하도록 설명해 주세요.
>
> ---
>
> 잘 생각한 거예요! 삼각형은 정말 세 개의 변을 가지고 있어서 삼변형이라고도 할 수 있어요. 그러면 대부분의 사람들은 왜 삼각형이라고 부를까요? 일곱 살 아이에게 설명하자면 이렇게 말해 볼 수 있어요.
>
> 사람들이 물건이나 모양에 이름을 붙일 때, 때로는 가장 특별한 특징이나 중요한 점을 가지고 이름을 지어요. 삼각형의 경우에는 그 모양이 너무 특별하고 중요해서 사람들이 삼각형이라고 더 많이 부르게 되었어요.
>
> '삼각형'이라는 이름은 세 개의 각이 있는 모양이기 때문에 붙여진 이름이에요. 각이라는 것은 삼각형 안에서 선들이 만나는 지점이에요. 삼각형은 항상 세 개의 각이 있어요!
>
> 하지만 '삼변형'이라고 부르는 것도 맞아요. 왜냐하면 삼각형은 세 변을 가지고 있으니까요. 하지만 많은 사람은 삼각형의 특별한 모양, 세 개의 각이 더 중요하다고 생각해서, 보통 '삼각형'이라고 더 많이 말한답니다.
>
> 그래서 이렇게 두 가지 이름으로 불리는데, 두 개의 이름이 있으면 더 재미있고 흥미롭죠! 기억해 둬요. 삼각형과 삼변형은 같은 모양이에요. 하지만 삼각형이라는 이름이 더 특별한 이유는 세 개의 각 때문이랍니다.

려우므로 일곱 살 아이가 이해할 수 있도록 설명해 달라고 요청했다. 인공지능은 인터넷이나 기타 문헌에서 학습한 자료를 토대로 답을 하므로 완벽한 설명을 제공하지 못하는 경우도 많다. 그렇지만 교사에게는 묻기 어려운 다양한 질문을 얼마든지 할 수 있다는 점에서 학생들은 인공지능과 수학공부 하는 것을 좋아한다.

학생들이 생성형 인공지능을 활용한 수학학습을 좋아하는 이유 중 하나는, 아무리 반복하여 같은 질문을 해도 인공지능은 계속 더 나은 답을 하려고 애쓴다는 점이다. 사람이라면 답을 했는데도 반복하여 되묻는 아이에게 끈기를 가지고 답하기 어려울 것이다. 다음은 이에 해당하는 사례다. 모든 유한소수는 순환소수로도 나타낼 수 있는데, 그렇다면 1.2도 무한소수라고 할 수 있지 않느냐는 질문을 했다. 삼각형이냐, 삼변형이냐를 질문하듯이 1.2가 유한소수냐, 무한소수냐를 질문하는 것은 학생들이 주어진 대로 수학을 외우지 않고 깊이 고민하고 탐구한다는 증거다. 답을 명확히 얻지 못해도 충분히 가치 있는 질문이며, 수학에 호기심을 유지하고 수학을 제대로 이해하게 하는 계기가 되므로 엉뚱한 질문으로 치부하지 말고 인공지능을 활용하여 학습하도록 안내하는 것이 좋다.

인공지능은 1.2는 유한소수, 1.19999…는 무한소수로 판단하고 있다. 소수점 아래의 0이 아닌 숫자가 유한개이므로 유한소수, 무한개이므로 무한소수라는 설명도 제시하고 있다. 유한소수와 무한소수가 '유한'과 '무한'이라는 상반된 속성으로 정의되니 학생은 하나의 수가 유한소수이면서 동시에 무한소수일 수 없다는 생각에 혼란을 겪는다. 하지만 인공지능이 제시한 간단하고 명확한 설명을 반복하여 확인하면 혼란에서 벗어날 것이다. 단번에 이해할 수 있는 설명을 제시하지 못한 책임을 느끼며 미안하다고 말하는 인공지능에게

생성형 인공지능을 활용한 수학학습 사례 2

KH 1.2는 유한소수인가요? 1.2는 1.199999... 니까 무한소수인가요?

⚙ 1.2는 유한소수입니다. 1.2는 소수점 이하 첫째 자리까지만 나타내면 1.2로 끝납니다. 따라서 소수점 이하의 자릿수가 유한하게 끝나기 때문에 1.2는 유한소수입니다.

주목하신 것처럼 1.2는 1.199999...처럼 소수점 이하로 무한히 9가 반복되는 무한소수와 같은 값을 가집니다. 하지만 우리는 숫자를 유한한 자릿수로만 나타낼 수 있기 때문에 이 값을 유한한 소수로 근사하여 1.2라고 표현하게 됩니다.

이렇게 유한한 자릿수로 나타내는 것을 '근사'라고 하는데, 실제로 많은 소수는 유한한 자릿수로 정확하게 나타낼 수 없을 때가 있습니다. 하지만 소수의 값은 정해져 있기 때문에 컴퓨터나 계산기를 이용하여 원하는 만큼의 자릿수로 근사하여 사용할 수 있습니다.

KH 숫자를 유한한 자릿수로만 나타낼 수 있기 때문에 이 값을 유한한 소수로 근사하여 1.2라고 표현하게 된다는 말이 이해하기 어렵습니다. 더 쉽게 설명해 주세요.

⚙ 죄송합니다, 더 쉽게 설명하겠습니다.

1.2는 유한소수입니다. 유한소수는 유한한 자릿수로만 나타낼 수 있는데, 1.2는 소수점 이하 첫째 자리까지만 나타내면 끝나기 때문에 유한한 소수입니다.

소수점 이하로 숫자 9가 무한히 반복되는 무한소수는 1.199999...와 같이 나타낼 수 있습니다. 하지만 우리는 숫자를 유한한 자릿수로 표현할 수 밖에 없기 때문에 이러한 무한소수를 정확하게 나타낼 수 없습니다.

학생들은 감동하기도 한다.

　기본 원리와 관련된 수학의 의미를 알고 인공지능에게 코딩을 부탁하면 웬만한 것들을 모두 처리해 준다. 예를 들어, 한 학생이 한 변의 길이가 1부터 100까지인 자연수 범위에서 피타고라스 정리가 성립하는지를 알아보는 코딩을 요청하고 그 결과를 확인한 사례는 다음과 같다.

```python
def is_pythagorean_triplet(a, b, c):
    return a**2 + b**2 == c**2

for a in range(1, 101):
    for b in range(a, 101):
        c = (a**2 + b**2) ** 0.5
        if c.is_integer() and is_pythagorean_triplet(a, b, int(c)):
            print(f"피타고라스 정리를 만족하는 경우: a={a}, b={b}, c={int(c)}")
```

　마지막으로 도형이가 어린 시절부터 궁금해했던 '2 + 2 = 2 × 2'에 대해서도 인공지능에게 질문하고 응답을 확인할 수 있다. 도형이가 추측했듯이 인공지능도 0과 2에 대해서만 합과 곱이 같다고 답하고, 그 이유를 방정식의 근으로 설명한다. 인공지능에게 무엇이든 물어보면서 수학을 공부하라는 뜻이 아니다. 떠오르는 질문이 있었음에도 난처하여 묻지 못한 질문을 하면서 수학을 공부할 수 있다는 점이 좋은 것이다. 또한 인공지능이 항상 옳은 답을 알려 주지는 않으므로 스스로 점검하고 판단하는 역량을 기를 수 있다는 점에서도 의의를 찾을 필요가 있다.

생성형 인공지능이 나온 이후, 여러 국가에서 인공지능을 활용하여 과제를 해결하지 못하도록 했다. 일부 학생은 인공지능에 지나치게 의존하여 과제를 해결했는데, 학생 대신 인공지능이 학습한 결과를 평가할 수는 없었다. 표절 문제에서도 자유롭지 않았다. 더군다나 인공지능이 항상 옳은 풀이를 제공하는 것도 아니었다. 그러나 이런 문제들 때문에 인공지능의 순기능까지 활용하지 않을 수는 없었다. 이에 인공지능을 활용하여 수학학습 방안을 모색하는 연구가 활발하게 이루어지고 있다.

자녀가 살아갈 미래에는 인공지능 발달로 인한 문화 지체와 학습 격차가 불가피할 것이다. 그러므로 학부모도 인공지능 기술을 활용하여 수학을 학습하는 방법과 유의점을 알아 두면 좋다. 아이가 인공지능의 도움을 받아 문제를 해결했다면 정직하게 밝히는 태도를 갖추도록 도와야 한다. 인공지능의 풀이를 무조건 수용하지는 않는지 살펴볼 필요도 있다. 아이가 문제의 해법을 스스로 생각하지 않고 인공지능에만 의존하면 수학공부에 오히려 해가 될 수 있으니 유의해야 한다.

유치원과 초등학교 전환기 수학학습

교육은 기적이 가능함을 보여 주는 인간의 활동이라는 말이 있다. 유치원 수학에서 초등학교 수학으로 전환이 일어날 때 아이들이 저마다의 소소한 기적을 경험하면 좋겠다. 쉬운 수학을 배우는 이 시기에도 기적은 충분히 일어날 수 있으며, 오히려 그렇기에 크고 작은 기적을 경험하기 좋은 시기임을 기억하길 바란다.

유아의 수학 재능

자녀가 수학에 재능이 있는 것 같다면서, 3세인데 10까지의 수를 셀 수 있다거나, 4세인데 5와 5를 합하면 10이 됨을 안다거나, 5세인데 100, 200, 300을 말한다고 하는 학부모들을 만난 적이 있다. 자녀가 수학에 재능이 있다면 적극 지원하여 잠재력을 발휘하도록 도울 필요가 있다. 그런데 수학 재능이 있으니 더 많은 수학을 배우도록 해야 한다고 생각하여 조급하게 선행학습을 시키는 것은 바람직하지 않다. 특히 유아기의 수학은 내용을 그저 '기억'한 것인지 사고력을 이용하여 '학습'한 것인지 구분하기 어려우므로 신중하게 판단할 필요가 있다.

　3세 아이가 10까지 수를 센다면 단지 외워서 말하는 것일 수도 있다. 그럴 경우 실제로 물건이 몇 개 있는지 물어보면 수와 물건을 제대로 대응시키지 않고 10까지 세기도 한다. 이 행동은 '말로만 하는 수 세기verbal counting'이며, 양과 수를 일치시키지 못함을 보여 준다. 유아기에 양과 수를 일치시키면서 10까지 셀 수 있다면 수 개념이 형성된 것이며, 수학에 어느 정도 재능이 있다고 판정한다.

　4세 유아가 5와 5를 합하면 10이 됨을 발견했다면 이 아이는 수학에 재능이 있을 가능성이 있다. 5를 1부터 세다가 만나는 수로 생각하지 않고, 2회 더하면 10이 되는 특별한 성질을 가지고 있음을 파악했기 때문이다. 개별적인 수의 특성을 생각하는 능력은 수의 이름을 알고 순서대로 수의 이름을 외우는 능력보다 한 단계 높은 수준이다.

　100, 200, 300을 말하는 5세 유아는 어떨까? 이 경우도 수의 이름을 외워 말했다면 수학 재능보다는 기억력이 좋다고 보아야 한다. 그러나 가르쳐 주지 않았는데 100, 200, 300이라는 패턴을 발견했다면, 백의 자리를 통찰했으므로 수학에 재능이 있다고 볼 수 있다. 마찬가지로 900 다음에 오는 수를 궁금해하면서 "900 다음에는 '10백'이에요?"라고 묻는다면 아이가 진심으로 수학을 즐기면서 수학적인 생각을 한다는 증거다. 교과서나 학습지, 어디에서도 제시하지 않는

표현이지만 아이로서는 충분히 타당한 추론을 거친 결과이기 때문이다. 이런 식의 질문을 하는 자녀를 두었다면 수학에 재능이 있으니 지켜보면서 필요한 지원을 하면 좋겠다.

유치원 수학의 상당 부분은 앞서 말한 것처럼 기억력이 좋은 아이와 수학에 재능이 있는 아이를 구분하기 어렵게 하는 면이 있다. 수학적 개념과 원리, 성질과 무관하게 수학적 사실을 외우기만 하는지, 아니면 개념 이해, 원리 탐구, 성질 도출 과정을 명시적으로 또는 암묵적으로 보여 주는지를 세밀하게 관찰하여 수학 재능의 유무를 판단해야 한다.

유아의 수학 곤란

안타깝게도 숫자 공부를 시작하자마자 숫자를 싫어하게 된 유아를 만난 적이 있다. 아이의 부모가 얼마나 심각한 표정으로 상담을 요청했는지 아직도 기억난다. 10까지 읽고 쓰도록 했는데 아이는 5를 좌우가 바뀐 모양으로 쓰기도 했다. 유치원에서는 주변 사물의 모양을 전혀 분류하지 못했다는 말도 전해 들었다. 유치원 졸업을 앞둔 시점인데 숫자를 싫어하고, 수 세기도 제대로 하지 못한다면 초등학교에 입학해서 수학을 공부하기 어렵다. 유아기의 수 세기 능력은 초등학교는 물론이고 중학교 이후의 수학 학업성취도를 예측할 때도 효과적이라는 연구 결과가 있다. 유치원 수학에서 초등학교 수학으로 전환되는 시점에 아이의 수학 역량과 수학에 대한 태도를 세밀하게 관찰하여 긍정적인 방향으로 바꾸도록 지원할 필요가 있다.

숫자를 배운 지 얼마 안 되었음에도 숫자를 싫어하는 이유는 숫자를 잘못 배웠기 때문이다. 사실 유치원과 초등학교 저학년 때 숫자를 싫어하는 아이는 배운 수학이 많지 않으므로 수학을 즐겁게 다시 배우면 태도가 바로 긍정적으로 바뀐다. 예를 들어, 숫자를 처음 배울 때 벽에 붙여 놓은 그림과 교구, 스티커를 이용하여 놀이하듯이 공부했다면 숫자를 싫어하지 않는다. 그런데 어른을 통해 공부할 내용으로 숫자를 접했다면 어린아이라도 부담을 느끼고 힘든 시간을 보내게 된다. 아이가 어릴수록 놀이와 공부를 혼합하여 경험하도록 할 필요가 있다.

어린아이는 부모님과 교사의 감탄을 먹고 자란다. 수학공부도 예외가 아니다. 만약 조급하게 목표를 설정하여 숫자를 공부하게 하고 목표에 도달하지 못했음을 명확히 알려 주는 방식으로 지도한다면, 아이의 마음에 부담감이 생겨 수학을 공부할 때마다 부정적인 정서를 발달시키게 된다. 유치원에서도 불필요한 경쟁을 유도하거나 강제로 해야 하는 숙제로 숫자 공부를 시켰다면 유아에게 수학공부는 두렵고 어두운 경험으로 남는다. 유아기에는 무언가를 배우는 일 자체가 즐겁다는 느낌으로 학습에 참여하도록 해야 한다. 가정과 유치원에서 유아에게 수학 과목에 대한 불필요한 부담을 주지 않도록 세심하게 신경 쓸 필요가 있다.

    부담이나 경쟁을 유발하지 않는다고 해서 방임하거나 무조건 칭찬하라는 뜻이 아니다. 6장에서 소개한 터치카운츠 활동을 다시 생각해 보자. 아이에게 10을 만들어 보도록 하면 바로 성공하지 못할 수 있다. 5를 두 번 연달아 터치하는 원리를 모르거나 손가락을 제대로 화면에 터치하지 못하면 10을 만들지 못한다. 이때 아이에게 10을 만드는 방법을 바로 알려 주거나 마냥 기다리면 안 된다. 아이 스스로 5를 연달아 터치한 후 합하여 10을 만들 때까지 기다리면서 격려해야 한다. 그러면 결국 6장의 사진에 있는 아이처럼 성공한 기쁨을 온몸으로 표현할 것이다. 아이가 수를 모르는 단계에서 아는 단계로 나아가는 일은 상당한 도전이다. 이 도전에 몰입하여 자녀가 자신도 모르게 숫자를 공부하고 도전했던 바를 성취함으로써 수 개념을 형성한다면, 자연스레 숫자를 좋아하게 될 것이다.

    주의할 점은 수를 보는 성인과 아이의 관점이 다를 수 있다는 것이다. 즉, 성인에게는 10이라는 수가 첫 번째 두 자릿수로 특별하지만 수를 처음 배우는 유아에게는 그렇지 않다. 억지로 10까지의 수를 일정 기간 내에 학습하도록 할 필요는 없다. 자녀의 속도와 반응에 따라 수를 적당히 끊어서 배우도록 하는 것이 좋다. 이미 말한 것처럼 자녀가 5와 5의 합이 10이 됨을 발견한다면 매우 기념할 만한 일이다. 터치카운츠 활동에서는 한 손 전체를 다 사용하면 5를 만들 수 있으니 10을 만들라는 과제가 의미 있다. 그러나 전형적으로 수를 세고 읽고 쓰면서 배우는 과정을 따른다면 5까지의 수, 9까지의 수, 10까지의 수로 분절하여 점진적으로 학습하도록 하면 된다. 한 번에 10까지 배우도록 할 필요가 없다는 뜻이다.

사물의 모양을 인식하고 분류하거나 비교하는 활동도 단추, 조약돌, 교구를 직접 만지면서 즐겁게 하도록 하면 수학에 대한 긍정적인 태도를 기를 수 있다. 유아가 흥미를 느끼지 못한다면 여유 있게 시간을 주어야 한다. 겉으로는 아무 일 하지 않는 것 같아도 아이의 머릿속에서는 새로운 생각이 계속 만들어질 것이기 때문이다. 유아의 수학 곤란은 향후 수학학습의 양상을 예측하는 표지자 역할을 하므로 예의 주시 하면서 잘 극복하도록 도울 필요가 있다.

다양성 고려의 의미와 중요성

유치원과 초등학교 저학년의 인지 수준과 발달 단계는 크게 다르지 않다. 그럼에도 유치원에서 초등학교로의 전환기를 잘 보내지 않으면 수학학습에 문제가 생길 수 있다. 겉으로 보면 유치원과 초등학교 저학년 때 배우는 수학은 비슷하거나 중첩되는 부분이 많다. 예를 들어, 유치원과 초등학교에서는 비슷한 범위의 수를 배운다. 하지만 수 개념의 수준에 비추어 보면 유치원과 초등학교에서 배우는 수에는 차이가 있다. 유아는 똑같은 양이라도 모아 놓으면 적고 펼쳐 놓으면

많다고 생각하기도 한다. 수 개념이 아직 완전하게 형성되지 않았기 때문이다.

이와 같은 시각적인 배열이 아니라 일대일 대응 관계를 확인하고 수로 정확하게 나타내어 같은 양임을 파악할 수 있어야 하며, 이때 '기수 Cardinal number' 개념이 형성되었다고 한다. '첫째'와 '둘째'처럼 순서를 나타내는 수인 '서수 Ordinal number'도 알아야 수 개념을 형성할 수 있다. 기수와 서수는 순차적으로 공부하기보다는 상호 관련성을 파악하면서 교대로 이해하고 적용하는 식으로 공부하는 것이 좋다. 아이가 수를 빠르게 외우는 모습에 감탄만 할 것이 아니라 기수와 서수를 제대로 이해하여 수 개념을 형성하도록 안내해야 하는 것이다. 유치원에서 수 개념 형성을 완료하기는 어려울 것이다. 초등학교 저학년 때 기수와 서수를 풍부한 맥락에서 이해하고 다루면서 불완전한 수 개념을 점차 개선하면 좋다.

유치원과 초등학교 저학년 수학은 상당 부분 중복된다. 그러므로 유아가 초등학교 수학을 선행학습하기보다는 유치원에서 배우는 내용을 제대로 이해하도록 도와야 한다. 특히 개념 학습에 치중하도록 해야 수학의 기본을 잘 마련해 줄 수 있다. 연산과 도형도 개념적 측면을 다지도록 돕는 것이 초등학교 수학학습에 도움이 된다.

숫자를 싫어하고 연산과 도형에도 관심을 보이지 않는 유아에게는 수학자이자 수학교육 연구자인 디에네시z. P. Dienes의 교수법을 시도해 볼 수 있다. 디에네시는 유아에게 지각적 다양성과 수학적 다양성을 고려하여 수학을 가르칠 것을 제안했다. 지각적 다양성을 고려한다는 뜻은 기수와 서수 개념을 지도할 때 구체물 교구, 바둑돌, 스티커, 블록, 터치카운츠 등 여러 감각 기반의 도구를 활용하라는 것이다. 이러한 도구는 수 개념을 몸으로 익히도록 도와준다. 시각적 배열에 따라 양의 크기를 판단하는 유아가 많다는 것에서 알 수 있듯이, 유아는 먼저 감각으로 접근한 다음에 논리적으로 생각한다.

디지털 기기를 너무 어린 나이에 접하도록 하는 것에 대해 우려하는 학부모가 많을 줄 안다. 그러나 터치카운츠처럼 수학학습 환경을 제공하는 플랫폼을 활용하면 자녀가 수 개념을 즐겁게 형성할 수 있다. 무엇보다 터치카운츠는 유아가 손과 손가락의 감각을 사용하면서 자연스럽게 양과 수를 일치시키도록 하며, 순서에 따라 대상을 주목하면서 수를 세게 하므로 기수와 서수를 학습하기에 매우 효과적이다. 하지만 이 프로그램은 영어로만 제공된다. 영어로 수학을 공부해서 오히려 좋다는 말도 들었고, 영어로 수를 접해 본 적이 없는 유아는 적응하는 데 시간이 더 필요하다는 말도 들었다. 자녀의 상황에 맞추어 활용하면 좋겠다.

수학적 다양성을 고려하라는 디에네시의 말은 배우는 수학의 예를 다양하게, 즉 수학적 정보, 의미, 구조, 원리 등에 관한 개념적 측면과 수학적 방법, 과정, 진행 순서를 포함하는 절차적 측면을 다양하게 접하도록 하는 것이다. 가령, 유아가 9까지 수를 배울 때 각각의 수에 대해 '한 개, 두 개'와 같은 기수와 '첫 번째, 두 번째'와 같은 서수를 다양한 상황에서 배우도록 해야 한다. 삼각형도 전형적인 모양 몇 가지만 다루고 학습을 끝내면 삼각형을 개념적으로 이해하지 못한다.

많은 예를 다루는 이유는 같은 내용을 반복하여 학습하도록 하려는 것이 아니다. 많은 예에서 변하는 성질과 변하지 않는 성질을 구분하여, 그중 변하지 않는 성질이 특정한 수학적 개념의 본질임을 통찰하도록 돕기 위해서다. 다양한 모양의 삼각형을 다룬 유아는 삼각형의 모양을 이루는 요인인 변의 길이와 각의 크기는 변할 수 있음을 알게 된다. 이때 변하지 않는 것은 각이 세 개, 변이 세 개라는 사실이다. 이것이 삼각형의 본질을 이루기 때문에 삼각형의 정의와 성질이 되고, 이를 통해 유아는 어떤 도형이 삼각형인지 아닌지 알게 된다.

자녀가 초등학교 입학 전에 지각적 다양성과 수학적 다양성을 고려하여 수학을 배우도록 지원하길 바란다. 자녀와 함께하는 많은 시간에 주변의 사물을 자세히 관찰하면서 세어 보고, 재어 보고, 분류해 보고, 이름을 붙여 보고, 유사한 것끼리 모아 보길 바란다. 이렇게 함께한 시간은 자녀가 초등학교에 입학하여 수학을 공부하는 데 가장 필요한 밑거름이자 든든한 버팀목이 될 것이다.

수학에 대한 호기심과 자신감 함양의 중요성

유아기에는 많은 가능성이 열려 있다. 이때 부모와의 상호 작용으로 최대한 많은 가능성을 유지하면 할수록 좋다. 만약 학습지와 학원으로만 자녀의 수학공부를 지원한다면 여러 가능성 중 일부를 선택한 것이다. 유아는 수학을 공부로 접하게 되고, 부모는 아이가 설정한 목표에 얼마나 도달했는지 확인하여 관리하게 된다. 이렇게 되면 유아는 놀이와 수학을 구별하게 되며, 부모도 자녀의 수학공부를 결과 중심으로 보고 과정에 관여하지 않게 된다. 이 방법으로 자녀가 향후 수학을 공부하는 데 필요한 기본과 도대를 마련해 준 경우도 분명 있을 것이다. 그렇지만 수학공부의 부담을 일찍 느끼고, 일찍 실패 경험을 맛보고, 일찍 포기하는 유아도 분명히 많다. 학교급이 올라갈수록 선택의 폭은 좁아진다. 그러니 유치원에서 초등학교로의 전환기만큼은 부모가 자녀와 상호 작용 하면서 수학을 놀이와 대화로 대하도록 돕길 간절히 바라는 마음이다.

유아는 말 그대로 스펀지처럼 주변의 사물과 생각, 문화를 흡수한다. 가정에서 어떤 대화와 행동을 했는지에 따라 세상을 보는 눈이 다르고, 세상에 내놓는 생각도 다르다. 부모와 함께 다양한 버스 이미지를 찾아 보았던 아이가 실제로 버스를 보면 신기해하고 감탄하며 많은 생각을 쏟아 낸다. 가정에서 부모와 나누었던 언어와 행동이 세상과 만나서 새로운 의미로 탄생하는 것이다. 그릇의 크기가 크면 많은 것을 담을 수 있듯이, 가정에서 길러 준 생각의 넓이와 깊이에 따라 유치원이나 세상에서 아이가 배우는 수학의 양과 질이 달라진다. 자녀가 아직 어리다면 아이의 수학적인 넓이와 깊이를 키워 주길 바란다.

초등학교에 가기 전에 덧셈과 뺄셈을 떼고 가야 한다고 생각하는 학부모를 만난 적이 있다. 계산 능력은 하루아침에 기르기 어려우니, 유치원 때부터 계산을 꾸준히 연습하도록 할 필요가 있다고 생각하는 것이 어느 정도는 자연스럽다. 그러나 덧셈과 뺄셈은 초등학교 수학의 핵심 내용이며, 유치원에서 배우는 수의 범위에서 덧셈과 뺄셈을 완벽하게 할 수 있다고 자릿수가 많은 수의 덧셈과 뺄셈을 잘하는 것도 아니다. 유치원에서 완료해야 하거나 완료할 수 있는 수학이란 없다. 유치원은 장기간에 걸쳐 이루어지는 수학학습의 시작 단계인 만큼 그에 맞는 기본과 기초를 마련하는 데 집중해야 한다.

유치원 때는 자녀와 최대한 많은 시간을 보내고, 많은 이야기를 나누고, 많은 활동을 하는 것이 좋다. 그 안에 수학이 자연스럽게 관련되도록 하면 수학학습의 준비로는 최상이다. 박물관이나 놀이공원에서도 수 세기를 할 수 있고, 도형을 찾아 크기를 비교할 수 있으며, 창문의 각과 변에 주목할 수도 있다. 잠들기 전 도란도란 나누는 이야기에 수 세기와 도형이 담기면 아이는 자면서도 수학적으로 생각하고 말하는 힘을 기르게 된다. 일상에 수학이 들어 있으면 수학에 대한 호기심과 자신감은 서서히 향상된다.

일상에 수학을 담는 방법으로 좋은 활동은 분류다. 느낌, 색깔, 모양, 크기, 무게 등 다양한 기준을 정하여 사물과 개념을 분류하면 의미를 생성하거나 기존의 질서를 이해하는 데 도움이 된다. 배우는 수학이 늘어나면 자신이 분류했던 것이 합리적이었는지 판단하여 다시 더 정교하게 분류하거나, 지금껏 분류한 내용을 모두 적어 보며 질서를 부여하고 구조를 형성할 수도 있다. 너무 이상적이라고 생각할 수 있으나, 학년이 올라갈수록 이런 시도를 할 수 없다는 점을 고려하여 유치원에서 초등학교로의 전환기에 적극적으로 시도하길 바란다. 수학에 대한 호기심과 자신감은 수학적 지식보다 몇 배로 강력한 원동력이 될 것이다.

유치원 교육과정에서는 교육 내용을 '신체운동·건강', '의사소통', '사회관계', '예술경험', '자연탐구'의 다섯 개 영역으로 구성하고, 이중 '자연탐구' 영역에서 수학에 관련된 내용을 다룬다. 8장에서 '자연탐구' 영역의 주요 내용과 초등학교 저학년 수학 내용을 비교하여 구체적으로 어떤 준비가 필요한지 언급했다. 특히 초등학교에서는 수학을 독립된 교과목으로 제시하고 '수와 연산', '도형과 측정', '변화와 관계', '자료와 가능성'의 네 개 내용 영역으로 구성하여 공부하게 되므로, 내용 영역별로 유치원에서 초등학교로의 전환에 필요한 공부를 확인할 필요가 있다. 그러나 이렇게 세부적인 내용의 차이를 일일이 확인하여 치밀하게 준비하지 않아도 수학에 대한 호기심, 자신감, 개념과 절차의 기본을 갖추도록 하면 초등학교 생활과 수학공부에 잘 적응할 수 있다.

배우의 패러독스를 다시 한번 언급하는 것으로 13장을 마무리하고자 한다. 부모의 감탄과 격려, 정서적인 지원에 크게 영향을 받는 시기는 유치원과 초등학교 저학년이다. 어린 자녀를 두었다면 좋은 배우처럼 자연스럽게 감정을 드러내고 절제하면서 자녀가 즐겁게 수학을 만나도록 하자. 또한 그 과정에서 탄탄한 토대와 기본을 갖출 수 있도록 지원하자. 다소 어색하더라도 연기력을 발휘하여 자녀가 수학에 대해 그리고 공부에 대해 긍정적으로 생각할 수 있도록 호응하고 감탄하길 바란다.

'수학, 무엇이든 물어보세요' 부분에서 언급하겠지만 유치원 교육과정과 초등학교 교육과정에서는 수준의 상승과 하락이 동시에 나타나므로, 유치원 수학보다 초등학교 수학에서 쉬워지는 내용도 있고 어려워지는 내용도 있다. 그러므로 자녀가 유치원에서 초등학교로의 전환기에 있다면, 유치원에서 배운 내용을 되돌아보도록 하여 강점과 약점을 확인하고 필요한 부분을 지원해야 한다. 내용 영역에 따라 아이의 학습 정도가 매우 다를 수 있으며, 이것은 초등학교 수학의 '수와 연산', '변화와 관계', '도형과 측정', '자료와 가능성' 영역을 공부하는 데 각각 영향을 미칠 것이다.

다시 말하건대, 유치원에서 초등학교로의 전환기에는 부모와 자녀가 함께하면서 수학을 경험하고 즐기는 기회를 갖는 것이 가장 중요하다. 이 기억은 자녀가 초등학교에서 수학을 공부로 접했을 때 도전할 수 있도록 할 것이며, 기본과 기초를 다지는 밑거름이자 토대가 될 것이다.

14장

초등학교와 중학교 전환기 수학학습

유치원에서 초등학교로의 전환기에는 자녀와 즐겁게 대화하고 활동하며 수학 호기심과 자신감을 길러 주어야 한다. 그러나 초등학교에서 중학교로의 전환기에는 상당히 다른 접근이 필요하다. 이 장에서는 초등학교 고학년과 중학교 수학의 차이를 살펴보고, 전환기에 수학을 어떻게 공부해야 하는지 알아본다.

초등학교 수학과 중학교 수학

어느 날 한 학부모가 찾아와 "우리 아이가 초등학교 수학은 잘했는데 중학교 때부터 수학을 어려워하더니 중학교를 졸업할 무렵 수학을 포기했어요."라며 도움을 요청했다. 그때만 해도 필자가 경험이 부족하여 상황을 제대로 파악하지 못했다. 마음속으로 '수학이면 수학이지, 초등학교 수학이 어디 있고 중학교 수학이 어디 있냐'고 생각하며, 이렇다 할 조언을 내놓지 못했다.

5차 수학과 교육과정의 초등학교와 중학교 수학교육 목표

초등학교 수학교육의 목표	중학교 수학교육의 목표
수학의 초보적인 지식과 기능을 배우고 익히며, 이를 활용하여 합리적으로 문제를 해결할 수 있는 수학적 능력과 태도를 기른다.	수학의 기초적인 지식을 가지게 하고, 수학적으로 사고하는 능력을 기르게 하며, 이를 활용하여 합리적으로 문제를 해결할 수 있게 한다.
1) 여러 가지 생활 현상을 수학적으로 고찰하고 조직하는 경험을 통하여, 수량과 도형에 대한 기초적인 개념, 원리, 법칙을 이해하게 한다.	1) 여러 가지 사물의 현상을 수학적으로 고찰하는 경험을 통하여 수학의 기초적인 개념, 원리, 법칙을 이해하게 한다.
2) 수학의 초보 기능을 익히고 이를 일상생활에 적용할 수 있게 함으로써 여러 가지 문제를 합리적으로 해결할 수 있게 한다.	2) 수학의 용어와 기호를 정확하게 사용하게 하고, 생활 주변에서 일어나는 여러 현상을 수학적으로 사고하는 능력을 기르게 하며, 이를 생활에 적용할 수 있게 한다.
3) 수학에 대한 흥미와 관심을 지속적으로 가지게 하고, 수학적 사실을 간결, 명확하게 처리하는 생활 태도를 가지게 한다.	3) 수학에 대한 흥미와 관심을 지속적으로 가지게 하고, 지식과 기능을 활용하여, 합리적으로 문제를 해결하는 태도를 가지게 한다.

초등학교 수학과 중학교 수학은 수학과 교육과정의 구분에 따른다. 다시 말해 수학과 교육과정에 제시된, 초등학교와 중학교 시기에 수학을 가르치는 목표, 내용, 방법이 바로 초등학교 수학과 중학교 수학이다. 1987년에 공표한 5차 수학과 교육과정까지만 해도 초등학교(당시에는 '국민학교'로 불림)에서는 '수학' 대신 '산수'를, 중학교에서는 '수학'을 과목명으로 제시했다. 수학을 가르치는 목표도 초등학교와 중학교가 위와 같이 달랐다.

위의 목표에서 초등학교 수학과 중학교 수학의 차이를 찾아 보

자. 대체로 비슷한데 중학교 수학에서는 수학의 용어와 기호를 정확하게 사용하도록 한다는 점, 여러 현상에서 수학적으로 사고하는 능력을 기른다는 점이 두드러진다. 초등학교 수학에서는 용어를 엄밀하게 정의하지 않는 경우가 많다. 용어의 정의보다는 해당 용어로 대상을 직관적으로 파악하여 다양한 개념을 다루는 것을 배운다. 예를 들어, '세모 모양', '분수', '원의 넓이' 등 여러 용어를 수학적으로 엄밀하게 정의하지 않고 사용한다. 중학교에서는 수학적으로 용어를 정의한 후 사용하며, 수학적 정의로부터 수학적 추론을 거쳐 다양한 성질을 도출한다. 이 과정에 수학적 사고력이 필요하고 이렇게 수학을 배워야 더 수준 높은 수학적 사고력을 갖출 수 있다. 기호는 수학적 추론과 수학적 사고의 복합적인 측면을 압축하여 형식화한 것이다. 중학교 수학은 용어와 기호를 정확하게 사용하도록 하고, 사고력을 요구한다는 점에서 초등학교 수학과 상당히 다르다.

 2022 개정 수학과 교육과정에서는 초등학교와 중학교가 연계되도록 공통의 수학교육 목표를 제시하고, 공통의 내용 영역을 설정했다. 초등학교에서 중학교로의 전환을 조금이라도 돕기 위해서다. 공통 내용 영역은 '수와 연산', '변화와 관계', '도형과 측정', '자료와 가능성'의 네 가지다. 각 내용 영역마다 성공적인 전환을 위해 고려해야 할 특징이 있다.

수와 연산 영역의 특징

초등학교 수학에서 가장 비중이 높은 영역은 '수와 연산' 영역이다. 오른쪽 표에서 초등학교와 중학교의 수와 연산 영역에서 다루는 핵심 지식을 확인할 수 있다. 초등학교에서 중학교로의 전환기라고 할 수 있는 5학년과 6학년 때 특히 난도 높은 내용이 포진되어 있다. 가령, 4학년까지 학습한 자연수의 사칙계산을 분수와 소수로 확대하는 과정이 포함된다. 자연수의 혼합 계산은 새로운 계산 규칙을 이해하고 실수 없이 적용해야 학습할 수 있다. 약수와 배수, 수의 범위와 올림, 버림, 반올림은 수에 내포된 성질을 깊이 이해하고, 상황에 따라 수를 다시 표현하여 다룰 줄 알아야 학습할 수 있는 내용이다. 이처럼 5학년과 6학년 때는 4학년까지 배운 상당한 분량의 내용을 종합하거나 배운 내용을 연결하여 이해해야 한다. 단순 지식의 학습과는 다른, 높은 수준의 수학적 사고와 추론 능력을 갖추어야 학습이 가능한 것이다.

    5학년과 6학년에 본격화되는 분수의 사칙계산은 계산 연습을 많이 했던 학생들에게도 도전을 요구하는 내용이다. 분모가 다른 분수의 덧셈과 뺄셈을 하려면 통분을 먼저 떠올려야 하고, 이렇게 자연수의 사칙계산과 다른 분수의 사칙계산 원리를 이해하고 있어야 한다. 하지만 일부 학생은 이를 감당하지 못하여 자연수의 사칙계산에 계속 의존하는 경우가 있다. 분수의 나눗셈 계산 원리를 이해하는 데

초등학교와 중학교 '수와 연산' 영역의 핵심 지식

초등학교	1~2학년	• 네 자리 이하의 수 • 두 자릿수 범위의 덧셈과 뺄셈 • 한 자릿수의 곱셈
	3~4학년	• 다섯 자리 이상의 수 • 분수 • 소수 • 세 자릿수의 덧셈과 뺄셈 • 자연수의 곱셈과 나눗셈 • 분모가 같은 분수의 덧셈과 뺄셈 • 소수의 덧셈과 뺄셈
	5~6학년	• 약수와 배수 • 수의 범위와 올림, 버림, 반올림 • 자연수의 혼합 계산 • 분모가 다른 분수의 덧셈과 뺄셈 • 분수의 곱셈과 나눗셈 • 소수의 곱셈과 나눗셈
중학교	1~3학년	• 소인수분해 • 정수와 유리수 • 유리수와 순환소수 • 제곱근과 실수

어려움을 겪는 학생은 기계적으로 외우는 방식으로 학습하기도 한다. 이 시기에 분수의 사칙계산을 제대로 학습해 놓지 않으면 중학교의 수와 연산 영역에서 다루는 유리수의 사칙계산 학습에 문제가 생긴다.

초등학교에서 중학교로의 전환기인 5학년과 6학년의 수와 연산 영역 학습 요소 중 약수와 배수는 중학교 1학년의 최대공약수와 최소공배수 개념과 밀접하게 관련된다. 분수의 사칙계산은 유리수의 사칙계산과 관련되고, 자연수의 혼합 계산은 정수와 유리수의 혼합 계산과 연결된다. 그러므로 전환기 학습의 관점에서 수와 연산 영역의 특징은 전환기 동안 초등학교 수와 연산 영역의 학습을 충실하게 점검하고 보완하는 데 치중해야 한다는 점에서 '점검 보완형'이라고 할 수 있다. 이 시기에 섣불리 중학교 수학에 대한 선행학습을 시도하면 초등학교의 수와 연산도, 중학교의 수와 연산도 놓칠 가능성이 높다.

변화와 관계 영역의 특징

초등학교와 중학교의 '변화와 관계' 영역은 내용의 양과 수준 면에서 큰 차이가 있어서 초등학교에서 중학교로의 전환에 적지 않은 어려움을 유발한다. 다음 표는 초등학교와 중학교 변화와 관계 영역의 핵심 지식을 나타낸 것이다. 초등학교에서는 규칙을 찾아 서로 다른 대상의 관계를 파악하는 데 집중한다. 초등학교에서 중학교로의 전환기라고 할 수 있는 5학년과 6학년 때 비와 비율, 비례식과 비례배분을 배우는데 상당수 학생이 어려워한다. 학생들은 비와 비율을 개념적으로 이해하는 데도, 수식으로 비례 상황을 표현하거나 비례식을 조작하는 데도 어려움을 겪는다. 결국 기계적으로 암기하여 유형별 문제 풀이를 연습하는 방식으로 공부하게 된다.

초등학교와 중학교 '변화와 관계' 영역의 핵심 지식

초등학교	1~2학년	• 규칙
	3~4학년	• 규칙 • 동치 관계
	5~6학년	• 대응 관계 • 비와 비율 • 비례식과 비례배분
중학교	1~3학년	• 문자의 사용과 식 • 일차방정식 • 좌표평면과 그래프
		• 식의 계산 • 일차부등식 • 연립일차방정식 • 일차함수와 그 그래프 • 일차함수와 일차방정식의 관계
		• 다항식의 곱셈과 인수분해 • 이차방정식 • 이차함수와 그 그래프

중학교의 변화와 관계 영역에서는 문자 기호와 수식 표현을 도입하고 방정식, 부등식, 다항식, 인수분해 등 본격적으로 수식을 다루는 내용을 제시한다. 상당수 학생이 이 내용을 어려워한다. 서술형 평가에서 많은 학생이 용어와 기호를 정확히 사용하지 못하고 잘못된 수식을 세워 감점 받는데, 이는 변화와 관계 영역의 학습이 제대로 이루어지지 않아 발생하는 문제이기도 한다. 좌표평면과 그래프, 일차함수와 그래프, 이차함수와 그래프 등은 수학적 표현을 좌표평

면에 그린 그래프로 확장한 것이다. 이들 내용을 학습할 때도 새로운 수학적 표현을 사용해야 하는데, 새로운 규칙과 관례에 익숙해질 때까지 시간과 노력이 필요하다.

초등학교에서 중학교로의 전환에서 변화와 관계 영역의 특징은 내용과 형식의 변화가 크고 난도가 높아서 시간과 노력을 집중하여 능력을 확장해야 한다는 뜻의 '집중 확장형'으로 표현할 수 있다. 초등학교 수학과 중학교 수학의 차이를 가장 뚜렷하게 보여 주는 영역이 변화와 관계인 만큼, 전환기에 가장 예의 주시 하며 학습 상황을 지원할 필요가 있다. 문자 기호와 수식 표현을 쉽게 받아들이는 학생은 매우 적다. 만약 자녀가 비와 비율, 비례식과 비례배분 문제를 어려워한다면 지극히 당연하고 자연스러운 것이라고 여기길 바란다. 학교에 따라 다르지만 80~90%의 초등학생이 어려워하는 내용이므로 문제의 구조와 조건, 해결 방법을 이해할 시간을 충분히 가지도록 도울 필요가 있다. 맥락에 따라 비와 비율, 비례식과 비례배분을 어떻게 적용해야 하는지도 탐구하도록 도와야 한다. 관련 내용을 이해하는 데 얼마만큼의 시간이 들지 급히게 예단히지 말고, 자녀의 상황에 따라 적합한 시간을 들일 수 있도록 하자.

초등학교 때 아이가 비와 비율, 비례식과 비례배분 문제에서 좌절하고 자신감을 잃으면 중학교에 들어가서 변화와 관계 영역의 여러 요소를 학습하기 어렵다. 초등학교의 핵심 내용 영역이 '수와 연산'이라면 중학교의 핵심 내용 영역은 '변화와 관계'라는 점을 염두에 두고, 초등학교 고학년 수학공부에서 비와 비율, 비례식과 비례배분을 충분히 학습하도록 지도해야 한다. 비와 비율, 비례식과 비례배분을 다루기 위한 수학적 표현의 의미와 구조에 대해서도 충분히 이해하도록 도울 필요가 있다. 자녀에게 선행학습을 하도록 한다면, 먼저 초등학교 변화와 관계 영역의 학습이 제대로 되고 있는지 확인하는 일이 필수다. 초등학교 변화와 관계 영역의 내용도 잘 모르는데 해당 영역의 중학교 과정을 공부해야 한다면 자녀가 엄청난 스트레스를 겪을 것이다. 반면 초등학교의 변화와 관계 영역을 공부하는 데 문제가 없다면 중학교 변화와 관계 영역을 미리 공부해도 감당할 수 있을 것이다.

초등학교 고학년 자녀를 두었다면 아이가 변화와 관계 영역의 학습에 시간과 노력을 집중 투자 하도록 해야 한다. 그 결과로 수학적 표현과 수학적 추론의 확장이 잘 이루어지면 중학교 수학공부에 필요한 토대를 마련할 수 있을 것이다. 마찬가지로 중학교 1학년 시기에 배우는 문자의 사용과 식, 일차방정식, 좌표평면과 그래프는 2학년과 3학년에 배우는 변화와 관계 영역의 내용에 직접적인 도구와 토대가 된다. 그러므로 초등학교 과정을 완벽하게 깨우쳐 중학교 과정을 선행학습하더라도, 중학교 1학년 내용을 충분히 학습하지 않은 채로 2학년과 3학년 내용을 선행학습하는 것은 무의미하다. 오히려 수학공부에 대한 불필요한 좌절만 맛보게 할 것이다. 다시 한번 강조하건대, 변화와 관계 영역에서는 초등학교 수학과 중학교 수학의 차이가 가장 명확하게 드러나므로 위에서 언급한 측면을 최대한 고려하여 전환기 학습에 시간과 노력을 기울일 필요가 있다.

도형과 측정 영역의 특징

'도형과 측정'은 초등학교에서 '수와 연산' 다음으로 많은 내용을 지도하는 영역이다. '수와 연산'에서는 분수와 소수 계산을, '변화와 관계'에서는 비와 비율, 비례식과 비례배분 학습을 어려워한다면, '도형과 측정'에서는 다각형의 둘레와 넓이, 원주율과 원의 넓이, 직육면체와 정육면체의 겉넓이와 부피를 어려워하는 경우가 많다. 다각형과 원의 둘레와 넓이, 직육면체와 정육면체의 겉넓이는 모두 구하기도 어렵지만 계산도 까다로워 고난도의 사고력과 고난도 계산 능력을 요구한다.

초등학교에서는 도형과 측정 영역을 구체물이나 교구, 시각적 이미지를 활용하여 직관적이고 활동 중심적인 방식으로 학습하도록 한다. 초등학교 고학년에서는 엄밀한 수준까지는 아니더라도, 도형과 측정 영역의 내용이 어떤 원리에 의해 도출되는지 설명하거나 추론하는 과정을 학습하게 한다. 예를 들어, 원의 둘레와 넓이를 구하는 공식이 어떻게 만들어지는지를 초등학생의 수준에서 이해할 수 있는 내용과 형태로 표현하여 학습을 촉진하는 것이다. 그런데 아무

초등학교와 중학교 '도형과 측정' 영역의 핵심 지식

초등학교	1~2학년	• 입체도형의 모양 • 평면도형과 그 구성 요소 • 양의 비교 • 시각과 시간(시, 분) • 길이(cm, m)	
	3~4학년	• 도형의 기초 • 여러 가지 삼각형 • 다각형 • 시각과 시간(초) • 들이(L, mL) • 각도(°)	• 원의 구성 요소 • 여러 가지 사각형 • 평면도형의 이동 • 길이(mm, km) • 무게(kg, g, t)
	5~6학년	• 합동과 대칭 • 직육면체와 정육면체 • 각기둥과 각뿔 • 원기둥, 원뿔, 구 • 다각형의 둘레와 넓이 • 원주율과 원의 넓이 • 직육면체와 정육면체의 겉넓이와 부피	
중학교	1~3학년	• 기본 도형 • 작도와 합동 • 평면도형의 성질 • 입체도형의 성질 • 삼각형과 사각형의 성질 • 도형의 닮음 • 피타고라스 정리 • 삼각비 • 원의 성질	

리 쉽게 바꾼다고 해도 공식을 도출하는 과정을 이해하려면 기본적으로 관련 개념 요소 사이의 관계에 대해 추론해야 한다. 학생 상당수는 이 추론에 어려움을 느껴 공식의 원리를 이해하는 과정을 생략하고, 공식만 외워 문제를 푸는 방식으로 학습한다.

만약 초등학교 고학년 학습 과정에서 도형과 측정 영역을 공부할 때 추론을 생략하고 공식을 외워 문제를 푸는 데만 치중한다면, 중학교 1학년의 도형과 측정 영역을 학습하는 데 전혀 도움이 되지 않을뿐더러 오히려 방해가 될 수 있다. 중학교 1학년에서 다루는 기본 도형, 작도와 합동, 평면도형의 성질, 입체도형의 성질은 공식을 외우는 방식이 아니라 수학적 추론으로 이해하고 탐구해야 하기 때문이다. 4장과 5장에서 소개했던 도형이의 사례를 생각해 보면 이 말의 뜻을 알 수 있을 것이다. 수학적 추론 능력을 활용하여 도형을 학습한 아이는 장차 수학학습에서 높은 성취를 보여 줄 가능성이 있다.

중학교 도형과 측정 영역에서는 삼각형과 사각형의 성질, 도형의 닮음, 피타고라스 정리, 삼각비, 원의 성질 등을 배운다. 초등학교에서는 도형과 측정 영역을 활동 중심으로 학습했다면, 중학교 도형과 측정 영역을 배울 때는 일반적으로 적용할 수 있는 성질을 찾고 그 정당성을 설명할 수 있어야 한다. 문제를 해결할 때는 결과만이 아니라 결과를 얻을 때 이용한 일반적인 성질과 정당성에 대한 설명도 함께 제시해야 좋은 성적을 받을 수 있다. 중학교 1학년 시기에 변화와 관계 영역을 학습하는 단계부터 용어와 기호를 이해하고 수식을 사용하는 데 어려움을 겪었다면, 도형과 측정 영역에서 도형의 성질을 기호와 수식으로 일반화하고 정당화하는 것은 불가능할 것이다.

도형과 측정 영역의 전환 관련 특징은 핵심 내용을 수학적 관례에 맞게 바꾸어 표현함으로써 일반화하고 정당화하는 데 주목해야 한다는 뜻에서 '표현 변환형'으로 나타낼 수 있다. 초등학교에서는 기본 도형인 삼각형과 사각형, 원의 성질을 구체물을 이용하여 직관적이고 활동 중심적으로 다루었다. 이를 언어화하여 추론 구조로 바꾸어 표현해 보도록 하면 중학교 과정에서 도형의 성질을 문자 기호로 나타내고 일반화하고 정당화할 때 한층 수월하게 적응할 수 있다. 도형의 둘레와 넓이, 부피를 구하는 방법도 공식만 외우지 말고 공식에 이르는 과정을 언어화하여 설명할 수 있도록 하면 이를 문자 기호와 수식으로 변환하여 다룰 때 도움이 된다. 공식에 이르는 과정이나 문제 풀이 과정을 말로 하고 글로 적는 습관은 중학교에서 사고 과정을 단계별로 서술하고 기호화하는 데 좋은 토대가 될 것이다.

자료와 가능성 영역의 특징

초등학교와 중학교의 '자료와 가능성' 영역은 비교적 전환에 큰 어려움을 일으키지 않는다. 자료와 가능성 영역의 특성상, 이전 내용에 차곡차곡 쌓아 나가며 학습 내용을 제시하기보다 유용한 개념과 방법적 지식을 나열하는 방식으로 교육과정이 구성되어 있기 때문이다. 예를 들어, 초등학교에서 배운 원그래프를 중학교에서 다시 정교화하여 배우지 않는다. 대신 중학교에서는 새로운 통계 그래프를 배운다. 물론 일부는 서로 연결되어 있고, 중학교에서는 초등학교에서 배운 지식을 활용하여 공부하도록 하고 있다. 이를 테면, 초등학교에서 배운 막대그래프에 대한 지식을 이용하여 중학교의 히스토그램을 이해하고, 둘 사이의 차이도 공부한다. 그러나 다른 영역처럼 이전 학습 요소를 제대로 공부하지 못했다고 해서 후속 학습 요소를 공부할 수 없는 것은 아니다.

초등학교와 중학교 '자료와 가능성' 영역의 핵심 지식

초등학교	1~2학년	• 자료의 분류 • 표 • ○, ×, / 를 이용한 그래프
	3~4학년	• 그림그래프 • 막대그래프 • 꺾은선그래프
	5~6학년	• 평균 • 띠그래프, 원그래프 • 가능성
중학교	1~3학년	• 대푯값 • 도수분포표와 상대도수 • 경우의 수와 확률 • 산포도 • 상자그림과 산점도

다만 초등학교 때 다루는 가능성 관련 내용은 매우 쉬운 반면 중학교에서 다루는 '경우의 수와 확률'은 사고력과 추론, 어느 정도의 계산을 바탕으로 학습해야 한다는 점에서 차이가 있다. 전환기에 이 부분을 공부할 필요는 없으며, 중학교에서 '경우의 수와 확률'을 다루는 맥락을 이해하고 독특한 사고 전략을 학습하도록 하면 된다.

자료와 가능성 영역의 전환 관련 특징은 초등학교와 중학교 모두 자료를 수집하여 정리하고 분석하는 활동을 강조하되 중학교에서는 공학 도구 활용에 더 많은 강조점이 놓인다는 것이다. 그런 의미에서 '디지털 전환형'이라고 표현할 수 있다. 중학교에서는 자료와 가능성 영역의 내용을 공부할 때 '통그라미'나 '이지통계' 같은 전용 소프트웨어를 활용하게 된다. 초등학교에서 중학교로의 전환기에 정보를 검색하거나 디지털 기기를 활용하는 능력을 갖추면 중학교의 자료와 가능성 영역 학습을 위한 준비에 도움이 된다.

초등학교에서 중학교로의 성공적인 전환

전환기 학습이 중요한 이유는 전환기에 학생들의 수학 성취도와 수학에 대한 태도가 극적으로 변하기 때문이다. 특히 초등학교에서 중학교로 전환하는 시점에 상당수의 학생이 수학을 어려워하는데, 그 원인이 다양하므로 아이의 상태를 세심하게 진단하여 지원할 필요가 있다. 초등학교 수학을 공부하면서 수학 역량을 균형 있게 발달시켰고, 수학 역량 검진도 잘 이루어져서 보완이 필요한 측면을 알고 있다면 아무 문제가 없다. 위에서 언급한 내용 영역에서의 전환 관련 특징에도 민감하게 대응하여 준비했다면 걱정할 필요 없다.

초등학교 수학은 잘했는데 중학교 수학부터 어려워한 경우 상당수는 초등학교 고학년 수학학습에서 문제가 발생한 경우다. 초등학교 때는 평가를 제대로 하지 않으므로 학습 결손이 드러나지 않았을 뿐이다. 초등학교 고학년부터 자녀가 어려워하는 수학 내용 영역과 구체적인 학습 실패 양상을 관찰해서 기록하면 아이의 향후 공부 계획을 세울 때 유용하다. 수와 연산 영역의 분수 계산을 어려워한다면 분수 개념과 계산 원리에 대한 이해를 촉진하여 학습을 돕는 것이 좋다. 수와 연산 영역은 초등학교에서 가장 많은 시간을 들여 학습하는 내용이므로 '점검 보완형' 학습으로 전환기를 보낼 필요가 있다. 마찬가지로 앞서 언급한 각 내용 영역별 전환 관련 특징을 고려하여 전환기 학습을 지원해야 한다.

조급한 신행학습은 전환기 학습에 혼선을 일으키고 수학에 대한 호기심, 흥미, 자신감을 떨어뜨리며, 무엇보다 아이가 자기 주도적 학습 능력을 함양할 기회를 빼앗는다. 부모는 아이가 중학교 진학에 가까워질수록 더 조급해질 가능성이 높은데, 이는 학습 계획을 세우거나 학습을 지원할 때 적절한 판단을 내리지 못하게 하는 원인이 된다. 순간의 선택이 일생을 좌우한다는 말은 자녀의 전환기 수학학습을 지원할 때 가장 의식해야 하는 전제다. 흔들리고 불안한 때일수록 기본을 중시하면서 향후 진로를 선택해야 한다. 전환기에 자녀의 내용 영역별 학습 양상과 수학 역량 검진 결과를 참고하여, 자녀에게 꼭 필요하고 도움이 되는 방식을 찾길 바란다. 여기까지 책을 읽은 부모라면 이렇게 할 수 있으리라 기대한다.

중학교와 고등학교 전환기 수학학습

고등학교 1학년까지는 공통 교육 기간이고, 모든 학생이 공통 수학을 공부한다. 2학년 때부터는 진로에 따라 다른 과목을 선택하여 수학을 공부하게 된다. 이 장에서는 중학교까지의 수학학습 결과를 종합하고 고등학교 수학공부를 준비하는 전환기에 고려할 점을 제시하고자 한다.

중학교 수학과 고등학교 수학

중학교 수학을 공부할 때는 수학적 추론 역량, 수학적 의사소통 역량, 특히 문자 기호와 수식 등 관례적인 수학적 표현 역량이 중요하다고 말했다. 이 경향은 고등학교 수학을 공부할 때도 그대로 이어진다. 그러므로 초등학교에서 중학교로의 전환이 잘 이루어졌다면 중학교에서 고등학교로의 전환도 잘 이루어질 가능성이 있다. 중학교 수학을 공부하면서 수학적 추론을 생략하고 공식이나 해법을 외워 문제를 해결했다면 고등학교 수학을 공부할 때 상당히 문제가 된다. 서술형 평가나 과정 중심 평가에서 풀이 과정과 함께 그 풀이 과정이 정당한 이유를 적절하게 표현하지 못해 감점받은 경우가 많다면 고등학교 수학을 공부하는 데도 어려움을 겪을 가능성이 있다. 요컨대, 중학교와 고등학교의 기본적인 수학공부 방법은 상당히 유사하다. 그러니 고등학교 수학을 무조건 두려워하거나 부담스러워하지 않았으면 좋겠다.

고등학교 수학공부를 걱정하는 것은 충분히 이해할 만하다. 고등학교 3년은 수학에 대한 호기심, 흥미와 자신감을 논하는 일이 사치라고 할 만큼 사회 진출이나 대학 입학을 준비하기 위해 수학을 치열하게 공부해야 하는 시기이기 때문이다. 우리나라처럼 경쟁이 치열한 곳에서 수학은 변별력을 발휘하기 너무나 좋은 과목이고, 수학은 그동안의 시험에서 악역을 담당해 왔다. 이런 현실을 알기에 고등학교에서의 수학공부를 이론적으로만 말하지는 않겠다. 다만 앞으로 현실이 개선될 가능성도 있으므로, 무엇이 중요하고 가치 있는지를 고려하여 고등학교 수학공부에 관한 의견을 제시하고자 한다.

고등학교부터는 진로에 따라 학교의 유형을 선택하게 되므로, 중학교까지 개발한 학생의 수학 역량은 고등학교 선택의 중요한 참고 기준 중 하나다. 중학교까지 수학공부에서 탁월한 능력을 발휘한 학생은 과학 고등학교나 영재 학교를 선택하는 경향이 있다. 그 외에는 성향과 진로에 따라 일반 고등학교, 특성화 고등학교, 자율 고등학교를 선택한다. 중학교 수학에서 고등학교 수학으로의 전환기는 어떤 고등학교를 선택하는지에 따라 다르게 보내야 한다. 선택하는 고등학교의 특성을 고려하여 중학교에서 고등학교로의 전환기를 세심하게 살피고 지원할 필요가 있다.

중학교 수학학습의 과정과 결과

중학교 수학 수업을 참관할 때면 초등학교 수학 수업에서 보았던 아이들의 웃음이 사라져서 너무나 아쉬울 때가 많다. 초등학교 수학 수업에서는 손을 번쩍 들고 서로 발표하겠다고 다투는 모습을 볼 수 있다. 그랬던 아이들이 중학교 수학 수업에서는 이미 공부에 지친 모습이니 볼 때마다 안타깝다. 물론 학교가 어느 지역에 있는지에 따라 양상은 매우 다르다. 학원과 과외 등 학교 밖에서 하는 수학공부의 비중이 학교 수학 수업의 참여에 영향을 미치기 때문이다. 이미 다 알고 있는 내용을 다시 공부할 때 즐겁고 흥미롭게 참여하기는 어렵다. 다 알지는 못해도 배운 적 있는 내용이 나오면 자연히 관심이 가지 않는다.

여러 연구 결과에 의하면, 초등학교 고학년 이후의 수학학습부터는 공교육과 사교육이 상당 부분 혼합되어 상호 영향을 미친다고 가정해도 무방할 정도로 사교육의 비율이 높다. 하지만 한편으로는 수학공부의 성패에는 사교육보다 자기 주도적으로 끈기 있게 노력하는 것이 영향을 미친다는 연구 결과가 보고되기도 했다. 또한 국어와 영어보다 수학이 성적의 상승과 하락 폭이 크고 방향 변화가 크다는 연구 결과도 있다. 이는 수학 성적이 한번 떨어지면 다시 만회하기 어렵다는 통념에 반대되는 결과다.

자녀가 중학교까지 수학을 어떻게 학습했고, 어떤 수학 역량을 발전시켰으며, 수학 성적을 어떻게 받았는지 살펴볼 필요가 있다. 자기 주도성을 어느 정도 발휘하면서 수학을 학습했다면, 수학 역량과 수학 성적이 만족스럽지 않더라도 수학에 잠재력이 낮은 것으로 판단하지 말아야 한다. 자녀의 미래에 이공계열 진로를 배제하고, 고등학교 수학은 최소한으로만 공부하게 한다는 계획도 미리 세우지 않는 것이 좋다. 과학 고등학교나 영재 학교는 갈 수 없어도 그 외의 고등학교에서 수학을 더 공부하면서 진로를 정해도 되기 때문이다. 자녀가 그동안 자기 주도성을 발휘하면서 수학을 공부했고 수학 역량과 수학 성적도 잘 갖추었다면, 과학 고등학교나 영재 학교 진학을 준비하는 것이 바람직하다. 수학 역량과 수학 성적은 잘 갖추었으나 자기 주도성을 발휘하지 않은 채로 중학교 수학을 공부했다면, 과학 고등학교나 영재 학교보다는 일반 고등학교나 자율형 고등학교 선택을 고려하는 것이 좋다. 과학 고등학교와 영재 학교에 입학하더라도 심화 수학을 공부하면서 겪는 스트레스와 좌절감을 감당하지 못하는 경우가 많기 때문이다. 과학 고등학교와 영재 학교 재학 중에도 사교육에 의존하는 학생이 많지만, 결국 자기 주도성을 갖춘 학생이 이공계열 학문을 선도하는 인재로 성장하는 경우가 많다.

중학교 수학을 공부하는 과정에서는 수학 역량을 고르게 길러야 한다. 특히 문제해결 역량, 의사소통 역량, 추론 역량은 고등학교 수학공부에 직접적으로 영향을 미치므로 전환기에 세밀하게 점검하여 보완할 필요가 있다. 연결 역량과 정보처리 역량을 갖추고 있으면 고등학교 2학년부터 이루어지는 과목 선택의 폭이 넓다는 점에서 유리하다.

중학교 수학의 내용 영역별 학습 과정과 결과를 돌아보고 전환기에 집중적으로 보완할 점을 도출하는 것도 바람직하다. 수와 연산 영역에서는 학습이 진행될수록 정수, 유리수, 무리수, 실수 등 수 체계를 계속 확장하게 되는데, 확장되는 수 체계에 적합한 사칙계산을 정의하고 수행할 수 있어야 한다. 중학교 수학은 수와 연산 영역에서 새롭게 배우는 내용이 많으므로 9장에서 언급한 인식론적 장애가 계속 일어나 학습을 어렵게 할 수 있다. 인식론적 장애의 측면에서 수와 연산 영역의 학습 부진을 파악하여 자녀가 스스로 원리를 파악한 후 계산 절차를 완료하는 연습을 하도록 해야 한다.

변화와 관계 영역에서는 자녀가 폭발적으로 증가한 문자 기호와 수식 표현의 사용에 얼마나 적응했는지를 세밀하게 확인해야 한다. 수학적 표현을 정확하게 읽고 쓰면서 방정식, 부등식, 함수로 실생활 맥락을 모델링하는 능력을 길렀다면 더할 나위 없이 좋다. 변화와 관계 영역은 중학교 수학에서 가장 도전적인 부분이므로 학습 지원이 집중적으로 이루어져야 한다. 초등학교에서 계산 속도와 정확성을 너무 중시하면 수학에 흥미를 잃고 수학학습을 거부할 수 있다고 했다. 하지만 역으로 중학교 변화와 관계 영역의 학습에서는 정확성을 중시해야 하며, 기호와 수식을 사용한 표현에 오류가 있을 때 개별적인 피드백을 통해 확실하게 교정할 수 있도록 지원해야 한다.

계산의 경우, 원리를 알더라도 단순 실수로 인한 오류를 보일 수 있다. 단순 실수를 너무 많이 하면 문제가 되겠지만 계산 감각이 부족할 때 실수를 지나치게 지적하는 것은 부정적인 효과가 크다. 이와 달리 중학교에서 배우는 기호와 수식 표현은 정확하게 사용해야만 의미가 있으며, 잘못 표현한 부분을 최대한 빨리 확인하여 수정하는 감수성을 길러야 한다. 시간을 지체하여 잘못된 수식으로 계속 공부하면 바라는 결과를 얻을 수 없고 문제에 대한 감도 잃는다.

학습자에게 제공하는 맞춤형 지원을 '비계Scaffolding'라고 한다. 중학교 학습 과정에서 학생이 잘못 표현한 기호와 수식 표현을 개별적으로 피드백해 주며 학습을 촉진하는 것도 이에 해당한다. 변화와 관계 영역에서는 기호와 수식 표현 방식을 알려 주는 '인지적 비계'와 더불어, 맥락에 맞게 기호와 수식으로 나타냈을 때 감탄하고 칭찬하는 등의 '정의적 비계'도 제공할 필요가 있다. 기호와 수식으로 나타내면 특수한 상황을 일반화하여 다룰 수 있다는 점에 자녀와 함께 감탄하는 것도 정의적 비계에 해당한다. 수학 성취도가 낮은 학생도 적절한 비계를 제공받으면 수식 표현을 이해하고 적절히 다루는 능력을 기를 수 있다. 자녀가 중학교 변화와 관계 영역의 학습에 어려움을 겪는다면 비계를 통해 적절한 수식 표현을 사용할 수 있도록 돕길 바란다. 이 기회가 고등학교 수학을 학습하는 데 결정적인 밑거름이 될 수 있다.

중학교 도형과 측정 영역의 학습에서는 초등학교와 마찬가지로 종이접기, 작도, 공학 도구 활용 등 체험 기반의 방법을 거친 후 기호 표현으로 넘어가는 것이 바람직하다. 현실적으로 시간도 부족하고 여건이 안 된다면 교육부에서 개발하여 제공하는 '알지오매스AlgeoMath' 같은 소프트웨어를 활용해도 좋다. 삼각형의 성질, 사각형의 성질, 원의 성질, 삼각비 등을 학습할 때 소프트웨어의 기능을 활용하여 추론의 핵심 요소와 주요 성질을 시각적·활동적으로 확인하면 이해에 큰 도움이 된다.

공학 도구를 활용하면 도형의 구성 요소를 바꾸면서 변하는 관계, 변하지 않는 관계를 관찰하여 주요 성질을 쉽게 도출할 수 있다. 중학교 수학을 공부하는 동시에 고등학교 수학을 선행학습하는 데 시간을 쓰면, 공학 도구를 활용하여 수학을 공부할 시간을 확보하기 어려울 것이다. 도형과 측정 영역의 학습에 실패하여 수학에 대한 부정적인 태도를 형성한다면 고등학교 선택과 이후의 수학공부에 악영향을 미치므로, 공학 도구 활용에 의한 분위기 전환도 고려할 필요가 있다.

중학교 자료와 가능성 영역의 학습은 맥락을 얼마나 잘 이해하여 문제를 해결하는지에 초점이 맞추어져 있다. 초등학교에서도 다양한 종류의 그래프와 평균, 가능성을 자료가 놓인 맥락에 비추어 학습하므로, 이 흐름이 중학교까지 이어지는 것이라고 보면 된다. 자료와 가능성 영역을 학습할 때 제시하는 맥락은 기후 환경, 문화재, 산업, 타 교과에 연계된 상황 등 다양하다. 그러므로 문해력과 더불어 자료의 특성을 이해하는 것이 필요하다. 더불어 다양한 맥락에서 자료를 수집하여 통계로 해결 가능한 문제를 만들 수 있어야 한다. 문제를 해결하기 위해 주어진 자료를 적절한 방법으로 분석하여 추론하고 다양한 시각적 이미지로 표현해 보면 고등학교 수학을 공부하는 데 필요한 토대를 갖출 수 있을 것이다.

수학 역량 중 정보처리 역량은 자료와 가능성 영역의 학습을 통해 집중적으로 기를 수 있는데, 중학교 수학을 공부하면서 자료와 가능성 영역에 할애하는 시간과 노력이 상대적으로 부족하여 기대한 만큼 정보처리 역량을 기르지 못하는 실정이다. 고등학교를 선택하고 이후 본격적으로 진로를 설계할 때 정보처리 역량이 잘 갖추어져 있다면 선택의 폭이 넓으므로, 이를 고려하여 중학교 자료와 가능성 영역의 학습을 지원할 필요가 있다.

고등학교 수학의 이해

자녀의 진로는 언제 정하면 좋을까? 독일이나 싱가포르에서는 초등학교부터 진로 관련 정보를 제공하고 진로를 빠르게 정하도록 안내한다. 오히려 너무 일찍 진로를 정하여 기회를 빼앗는 면도 있지만, 진로에 따라 적절한 학습 경로를 선택하게 된다는 점에서 장점도 있다. 우리나라는 중학교에서 자유학기제 등을 통해 진로를 모색하도록 하고, 고등학교를 선택할 때도 진로를 고민하여 정하도록 하고 있다. 고등학교 수학은 진로에 상관없이 공통으로 학습하는 과목과 진로에 따라 다르게 선택할 수 있는 과목으로 이루어져 있다. 다음은 2015 개정 수학과 교육과정과 2022 개정 수학과 교육과정의 고등학교 수학 과목 구조다. 이름이 바뀐 과목, 새롭게 추가된 과목, 범주가 달라진 과목을 확인할 수 있다.

2025년부터 고교학점제가 본격적으로 시행되며 학생들은 2022 개정 수학과 교육과정에 있는 과목 구조를 이해하고 진로에 따라 과목을 적절히 선택하여 이수해야 한다. 〈공통수학1〉과 〈공통수학2〉는 진로에 상관없이 모든 학생이 이수해야 한다. 기초 학력이 부족한 경우 〈공통수학1〉과 〈공통수학2〉 대신 수준을 낮추어 구성한 〈기본수학1〉과 〈기본수학2〉를 이수하면 된다. 〈공통수학1〉과 〈공통수학2〉에서 배우는 내용 영역은 다항식, 방정식과 부등식, 경우의 수, 행렬, 도형의 방정식, 집합과 명제, 함수와 그래프다. 세부 내용 요소를

2015 개정 교육과정		
공통 과목	필수	수학
선택 과목	일반	수학 I
		수학 II
		미적분
		확률과 통계
	진로	기하
		실용 수학
		경제 수학
		수학과제 탐구
		인공지능수학
	전문	심화 수학 I
		심화 수학 II
		고급 수학 I
		고급 수학 II

2022 개정 교육과정	
공통 과목	공통수학1, 공통수학2
	기본수학1, 기본수학2
일반 선택	대수
	미적분 I
	확률과 통계
진로 선택	미적분 II, 기하
	경제 수학, 인공지능 수학
	직무 수학
융합 선택	수학과 문화
	실용 통계
	수학과제 탐구
진로 선택 (특목고)	전문 수학, 이산 수학
	고급 기하, 고급 대수
	고급 미적분

고등학교 수학 과목 구조의 변화

보지 않더라도 내용 영역이 주로 중학교의 변화와 관계 영역에서 학습한 내용과 관련됨을 알 수 있다.

  초등학교에서 중학교로의 전환에서 변화와 관계 영역의 특징을 '집중 확장형'으로 표현했는데, 중학교에서 고등학교로의 전환에서도 이 흐름이 유지된다고 할 수 있다. 고등학교 도형과 측정 영역도 도형을 방정식으로 나타내어 다룬다는 점에서 중학교 변화와 관계 영역의 학습에 영향을 받는다. 고등학교 〈공통수학2〉에서 배우는 집합과 명제는 수학적 추론과 수학적 표현의 특수성을 집중적으로 학습하는 영역이다. 〈공통수학 1〉에서 배우는 경우의 수는 중학교에서 학습한 내용을 확장·심화한 것이다. 행렬의 경우만 고등학교에서 새롭게 배우는 자료 표현 방법으로 중학교 수학과는 직접적인 관련성이 없다. 결국 중학교에서 고등학교로의 전환에 있어 관건은 중학교 '변화와 관계' 영역의 학습이라고 할 수 있다. 만약 자녀가 고등학교 수학을 공부하는 데 어려움을 겪어서 중학교 학습을 보완하고자 한다면 변화와 관계 영역을 집중적으로 학습하도록 도울 필요가 있다.

대학 입시 체제가 계속 변하고 있으므로 자녀에게 적용되는 체제를 확인하여 그에 맞는 학습을 지원해야 한다. 그동안 확률과 통계, 미적분학 중 어떤 과목을 선택하는지에 따라 입시에서 유리하고 불리한 점이 있었는데 향후 달라지는 체제에서는 이 현상이 없어질 것으로 기대한다.

학년이 올라갈수록 수학이 어려워지는 것은 교육과정 내용 구성의 원리가 달라지기 때문이다. 초등학교에서는 학습 내용을 나선형으로 배치한다. 그렇기에 어느 정도 반복이 있더라도 이전의 학습 결손을 만회할 기회가 있다. 예를 들어 3학년 때 분수를 배우고 4학년, 5학년, 6학년 때도 분수를 배우는데, 점차 개념과 계산을 정교하고 복잡하게 바꾸어 나가며 익히게 된다. 반면 중학교에서는 학습 내용을 집중형으로 배치한다. 여기에는 배경적 요인의 영향이 있다. 중학교는 초등학교에 비해 배우는 교과가 많아지고 자유학기제를 통해 진로 탐색에 시간을 할애하게 되므로 수학 시수가 줄어든다. 따라서 중학교 수학을 공부하면서 학습 결손이 생기면 이를 극복할 수 있는 시간적 여유가 부족하다. 이는 고등학교 수학에서도 마찬가지다. 이 점을 고려하여 중학교와 고등학교 수학공부에 시간과 노력을 기울이고 비계를 제공해야 한다. 교육과정 내용이 집중형으로 구성되어 있으므로 자녀의 수학 역량, 내용 영역별 학습 현황에 맞는 반복 및 보충 학습 기회를 마련할 필요가 있다.

고등학교 수학 과목은 다양하므로 적절히 선택하면 중학교 때의 학습 결손과 무관하게 수학에 대한 흥미와 호기심을 되찾을 수 있다. 〈수학과 문화〉, 〈인공지능 수학〉, 〈실용 통계〉, 〈수학 과제 탐구〉, 〈경제 수학〉 등이 그것이다. 이런 과목을 학습하면 자녀가 대학에서 전공을 선택하고, 사회에서 직업을 선택하고, 나아가 직업 간 이동을 고려할 때 적지 않은 도움이 된다. 자녀가 고등학교 수학을 공부하는 동안에도 수학 역량과 수학에 대한 긍정적인 태도를 기를 수 있다면 당장 수학 성적이 좋지 않고 좋은 대학에 가지 못하더라도 반드시 언젠가 수학을 발판 삼아 날아오를 날이 올 것이다.

중학교 수학공부에서 높은 성취를 보였다면 〈전문 수학〉을 비롯한 특목고용 심화 수학을 공부할 수 있다. 고등학교 수학 과목은 난도와 내용, 주제 모두 넓은 스펙트럼을 이루므로 자녀가 이수하기에 적합한 경로를 설계하여 지원해야 한다.

16장 메타인지와 메타정의 기반 수학학습

지금까지 경험에 근거하여 의견을 말하기도 했고, 연구 결과를 바탕으로 수학공부의 원리와 방향을 제안하기도 했다. 필자의 의견을 참고하여 자녀에게 가장 도움이 되는 방향을 찾길 바란다. 이 장에서는 지금까지의 이야기를 종합하는 한편, 그동안 받은 질문 중 답하지 않았던 주제를 간략하게 이야기해 보겠다.

메타인지와 메타정의의 의미와 중요성

사교육에 의존하지 않고 스스로 수학을 공부하는 학생들이 이메일이나 편지를 보내올 때가 있다. 질문인가 하고 읽어 보면, 스스로 수학을 공부하는 과정과 앞으로의 공부 계획, 희망하는 진로를 말하고 열심히 공부하겠다는 자신과의 약속을 적은 것이 많았다. 마음으로 열렬히 응원하면서 그 학생들은 분명히 훌륭한 삶을 살아갈 것이라 확신했다. 직접 손잡고 격려하지는 못했지만 열렬한 응원의 마음이

가닿아서 원하는 미래를 맞이하기를 소망한다.

혼자 수학을 공부하면서 자신이 공부한 과정과 결과, 공부 계획을 이야기한 학생들은 한발 떨어져서 자신의 수학공부를 관찰하고 점검함으로써 스스로 미래를 개척하고 있다고 볼 수 있다. 수학교육 연구자들은 '메타Meta-'라는 접두사를 사용하여 이를 '메타인지Metacognition'와 '메타정의Metaaffect' 활동이라고 표현한다. 수학학습에서 '메타인지' 활동은 문제해결, 추론 등의 인지 과정과 전략을 자각하고 숙고하거나 제어하는 활동을 뜻한다. 수학학습에서 '메타정의' 활동은 자신의 수학학습 또는 문제해결 과정에 대한 신념, 느낌, 감정, 태도, 가치를 자각하고 숙고하거나 제어하는 활동을 가리킨다. 다시 말해, 메타인지는 수학을 학습하는 자기 자신을 '인지 방법'과 '전략'을 중심으로 돌아보는 것이라면, 메타정의는 수학을 학습할 때 자신이 느꼈던 정서, 감정, 가치 등을 생각하는 것이다. 혼자 수학을 공부하면서 학습 과정과 결과, 계획을 스스로 제어하는 학생은 메타인지와 메타정의 역량을 갖추고 있다고 할 수 있다.

도형이와 계산이의 사례로 메타인지와 메타정의의 중요성을 생각해 보자. 도형이와 계산이는 필자에게 각자 나름대로 설정한 수학 공부 방법과 문제해결 전략을 말해 주었고, 수학을 공부할 때 느꼈던 감정도 표현했다. 이를 근거로 도형이와 계산이의 메타인지와 메타정의 역량을 어느 정도 판단할 수 있었다. 도형이는 문제를 풀 때 머릿속에서 이루어지는 사고 과정을 설명하길 좋아했으며, 문제를 풀기 전에 풀 수 있는 문제와 풀 수 없는 문제를 판단하기도 했다. 자신의 사고 과정을 설명할 때 어떤 지식이 떠오르는지, 어떤 전략을 세우는지, 계산할 때 자신이 자주하는 실수와 습관이 무엇인지를 말하기도 했다. 이렇게 자신의 인지 과정을 한발 떨어져서 관찰함으로써 도형이는 수학학습에 무엇이 바람직하고 효과적이며, 무엇이 그렇지 않은지 스스로 구분했다. 이어서 바람직하고 효과적인 과정은 기억하여 강화하고, 부적절한 과정은 폐기하거나 일부 개선하여 사용했다. 도형이는 메타인지 활동을 통해 수학 역량을 스스로 발전시켰다.

계산이는 초등학교 때 계산 문제를 푸는 것을 좋아했고 계산할 때 무척 행복해했지만, 도형 문제는 보기만 해도 머리가 아프고 어떻게 할지 방향도 잡지 못했다고 말했다. 식을 즐겨 세우지만 언제 식을 세워야 하는지 고려하지 않고 무조건 식부터 세울 생각을 하기도 했다. 이는 계산이가 문제해결 전략을 언제 어떻게 활용해야 하는지 생각하지 않았음을 시사한다. 이처럼 자신의 인지 과정에 대한 이해와 제어에 관여하는 메타인지 활동을 등한시하면 수학 역량은 서서히 퇴화한다. 계산이는 자신의 수학 실력이 낮아짐을 알고 수학에 자신감을 잃었으며, 부모님의 기대와 학원에서 받는 성적 스트레스 때문에 수학공부에 대한 부담감이 늘어났다.

메타인지와 메타정의는 수학공부와 수학 역량 발달, 수학에 대한 태도 형성에 많은 영향을 미친다. 특히 부모를 포함한 학습의 환경적 배경이 메타인지와 메타정의 역량 형성에 미치는 영향은 결정적이다. 예를 들어, 도형이 부모님은 "수학에서 실수는 발전의 기회다."라고 말하곤 했는데, 도형이는 이 말을 기억하면서 실수로부터 마음의 상처를 받지 않고 수학학습을 지속할 수 있었다. 도형이 부모님은 도형이가 자주 부딪히는 문제 상황을 확인하고 이에 긍정적인 마음으로 대처할 수 있도록 지혜롭게 도왔다. 자녀에게 직접 수학을 가르치지 않았으나 그보다 더 중요한 긍정적인 메타인지, 메타정의를 형성하는 데 도움을 준 것이다.

계산이 부모님도 적극적으로 계산이의 수학공부를 지원했다. 학원이 늦게 끝나면 기다렸다가 데려오는 일도 도맡았다. 중학교 1학년인 계산이는 부모님이 자신을 위해 헌신했음을 알고 있었다. 그런데 계산이 부모님은 "문제 풀이 과정에서 계산이 틀리면 헛수고다."라고 표현했고, 이 말이 계산이의 수학공부 태도에 큰 영향을 미쳤다. 계산이는 실수할 때마다 실패감 또는 좌절감을 느꼈고 자신이 수학을 못한다고 생각했다. 좋아했던 계산 문제가 점차 싫어졌다. 부모님의 말은 계산이의 수학공부 자신감을 심하게 떨어뜨렸다.

자녀의 수학공부 방식을 관찰하면서 잘못된 습관이 있으면 바로잡을 필요가 있다. 그러나 계산 실수에 섣불리 '헛수고'와 같은 부정적인 표식을 붙이면 수학을 공부하는 과정과 문제해결 의지에 치명적인 타격을 입히므로 조심해야 한다. 특히, 한번 붙인 표식은 장기간에 걸쳐 자녀의 메타인지와 메타정의에 영향을 미친다는 점을 유의해야 한다.

자기 주도성, 메타인지, 메타정의의 삼중주

지금까지 유치원부터 고등학교까지 자녀의 수학공부를 지원하는 방안에 대해 여러 측면에서 살펴보고 의견이나 전략을 제시했다. 이를 종합하는 한마디를 제시한다면 '자기 주도성, 메타인지, 메타정의의 삼중주'다. 이 삼중주가 잘 이루어지면 자녀 스스로 수학을 왜 공부하는지, 수학학습 과정에서 어려움에 빠지면 어떻게 극복해야 하는지, 수학공부 방법과 결과를 고려하는 것은 물론이고 스스로 문제해결이나 추론 과정과 전략을 어떻게 관찰하거나 제어하는지, 자신이 수학공부와 문제해결 과정에 어떤 감정과 태도로 임하는지를 인식하여 긍정적으로 개선할 수 있다.

부모는 자녀의 수학공부에 무관심해서도 안 되지만 관심이 지나쳐서 일방적으로 자녀의 수학공부 계획을 세워 강제해서도 안 된다. 양극단에 놓이지 않고 적절한 균형점을 찾는 일이 쉽지는 않지만, 이 책에서 제시한 여러 전략을 활용하면서 의식적으로 노력하면 충분히 가능할 것이다. 자녀가 수학을 공부하는 시기는 삶을 개척하는 시기이기도 하다. 자녀가 수학에 대해 진지하게 고민하고 자신을 객관적으로 바라보면서 메타인지와 메타정의를 수행한다면, 자신의 삶을 이해하고 개척하는 용기를 가지게 될 것이다.

수학을 모르는데 어떻게 자기 주도적으로 수학을 공부할 수 있는지 의아할 수도 있다. 메타인지와 메타정의 전략을 알게 되면 배우는 수학 자체를 몰라도 자신의 수학공부 과정을 이해하고 제어하여 개선하는 것이 가능하다. 수학 관련 정서가 부정적으로 변해 갈 때 스스로 속도를 조절할 수 있고 방향을 전환할 수도 있다. 수학공부 과정의 메타인지와 메타정의 활성화 전략 중 하나는, 머릿속에서 이루어지는 수학적 사고 과정과 수학을 공부할 때 일어나는 감정을 소리 내어 말하거나 글로 정돈하는 것이다. 도형이의 긍정적인 변화가 좋은 사례다. 도형이는 계산 실수를 반복했지만 "실수는 발전의 기회다."라는 부모님의 말을 소리 내어 반복하며 마음을 편안하게 가졌다. 그리고 스스로 실수가 난 부분을 찾아 개선하고자 했다. 이처럼 인지와 정의의 중요성을 이해하고 이를 관찰하며 개선함으로써 수학공부의 메커니즘을 효과적이고 긍정적으로 바꿀 수 있다. 또한 도형이와 같은 구체적이고 명시적인 노력을 통해 수학공부에 자기 주도성을 확보할 수 있다.

수학을 공부할 때 자기 주도성, 메타인지, 메타정의의 삼중주가 이루어지면 수학 역량이 함양되고 수학 성취도도 높아진다. 도형이가 대표적인 경우다. 이와 달리, 계산이는 수학을 공부하고 문제를 해결하는 과정을 드러내려 하지 않았고 부족한 부분을 찾아 개선하지 않았다. 메타인지 활동이 잘 일어나지 않은 것이다. 자신의 감정, 수학에 대한 흥미 변화는 표현했으나, 스스로의 감정을 한발 떨어져서 평가하거나 인식하려 하지 않았다는 점에서 메타정의 역량도 부족했다. 계산이가 메타인지와 메타정의 활동에 적극적이었다면 자신의 수학공부와 수학 문제해결 과정, 자신의 감정에 대해 적극적으로 인식하고 개선점을 찾는 등 자기 주도적인 수학공부를 구현할 수 있었을 텐데 하는 아쉬움이 남는다.

자기 주도성, 메타인지, 메타정의의 삼중주가 이루어지도록 하려면, 자녀 스스로 자신의 수학공부 과정이나 문제해결 전략을 인식하고 제어하도록 안내하고 충분한 시간을 주어야 한다. 자신의 수학 학습 정체성에 대한 표현, 가령 계산을 좋아한다거나, 도형 문제 풀이를 꺼린다거나, 서술형 답안 작성에 자신이 없다거나, 발표를 좋아한다는 등의 이야기가 나오면 메타인지와 메타정의 활동의 기회로 활용하자. 배우의 패러독스를 염두에 두고 감탄과 칭찬, 진지한 멘토링과 지원을 통해 스스로를 아는 모습이 얼마나 훌륭한지, 수학을 공부하는 모습을 바라보는 또 다른 자신이 얼마나 소중한지 등을 알려주면 좋겠다. 자신을 바라보는 또 다른 자신의 도움을 받을 수 있다면 자녀는 메타인지, 메타정의, 자기 주도성을 밑거름으로 하여 날로 성장할 것이다. 자녀가 수학공부에서 잠시 헤매더라도 길을 찾으려 노력한다면, 자신이 길을 잃었음을 빨리 파악하여 올바른 길을 찾거나 새로운 길을 개척할 수 있으리라는 믿음을 가지자.

자기 주도성, 메타인지, 메타정의의 삼중주는 메타언어의 사용으로 도달할 수 있다. 도형이가 사용한 메타언어의 사례는 "저는 문제를 풀다가 생각이 잘 나지 않으면 하늘을 봐요. 그러면 그림을 그릴 수 있게 되고, 그림을 잘 보면 문제를 풀 수 있어요."이다. 이 말에는 도형이 자신이 수학을 공부할 때 사용하는 과정과 전략이 담겨 있다. 여기에는 수학을 공부하는 데 큰 역할을 하는 나름의 철학과 방법이 드러난다. 자녀가 이와 같은 메타언어를 사용한다면 크게 기뻐하고 감탄하길 바란다. 필자가 상담했던 학생들이 사용한 메타언어로는 '수학은 도전이라고 생각하기', '문제 제대로 보기', '문제가 길면 거꾸로 읽기', '계산 방법을 찾으면 1차 행복, 계산까지 맞으면 2차 행복', '그림으로 나타내기', '식을 세운 후 조건을 다 썼는지 확인하기', '답을 구하면 대입해서 점검하기', '나는 수학 박사', '조건 분해하기', '답이 몇 개인지 확인하기', '풀이 과정 중 생략해서는 안 되는 부분 확인하기', '풀리지 않은 문제 모아 놓기', '익숙하지 않은 문제와 익숙하지 않은 풀이 정리하기', '수학은 마라톤' 등이 있었다. 자녀가 수학을 공부할 때 어떤 메타언어를 사용하는지 관심을 가져 보자. 여기에 긍정적인 메타언어를 보태어 자녀의 수학공부를 돕는 훌륭한 부모들을 상상하며, 이 책이 수학공부의 의미와 중요성, 시대의 흐름에 맞는 수학공부 전략을 이해하는 데 조금이라도 도움이 되길 소망한다.

수학, 무엇이든 물어보세요

Q 초등학교 입학 전에 알아야 하는 수학은 무엇인가요?

A 초등학교 입학 전에 어떤 수학을 얼마나 공부해야 할까? 다다익선일까? 그렇지는 않다. 지식의 측면에서는 최소한의 필수를, 역량의 측면에서는 가급적 풍부하게, 시행착오의 측면에서는 감각과 심리 기반의 착각과 그 극복을 중심으로 경험하고 이해하도록 하면 좋다.

구체적으로 살펴보면 우선 숫자와 수 세기의 기초를 알아야 한다. 1부터 20까지의 수를 읽고, 다양한 사물로 수 세기를 할 수 있으면 된다. 많은 것, 적은 것, 더 많은 것, 더 적은 것을 구체물로 표현하여 파악할 수 있어야 한다. 구체물을 이용한 간단한 덧셈과 뺄셈, 모으기와 가르기도 다룰 수 있어야 한다. 그러나 구체물 없이 추상적인 수의 덧셈과 뺄셈, 모으기와 가르기를 지도하는 것은 발달 단계에 맞지 않는다. 수 세기를 모방하면서 수의 이름을 순서대로 말할 수 있어야 한다. '하나, 둘, 셋' 등 우리말 수사와 '일, 이, 삼' 등 한자어 수사를 각각 익힌 뒤 이를 연결하는 것도 필요하다. 수 개념을 형성할 때 사물과 사물, 사물과 수 사이의 일대일 대응 관계도 파악하는 것이 좋다. 복

2019 개정 누리과정의 자연탐구 영역 학습 내용

내용범주	내용
탐구과정 즐기기	주변 세계와 자연에 대해 지속적으로 호기심을 가진다.
	궁금한 것을 탐구하는 과정에 즐겁게 참여한다.
	탐구과정에서 서로 다른 생각에 관심을 가진다.
생활 속에서 탐구하기	물체의 특성과 변화를 여러 가지 방법으로 탐색한다.
	물체를 세어 수량을 알아본다.
	물체의 위치와 방향, 모양을 알고 구별한다.
	일상에서 길이, 무게 등의 속성을 비교한다.
	주변에서 반복되는 규칙을 찾는다.
	일상에서 모은 자료를 기준에 따라 분류한다.
	도구와 기계에 관심을 가진다.
자연과 더불어 살기	주변의 동식물에 관심을 가진다.
	생명과 자연환경을 소중히 여긴다.
	날씨와 계절의 변화를 생활과 관련짓는다.

수의 사물을 세기만 할 것이 아니라 전체로도 인식할 수 있으면 더할 나위 없다.

또한 물체의 위치, 방향, 모양을 알고 패턴을 인식하거나 생성할 줄 알아야 한다. 초등학교에서 본격적으로 관련 내용을 다루지만, 그 전에 주변을 충분히 관찰하면서 물체의 특성을 언어와 행동으로 표현하는 연습을 하면 탄탄한 토대가 마련된다. 모양에 관심을 가지면서 공, 둥근 기둥, 상자 모양 등의 기본 입체도형과 네모, 세모, 동그라미 등의 기본 평면도형도 파악해야 한다. 모양 사이의 공통점과 차이점을 인식하고, 여러 가지 모양으로 새로운 모양을 만들 수 있는 능력도 갖추어야 한다.

측정의 개념을 이해하는 것은 주로 두 물체를 직접 비교하면서 더 길고 더 짧은 것, 더 무겁고 더 가벼운 것, 더 많고 더 적은 것을 확인하고, 셋 이상의 물체를 비교하여 가장 길고 가장 짧은 것, 가장 무겁고 가장 가벼운 것, 가장 많고 가장 적은 것을 아는 것이다. 팔과 뼘 같은 임의 측정 단위를 사용하여 길이를 측정하거나, 다른 임의 측정 단위를 사용하여 무게와 들이도 측정할 수 있어야 한다. 길이, 무게, 들이는 초등학교에서 연산까지도 다루게 되며, 유치원에서는 직접 비교와 임의 측정 단위에 의해 순서 관계를 파악할 수 있다는 점만 알면 된다. 시간의 경우 누리과정에서 삭제되었으나 생활 속에서 계절, 요일, 오전, 오후, 밤 정도는 용법에 맞게 사용할 수 있는 정도로 가볍게 이해하면 좋다.

마지막으로 필요한 정보나 자료를 수집하고 탐구 문제에 적절한 자료 수집 방법을 선택할 수 있어야 한다. 또한 물체의 속성을 확인하여 같은 것끼리 짝을 짓는 능력도 필요하다. 모양, 크기, 색깔, 재질 등 한 가지 기준으로 자료를 분류하고, 다른 기준으로 다시 분류하여 적합한 방법을 결정할 수 있어야 한다. 그림, 사진, 기호, 숫자로 그래프를 그리고, 그래프에서 알 수 있는 사실을 이야기할 수 있으면 더욱 좋다.

유치원에서 초등학교보다 더 많은 수학을 공부할 필요는 당연히 없다. 당연히 많은 것을 배우고 학교에 가면 오히려 호기심이 떨어지고 지루함을 느끼기도 한다. 수학 지식을 앞서서 배우는 것보다 변화와 모호성, 착각을 두려워하지 않는 태도를 형성하는 것이 더 중요하다. 아이는 하나를 배워도 시간 여유를 가지고 깊고 넓게 생각하며 체험하도록 해야 제대로 배운다. 수학공부를 시작하는 시기에 만들어진 습관과 정체성은 초등학교 이후의 수학공부에 상당한 영향을 미친다. 34주간 뉴욕 타임스 1위에 올랐고 우리나라에서도 한동안 베스트셀러였던 책 『내가 정말 알아야 할 모든 것은 유치원에서 배웠다』에서도 일맥상통하는 제언을 했다. 유치원에서 처음 수학을 공부할 때 기본 관점과 중요한 습관을 잘 형성해야 이후 수학공부도 순탄하게 진행할 수 있다.

Q 경시대회 성적과 수학 실력은 관련이 있나요?

A 경시대회 성적과 수학 실력은 관련이 있다. 그런데 어떤 관련이 있는지는 곰곰이 생각해 봐야 한다. 경시대회 성적이 좋다는 것은 경시대회에서 제시하는 수학 문항을 잘 푼다는 뜻이다. 경시대회에서 제시하는 수학 문항은 복잡한 구조로 이루어져 있고 고난도의 계산을 요구한다. 그러니 경시대회에서 높은 성적을 받으면 복잡한 구조의 문제를 풀 수 있고 고난도의 계산도 할 수 있다는 뜻이다. 문제는 이 능력을 어떻게 갖추게 되었는지다.

학생이 자신의 수학 역량, 특히 수학적 사고력과 연산 능력에 기초하여 고난도 계산을 요구하는 복잡한 구조의 문제를 꾸준히 해결했고, 그것이 경시대회에서 수행으로 이어졌다면 경시대회 성적이 곧 수학 실력이라고 보아도 무방하다. 경시대회를 준비하는 동안 누군가의 도움을 받지 않고 오롯이 혼자 힘으로 감당했다면 당연히 수학 실력이 우수하다고 보아야 한다. 누군가의 도움을 받으며 경시대회를 준비했더라도 문제와 해법의 원리 및 구조를 공부하는 재미를 느꼈다면 그 경험은 수학 실력으로 남는다. 프로젝트 형태로 동료 학생과 함께 탐구해서 혼자서는 도달하지 못하는 경지까지 이르는 기쁨을 경험했다면 역시 수학 실력을 높이는 기회가 될 수 있다. 경시대회 준비와 참여 과정에서 성장하는 것에 기뻐하고, 다른 학생들에게 배움을 경험하며 수학을 깊이 이해하면 당장 경시대회 성적이 높지 않더라도 수학 실력을 쌓는 계기로 활용할 수 있다.

간혹 경시대회에서는 높은 성적을 받는데 학교 수학 성적은 기대만큼 나오지 않는 경우가 있다. 대개는 학교에서 이루어지는 수학 수업의 수준이 낮다고 생각하며 제대로 수업에 참여하지 않아서 이런 문제가 발생한다. 때로는 수업이 진행되는 가운데 이루어지는 평가나 정기고사의 서술형 평가에서 필수적으로 서술해야 하는 과정을 생략하거나 잘못 서술하여 감점되는 경우도 있다. 문제를 잘못 이해하여 오답을 낼 수도 있다. 그러므로 경시대회 성적이 높더라도 학교에서 이루어지는 수학 수업에 진지하게 참여하고, 필요하면 동료 학생과 협력하면서 일관성 있게 수학을 공부하도록 해야 한다.

경시대회 성적은 높으나 수학 실력은 그만큼 높게 볼 수 없는 경우는 다음과 같다. 경시대회를 준비하는 과정에서 자신의 수학 역량을 키우기보다는 문제 유형별 해법을 외우고 익히는 데 치중한다면 수학 실력이 느는 데 한계가 있다. 수학적으로 추측하고 정당화하며 새로운 정의와 표현 방식을 제안하는 데는 관심 없이 정해진 해법을 구하여 반복적으로 익히는 것은 모래성을 쌓는 것과 같다. 전에 풀어 본

적이 없는 문항이 나오면 점수가 뚝 떨어질 것이다. 새로운 문제를 만나는 즐거움을 느끼지 않는다면 경시대회를 준비하고 치르는 과정은 점점 괴로워진다.

안타깝게도 경시대회에서 높은 성적을 얻었던 한 학생이 수학공부에 트라우마를 호소하고 수학에 부정적인 태도를 보이는 모습을 본 적이 있다. 이 학생은 당시에 경시대회 실패가 인생의 실패처럼 크게 느껴졌고, 부모님이 실망하여 자신을 외면하는 모습에 자주 화가 났다고 했다. 앞이 캄캄했고 아무 일도 할 수 없을 것 같은 느낌이었다고도 표현했다. 경시대회 성적이 좋았는데 왜 그런 생각을 했냐고 물으니, 계속 좋은 성적이 나온 것은 아니었다며 불안과 강박에 시달렸다고 답했다. 5장에서 이야기했던 계산이도 비슷한 감정을 말한 적이 있다. 자신이 수학을 잘했던 적이 있었는지를 의심하게 되었다며, 경시대회를 나가지 않았다면 오히려 수학이 더 좋았을 것이라고 했다. 경시대회 성적에 의해 본래의 취지가 왜곡되는 상황이 무척 안타깝다. 자녀가 원하지 않는데 경시대회를 권하거나 경시대회 성적을 빌미로 자녀에게 맞지 않는 수학공부를 강요하면 수학 실력 향상에 가장 중요한 공부 의지를 빼앗게 됨을 잊지 않으면 좋겠다.

지금은 그렇지 않지만, 경시대회 입상 경력이 대학 입시에 유리하게 작용했던 때가 있었다. 주말마다 엄청난 인원의 학생들이 각종 수학 경시대회에 참가하느라 전국을 다니는 기현상이 벌어졌다. 경시대회 준비와 참가로 얼마나 많은 학생이 고통받으며 결국 수학을 싫어하게 되었을지 생각하니 무척 안타까운 마음이 든다. 그런데 경시대회를 준비하면서 집중적으로 수학을 공부하여 실력이 확 늘었다는 학생도 있긴 하니 경시대회의 순기능을 활용하는 것은 나쁘지 않다.

Q 선행학습은 수학공부에 도움이 되나요?

A 수학 선행학습은 대체로 수학 성적을 향상하거나 수학 수업에 적응하기 위한 것이다. 수학 성적 향상을 위한 선행학습은 시험에 대비하는 능력, 다시 말해 제한된 시간에 문제를 효율적으로 풀 수 있는 능력을 길러 준다고 한다. 반면 수학 수업에 적응하도록 돕는 선행학습은 배울 내용을 압축하여 먼저 다룸으로써 수업 시간에 학습을 수월하게 따라가도록 돕는 데 치중한다고 한다. 수학 선행학습이 수학공부에 도움이 되는지는 공교육을 중심으로 연구하고 활동하는 필자가 답하기 까다로운 질문이다. 관련 연구 결과와 초중고등학교 현장에 있는 제자들의 이야기를 바탕으로 주관적이고 개인적인 의견을 제시하겠다.

우선 시험에 대비하는 능력을 기르는 데는 선행학습이 어느 정도 도움을 줄 것으로 생각한다. 수학 과목의 특성상 시험 문제의 유형을 알고 해법을 익히면 시험에서 좋은 성적을 얻을 수 있다. 그런데 개념과 원리 이해, 추론, 의사소통을 생략하고 문제만 반복하여 풀면 결국 수학 역량을 기르는 데는 도움이 되지 않는다. 깊이 탐구하여 자기 나름의 방법대로 문제를 푸는 대신 알려진 해법에 의존하려는 경향이 생길 수도 있다. 결국 수학에 대한 호기심, 수학공부에 대한 자기 주도성을 잃을 가능성이 있는 것이다.

수학 수업에 적응하기 위해 선행학습을 하는 경우에는 아이러니하게도 오히려 수학 수업을 소홀히 할 가능성이 있다. 이미 배운 내용이라고 생각하여 제대로 모르면서도 설명을 듣지 않거나 문제를 이해하려 하지 않게 되는 것이다. 이렇게 되면 학습 부담은 오히려 늘어나고, 불안감도 증대될 가능성이 있다. 선행학습으로 수학을 배울 때는 보통 짧은 시간에 개념 이해부터 문제 풀이까지 진행하므로 핵심 내용을 제대로 이해하지 못한 채 진도만 나갈 가능성도 있다. 수학적 사고력과 창의력, 의사소통 능력을 발휘할 상황을 만나기는 더더욱 어렵다. 수학 역량이 부족한 자녀에게 선행학습을 강요하면 득보다 실이 많을 것이다. 특히 수학에 대한 호기심, 자신감, 흥미를 잃고 수학 불안, 시험 불안 등 정서적인 문제를 얻게 될 수 있다.

수학적 사고력과 연산 능력 및 수학 역량을 잘 갖추고 있어서 선행학습에서 이루어지는 단시간의 요약 중심 학습에 잘 적응할 수 있다면 선행학습이 수학공부에 도움이 될 것이다. 수학에 관심과 흥미를 유지하면서 수학 관련 진로를 탐색할 때나, 자기 주도적으로 수학을 공부하면서 경시대회나 고입 또는 대입을 준비할 때도 도움을 받을 수 있다. 어느 경우든 선행학습은 자녀와 진지하고 평등한 대화를 통해 현재의 수학학습 경로와 학습 과정에 무리를 주지 않는 범위에서 하는 것이 바람직하다.

Q **아이를 '수포자'로 키우지 않으려면 어떻게 해야 할까요?**

A 수학공부가 어렵다는 것은 모두가 알고 있다. 그러니 수학을 더 공부하지 않겠다고 말하는 학생이 있더라도 모두 그 마음을 이해할 수 있을 것이다. 그런데 막상 자녀가 그 말을 하면 당황스럽고 안타깝다. 수학을 공부하지 않으면 진로 선택의 폭이 줄어들기 때문

이다. 그렇다고 현실적인 이유를 들어 자녀를 설득하려고 하면 반발심만 커진다. 어느 날에는 자녀 편을 들어 이해한다고 했다가, 다른 날에는 싫어도 수학을 해야 선택할 수 있는 진로가 많아진다고 설득하기를 반복하는 부모가 많은 것을 잘 알고 있다. 그런가 하면 자녀의 의견을 일체 무시하고 학원에 다니거나 개인 교습을 받도록 강제하는 경우가 많다는 것도 익히 들어 알고 있다. 이 문제에 과연 정답이 있을까?

앞에서 말한 학교급별 전환기 학습의 특징은 위 딜레마를 해결하는 데 얼마간 도움이 된다. 자녀가 수학공부를 포기하겠다고 말할 때 가장 먼저 할 일은 자녀가 얼마나 오랫동안 수학공부로 마음의 상처를 받았는지 헤아리는 것이다. 유치원에서 수학을 공부할 때부터 숫자를 싫어하고 상처받은 사례인지, 초등학교 수학을 공부할 때 특정 내용 영역에서 어려움을 겪고 수학에서 멀어진 경우인지, 중학교 수학을 공부할 때 기호와 수식 표현에 좌절하여 수학을 싫어하게 되었는지. 수학공부에 대한 좌절은 차곡차곡 쌓여서 어느 날 폭발하는 것이지, 결코 아이가 단기간에 한두 가지 이유로 수학을 포기하지는 않았을 것이다. 수학공부를 포기하겠다는 자녀를 먼저 마음으로 이해하고, 효과적인 전략을 찾기 위해 함께 노력해야 한다.

뭉뚱그려서 수학이 필요하니 포기하면 안 된다고 하지 말고, 언제 어떤 이유에서 수학공부에 어려움을 겪었는지 확인하여 구체적인 대책을 세워야 한다. 수천 번 넘어져야 걸을 수 있듯이, 수없이 실패하면서 수학 역량을 기를 수 있음을 설득해야 한다. 수학공부 과정에서 거치는 실패는 당연하다. 그러니 이를 이해하여 도전하고 극복하는 데서 성취감을 느끼도록 도와야 한다. 누구보다 자녀를 사랑하는 부모가 이 일을 도와주어야 자녀가 수학공부의 원리를 이해하고 끈기 있게 공부할 수 있다.

자녀가 수학공부를 지속하게 하려면 자녀의 수학 성적보다 수학 역량을 세부적으로 검진하고 내용 영역별 전환기 학습의 특징을 파악해야 한다. 또한 자녀가 어려운 수학공부에 스스로 도전하여 자신의 삶을 개척하도록 이끌어 주길 바란다. 더불어 수학공부가 오랜 여정임을 고려하여 고비마다 함께 고민하고 대처하도록 지원해야 할 것이다. 마지막으로, 수학 성적으로 일희일비해서는 안 됨을 함께 인식하고 자녀가 용기 있게 도전하도록 안내할 필요가 있다.

Q 고등학교 입학을 위한 수학 시험은 언제, 어떻게 준비해야 할까요?

A 과학 고등학교, 영재 학교, 국제 고등학교, 외국어 고등학교, 특성화 고등학교 등 다양한 고등학교가 있으므로 준비 시기와 방법도 다양하다. 현실적으로는 초등학교 때 고등학교 입시를 준비하는 경우에서부터 중학교 3학년에 들어와서야 준비하는 경우까지 천차만별이다. 과학 고등학교나 영재 학교처럼 입시에서 수학 성적이 중요한 역할을 하는 경우는 초등학교부터 입시를 준비하는 학생이 많다고 들었다. 이 책의 4장과 5장에서 소개한 계산이의 사례가 여기에 해당한다. 문제는 계산이의 사례처럼 과학 고등학교 또는 영재 학교 입학을 준비하는 과정에서 수학학습 부담으로 인해 혼란을 경험하는 경우가 적지 않다는 점이다. 초등학교 고학년 수학의 내용을 충

분히 소화하지 못하면서 선행학습으로 고등학교 입시를 준비한다면 역효과가 날 가능성이 높다.

　과학 고등학교나 영재 학교 입시를 준비한다면 수학 역량이 잘 갖추어져 있는지, 전환기 학습의 특징에 비추어 내용 영역별 학습에 문제가 없는지 세밀하게 확인해야 한다. 수학 역량과 내용 영역별 전환기 학습에 문제가 없더라도, 과학 고등학교 또는 영재 학교 입시를 준비하면서 겪는 고강도 수학 선행학습이나 고난도 문제해결 학습에 심한 스트레스를 받는다면 강도와 난도를 낮추어야 한다. 무리하게 강행하여 자녀가 수학에 흥미와 자신감을 잃으면 입시에서도 좋은 결과를 얻지 못하고 고등학교 수학공부를 쉽게 포기할 수 있다.

　과학 고등학교 또는 영재 학교 입시를 일찍부터 준비하면서도 스트레스 없이 수학을 공부하는 학생은 극히 드물다. 이 점을 고려하여 자녀의 입시 준비를 계획하고 실행하길 바란다. 당장의 고등학교 입시는 성공적이지 않더라도 그 과정에서 경험한 강도 높은 선행학습이나 난도 높은 문제해결 학습이 고등학교 수학에 도움이 되어 대학 입시에 성공할 수도 있다. 자녀가 진로에 대해 충분히 동의하면서 준비에 임하고, 준비 과정에서 도전과 극복의 균형을 이루며 수학에 긍정적인 태도를 유지한다면 그 과정은 결과에 상관없이 유익하다. 부디 자녀의 삶에서 무엇이 중요한지 명확히 하고, 공부의 긴 여정을 고려하여 끊임없이 새로운 기회와 에너지를 얻도록 자녀의 수학공부를 지원하길 바란다.

Q 수학공부, 교과서로 충분한가요?

A 결론부터 말하면, 교과서로 충분하지 않다. 우리나라 교과서는 제한된 페이지 내에서 어느 정도 관례화된 체제로 수학 내용을 제시한다. 전형적인 교과서 체제는 동기 유발 활동, 개념 설명, 예제, 문제, 탐구 활동, 연습 문제, 읽을거리로 이루어져 있다. 동기 유발 활동에서는 해당 내용을 왜 배우는지 문제의식을 일깨운다. 보통 교과서의 지면 절반 정도에 이 활동이 제시된다. 교과서의 개념 설명 부분에서는 수학적 정의나 정의가 이루어지는 맥락, 정의를 활용하는 맥락이 간결하게 제시된다. 이에 대해 추가 자료를 조사하여 이 내용을 왜 배워야 하는지나 해당 수학적 개념이 특정한 방식으로 정의된 배경을 이해하면 공부에 도움이 된다. 검색어를 잘 선정하면 다양한 웹사이트에서 관련 자료와 정보를 찾을 수 있고, 참고 문헌을 조사하여 수학적 개념의 의미와 배경을 풍부하게 공부할 수도 있다.

교과서의 예제와 문제는 새로 도입한 개념과 절차의 전형적인 형태를 설명하고 유사한 형태를 연습하게 하여 해당 개념과 절차를 공부하도록 한다. 그런데 교과서에 제시된 예제와 문제만으로는 가능한 형태를 다양하게 경험할 수 없으므로 문제집을 더 풀어 보는 것이 공부에 도움이 된다. 문제집을 무조건 많이 풀어야 하는 것은 아니다. 오히려 과도하게 많은 문제집을 풀면 아이가 수학공부에 지치거나 지루함을 느낄 수 있다. 높은 수학 성적과 높은 수학 역량 수준을 목표로 한다면, 감당할 수 있는 범위에서 교과서와 성격이 다른 문제집을 추가로 공부하면 좋다.

탐구 활동의 경우 수학적 창의성과 수학적 사고력, 수학 역량을 기르는 복합 과제로 구성되는데, 해당 단원에서 배운 지식과 과정만으로 해결할 수 없는 경우가 많다. 학생들은 웹사이트나 참고 문헌 등의 추가 자료, 전문가의 도움을 받아 이를 해결해 봄으로써 수학을 깊고 넓게 배울 수 있다. 교과서에서 제시하는 연습 문제는 정기고사의 기준이 되는 경우가 많으므로 철저히 공부해야 한다. 문제집으로 다른 유형의 문제와 다양한 해법을 함께 확인하면서 공부하면 좋다.

수학공부에서 교과서는 일종의 기준점 역할을 한다. 우리나라에서는 교과서 검인정 제도를 통해 적절한 내용과 방법을 담아 집필한 교과서만 출판이 허가된다. 문제집을 포함한 다른 학습 자료는 검인정을 거치지 않고 출판된 것이므로, 교육과정을 벗어나는 문제도 들어 있고 때로는 잘못된 내용도 포함되어 있다. 그러므로 기본적으로는 교과서를 기준으로 수학을 공부하되, 추가 자료로 공부를 확대해야 한다. 자녀의 진로와 목표를 고려하여 추가 공부의 양과 수준을 결정하는 것이 좋다.

Q 혼자 수학을 공부할 때 유용한 학습 전략이 있을까요?

A 널리 알려진 대로 오답 노트는 혼자 수학을 공부할 때 매우 유용하다. 그 이유를 16장에서 말했던 메타인지, 메타정의로 설명할 수 있다. 오답 노트는 수학 문제를 풀 때 자신도 모르게 실수하거나 문제를 잘못 이해하는 등의 문제 행동으로 인한 오류를 기록한 것이다. 노트에 정리하는 동안 학생은 스스로 반복되는 오류의 패턴을 확인할 수 있고, 이것을 메타언어로 바꾸어 의식적으로 제어할 수도 있다. 가령, 문장제를 해결하여 답을 적을 때 단위를 쓰지 않았거나 단

위 환산을 염두에 두지 않고 식을 세운 경우, '문장제의 답을 쓸 때는 단위를 쓰기', '식을 세울 때는 단위 환산 확인하기' 같은 메타언어를 사용할 수 있다. 이로부터 메타인지와 메타정의가 활성화된다. 오답 노트는 단지 오류를 적어 외우기 때문이 아니라 메타인지와 메타정의를 활성화할 수 있다는 점에서 수학공부에 효과적이다.

자신만의 문제해결 노하우나 특별히 기록할 만한 개념적 특징, 성질과 규칙을 찾아 자신이 알아보기 편한 형태로 적는 '발견 노트'도 혼자 수학을 공부하는 학생에게 도움이 된다. 오답 노트는 실수로부터 배우기 위한 것이라면, 발견 노트는 우연히 찾아냈거나 성공적이었던 경험을 통해 배우기 위한 것이다. 발견 노트 역시 자신의 문제해결 과정과 전략, 수학공부 과정에서의 감정을 인식하고 제어하는 메타인지와 메타정의 활동의 기회를 제공한다.

수학교육 연구자들은 수학을 공부할 때 수학적 지식을 개인의 생각과 습관, 행동, 감정에 관련시킬 때 자연스럽게 학습할 수 있다는 뜻에서 '개인화$_{Personalization}$'와 '배경화$_{Contextualization}$'라는 용어를 쓴다. 그런 의미에서 발견 노트는 혼자 수학을 공부하는 용기 있는 학생들이 지적으로 도전하면서 거대한 수학적 지식을 자신의 사고와 행동, 자신이 속한 배경에 밀접하게 연결하는 기회를 제공한다.

도형이는 2와 2의 합과 곱이 같으며 이런 성질을 가진 다른 수는 0뿐임을 발견하여 기록했는데, 이 기록은 도형이가 수학에 자신감을 갖고 수학 역량을 기르는 데 도움이 되었다. 이 성질은 도형이의 개인적인 삶과 배경에 깊이 연결되어 있다는 점에서 개인화되고 배경화된 지식이다. 도형이가 중학교에서 방정식을 배워 이 성질을 증명할 수 있게 되면 얼마나 기뻐할지 상상만 해도 흐뭇하다. 혼자 수학을 공부하는 학생들이 이런 놀라운 경험을 바탕으로 높이 날아오르길 소망한다.

Q 수학 개념은 이해하는데 응용 문제는 풀지 못한다면 어떻게 해야 하나요?

A 수학을 공부할 때는 개념을 이해해야 함에도 이를 소홀히 하고, 무작정 많은 문제를 풀어 수학 실력을 높이려는 경우가 많다. 그런 학생은 수학공부의 기초가 튼튼하지 않아서 시험을 보고 나면 공부한 내용을 금방 잊어버리게 된다. 이렇게 하면 결국 수학 실력을 기를 수 없다. 물론, 수학적 개념을 이해한다고 문제해결 능력을 저절로 갖게 되는 것은 아니다. 개념을 이해할 때 하는 사고와 문제를 해결할 때 하는 사고에는 비슷한 점과 다른 점이 있으며, 사용하는 지식의 양과 형태 역시 공통점과 차이점이 있다.

개념을 이해할 때는 주로 여러 대상에서 변화와 불변성을 인식하여 공통성을 추출하는 추상화에 의존한다. 또한 먼저 배웠거나 비슷한 개념과 비교하여 이해할 때 관련된 지식을 주로 활용하므로 좁은 범위의 지식을 유사한 형태로 활용한다. 반면 응용 문제를 풀 때는 관련 지식을 회상하고 연결하거나 변환하여 적용하기 위한 특수화, 일반화, 연역적 사고, 유추 등 다양한 사고에 의존한다.

응용 문제의 맥락, 구조, 형식, 조건이 다양하므로 관련되는 지식도 다양하고 지식의 형태도 여러 가지다. 이처럼 개념을 이해하는 것에 비해 응용 문제를 풀 때는 더 다양한 종류와 형태의 지식, 다양한 종류의 사고를 활용한다. 그러므로 개념을 이해해도 응용 문제를 풀 수 없는 상황이 발생하는 것은 당연하다. 응용 문제를 푸는 데 필요한 지식과 사고 능력을 추가로 보완하지 않으면 개념을 이해해도 문제를 풀 수 없다. 그러니 개념을 이해하는 데서 멈추지 말고 다양한 맥락에 개념이 적용됨을 확인하면서 응용 문제를 해결하는 능력을 길러야 한다.

Q 수학을 공부할 때 가장 중요한 마음가짐은 무엇인가요?

A 수학은 생각하는 힘을 바탕으로 발달한 학문이다. 그러므로 수학을 공부할 때 생각하는 힘을 사용하려고 의식적으로 노력해야 한다. 우선 개념의 뜻을 생각하고 이미지를 떠올리도록 하자. 조건을 다 사용했는지 생각하고 생각나는 계산 원리나 법칙을 적어 보자. 또한 수학은 신기하다고 생각하고, 실패했던 기억을 떠올리며 조심해야겠다고 생각하고, 수학공부를 마친 후 뿌듯해하는 자신을 생각해 보자. 수학이 가치 있다고 생각하는 것도 좋다. 수학이 생각에 들어오도록 마음을 열고 의식적으로 노력하면 수학을 공부할 때마다 필요한 수학이 생각나고, 수학적으로 생각하는 방법을 배울 수 있을 것이다.

　수학은 편리한 언어다. 기호와 수식 표현으로 복잡한 세상을 간단하게 나타내어 탐구할 수 있다. 변화무쌍하고 모호한 현상의 비밀을 파헤칠 수도 있다. 언어를 배우려면 시간과 노력이 필요하기 마련이니, 수학이라는 언어가 어려워도 그러려니 하고 이리저리 자유롭게 쓰면서 새로운 표현법을 배우자. 인공지능이 작동하는 데 필요한 언어도 수학이다. 수학이라는 언어를 사용할 수 있으면 세상을 이해하고 세상을 표현하면서 세상의 많은 일을 효과적으로 해낼 수 있다.

수학은 삶과 비슷하다. 수학을 공부하는 동안은 살아갈 때처럼 도전하고, 위기를 극복하고, 소소하게 기뻐하고, 노력한 보람을 느끼고, 한 단계 발전한다. 또한 새로운 것을 배우며 막막해하고, 슬픔이나 분노를 느끼고, 실망하고, 눈물 나게 고마워하고, 한없이 즐거워하고, 허무해하고, 긴장과 불안에 휩싸이고, 두려워하거나 설렐 수 있다. 이 과정을 거치면서 성장통을 겪거나 길을 잃어 방황하기도 한다.

수학공부의 여정에 펼쳐지는 이 모든 일을 받아들이고 꿋꿋하게 나아가기 위해 '적응력'과 '회복력'을 길러야 한다. 수학을 공부할 때는 바로 이 '적응력'과 '회복력'이 가장 중요하다. 수학적인 생각과 언어에 효과적으로 적응하는 능력, 적응 과정에서 부딪히는 어려움으로부터 회복하는 능력을 길러야 한다. 이를 위해 수학을 공부하는 자신을 이해하고 스스로에게 끊임없이 기회를 주려고 노력하는 마음가짐이 필요하다.

참고문헌

강흥규. 2004. 「Dewey에게 있어서 수학적 지식의 구성의 의미」. 『수학교육학연구』 14(1): 129-142.
교육과학기술부. 2009. 『수학과 교육과정』. 서울: 교육과학기술부.
교육부. 2015. 『수학과 교육과정』. 세종: 교육부.
교육부. 2022. 『수학과 교육과정』. 세종: 교육부.
교육부·보건복지부. 2019. 『2019 개정 누리과정 해설서』. 세종: 교육부·보건복지부.
김래영·이민희. 2013. 「중학교 2학년 서술형 평가 문항 반응에서 나타난 오류 분석: 대수 영역을 중심으로」. 『수학교육학연구』 23(3): 389-406.
김수미. 2008. 「Zoltan Dienes의 수학학습 6단계 이론의 재음미」. 『학교수학』 10(3): 385-401.
김용석. 2020. 「사교육 참여가 수학 학업성취도에 미치는 영향에 대한 종단연구: 초·중학생을 대상으로」. 『초등수학교육』 23(4): 207-227.
김은영·정가윤. 2015. 「수학적 과정 중심 교수학습법을 통한 만 5세 유아의 수학적 사고 변화 탐구」. 『영재교육연구』 25(4): 581-605.
나귀수·박미미·김동원·김연·이수진. 2018. 「미래 시대의 수학교육 방향에 대한 연구」. 『수학교육학연구』 28(4): 437-478.
노은희·박지현. 2019. 「학교 수학에서 디지털 리터러시 교육 양상 분석」. 『학교수학』 21(3): 483-505.
문교부. 1973. 『중학교 교육과정』. 서울: 문교부.
문교부. 1987. 『제5차 수학과 교육과정』. 서울: 문교부.
서민희·김경희·이재원·전성균·김슬비·이빛나·민여준(2021). 『TIMSS 2019 결과 및 변화 추이 심층 분석(RRE 2021-5)』. 진천군: 한국교육과정평가원.
우정호·민세영. 2002. 「역사발생적 수학학습-지도 원리에 관한 연구」. 『수학교육학연구』 12(3): 409-424.
이경화. 2015. 『수학적 창의성』. 서울: 경문사.

이경화·강현영·고은성·이동환·신보미·이환철·김선희. 2016.「과정 중심 평가의 실행을 위한 방향 탐색」.『수학교육학연구』26(4): 819-834.
이경화·서민주·김영인·곽지훈·이덕영. 2022.『창의로 가는 수학 나라』. 서울: 서울대학교 교육협력센터 스누콤 학습 자료.
이경화·유연주·탁병주. 2021.「데이터 기반 통계교육을 위한 수학과 교육과정 재구조화 방향 탐색」.『학교수학』23(3): 361-386.
이송희·이경화. 2023.「저성취 고등학생의 이차함수 학습 지원을 위한 비계설정 사례 연구」.『수학교육학연구』33(3): 865-894.
임수현·정은선. 2021.「코로나19 기점으로 나타난 초등학교 4, 6학년 수학 학업성취도 변화 분석」.『한국초등교육』32(3): 249-266.
임재훈·이형숙. 2015.「비례 추론을 돕는 시각적 모델에 대하여: 초등 수학 교과서의 비례식과 비례배분 실생활 문제를 대상으로」.『수학교육학연구』25(2): 189-206.
장재홍·박인우. 2019.「경기도 초중고 학생의 수학선행학습 실태 및 영향 분석」.『교육방법연구』31(1): 45-66.
정현도·강신포·김성준. 2010.「초등수학 서술형 평가에서 나타나는 오류 유형 분석」.『한국초등수학교육학회지』14(3): 885-905.
조성민·구남욱. 2020.「PISA 2018 결과에 나타난 우리나라 학생들의 수학 성취 및 학교 풍토와 학생 웰빙 관련 결과 탐색」.『수학교육학연구』30(3): 465-486.
조형숙·김갑순. 2009.「자연물을 활용한 수 활동이 유아의 수개념 이해, 수학적 태도 및 환경친화적 태도 증진에 미치는 영향」.『유아교육학논집』13(4): 341-366.
홍은정. 2023.「고등학생들의 수학에 대한 흥미 변화 그래프 분석 연구」. 서울대학교 석사학위논문.

Anders, Y., Rossbach, H. G., Weinert, S., Ebert, S., Kuger, S., Lehrl, S., & Von Maurice, J. 2012. "Home and preschool learning environments and their relations to the development of early numeracy skills." *Early Childhood Research Quarterly*, 27(2): 231-244.
Ball, D. L. 1993. "With an eye on the mathematical horizon: Dilemmas of teaching elementary school mathematics." *The Elementary School Journal*, 93(4): 373-397.
Brousseau, G. 1997, *Theory of Didactical Situations in Mathematics*. Dordrecht: Kluwer Academic Publishers.
Burger, W. F. & Shaughnessy, J. M. 1986. "Characterizing the van Hiele levels of development in geometry." *Journal for Research in Mathematics Education*, 17(1):

31-48.

Desoete, A. & De Craene, B. 2019. "Metacognition and mathematics education: An overview." *ZDM Mathematics Education*, 51: 565-575.

Diderot, D. 1830. *Paradoxe sur le comédien*. Paris: A. Sautelet.(주미사 옮김,『배우에 관한 역설』, 문학과지성사, 2001.)

Engelbrecht, J., Borba, M. C., Llinares, S., & Kaiser, G. 2020. "Will 2020 be remembered as the year in which education was changed?" *ZDM Mathematics Education*, 52: 821-824.

Finkel, D. L. 2000. *Teaching with Your Mouth Shut*. NJ: Boynton/Cook Publishers.(문희경 옮김,『침묵으로 가르치기: 학생이 스스로 생각하고 배우는 핀켈 교수의 새로운 교육법』, 다산초당, 2010.)

Fulghum, R. 1986. *All I Really Need to Know I Learned in Kindergarten: Uncommon Thoughts on Common Things*. NY: Ivy Books.(최정인 옮김,『내가 정말 알아야 할 모든 것은 유치원에서 배웠다』, 알에이치코리아, 2018.)

Fuson, K. C. & Kwon, Y. 1992. "Learning addition and subtraction: Effects of number words and other cultural tools." In J. Bideaud, C. Meljac, & J. P. Fischer(Eds.), *Pathways To Number: Children's Developing Numerical Abilities* (pp. 283-306). NJ: Lawrence Erlbaum Associates.

Goos, M. & Bennison, A. 2019. "A zone theory approach to analysing identity formation in mathematics education." *ZDM Mathematics Education*, 51: 405-418.

Hardy, G. H. (1940). *A Mathematician's Apology*. Cambridge: Cambridge University Press.(정회성 옮김,『어느 수학자의 변명』, 세시, 2016.)

Hutchinson, E. 2011. "Pre-school children's understanding of Mathematical patterns." *South African Journal of Childhood Education*, 1(2): 92-111.

Knuth, E. J. 2002. "Fostering mathematical curiosity." *The Mathematics Teacher*, 95(2): 126-130.

Pape, S. J. & Smith, C. 2002. "Self-regulating mathematics skills." *Theory Into Practice*, 41(2): 93-101.

Piaget, J. & Inhelder, B. 2014. *The Origin of the Idea of Chance in Children* (*Psychology Revivals*). London: Psychology Press.

Read, S. J., Vanman, E. J., & Miller, L. C. 1997. "Connectionism, parallel constraint satisfaction processes, and gestalt principles: (Re)introducing cognitive dynamics to social psychology." *Personality and Social Psychology Review*, 1(1): 26-53.

Thurston, W. P. 1994. "On proof and progress in mathematics." *Bulletin of the American Mathematical Society*, 30(2): 161-177.

Tzohar-Rozen, M. & Kramarski, B. 2017. "Metacognition and meta-affect in young students: Does it make a difference in mathematical problem solving?" *Teachers College Record*, 119(13): 1-26.

Watson, A. & Mason, J. 2005. *Mathematics as a Constructive Activity: Learners Generating Examples*. NJ: Lawrence Erlbaum Associates.(이경화 옮김, 『색다른 학교 수학』, 경문사, 2015.)

http://touchcounts.ca/

http://www.algeomath.kr

http://www.kumon.org/

http://www.moe.gov.sg

https://chat.openai.com

https://earlymath.erikson.edu/

https://playingwithlearning.weebly.com/classifying-and-sorting.html

https://tong.kostat.go.kr/

https://www.ebsmath.co.kr/easyTong

https://www.pbs.org/parents/thrive/8-fun-ways-to-help-kids-learn-patterns

https://www.weplaykor.com

https://www.youtube.com/watch?v=01zqPA3w1R4&list=PLBZIoLoBe0L3wMzFb5fergIzNIZxzeAHM&index=5